왜 그곳이 수도가 되었나

왜 그곳이 수도가 되었나

명당이 결정한 전 세계 흥망과 미래

2026년 3월 25일 초판 1쇄 발행

지은이   김두규
펴낸이   권이지
편 집   권이지·이정아
교 정   천승현

인 쇄   성광인쇄
펴낸곳   홀리데이북스
등 록   2014년 11월 20일 제2014-000092호
주 소   서울시 금천구 가산디지털1로 16 가산2차 SKV1AP타워 1415호

전 화   02-6223-2302
팩 스   02-6223-2303
E-mail   editor@holidaybooks.co.kr

ISBN   979-11-91381-25-2 (03900)

왜 그곳이 수도가 되었나

명당이 결정한 전 세계 흥망과 미래

김두규 지음

HOLIDAYBOOKS

인간과 자연의 조화로운 공존이란 개념은 변함없는 핵심적 가치이다. 오늘날 풍수지리에 대한 인식이 크게 바뀌고 긍정적인 평가를 받는 것은 풍수 자체가 우리 주변의 지리적 조건이나 환경을 살펴보는 환경지리학의 한 분야로 받아들여지고 있기 때문일 것이다. 우리 생활에 직간접으로 영향을 주는 자연과 사회적 조건, 형편을 우리는 환경이라고 부른다. 풍수는 "어디가 좋은 땅인가?"를 찾고 "여기서 무엇을 얻을 수 있는가?"를 생각하는 환경 연구 작업이다. 인간 집단이 점유한 땅에서 사회는 어떠한 역할을 하고 또 무엇을 얻었느냐 하는 것에 대한 분석은 문화환경 면에서 볼 때 매우 중요한 일이 아닐 수 없다.

일찍이 나의 조부(斗溪 李丙燾)께서는 역사학에서 도읍지 문제를 사상사적으로 연구하시어 해방 후『고려시대의 연구-특히 도참사상의 발전을 중심으로』(을유문화사, 1947년)란 세목으로 간행하셨다. 이 책은 고려왕조의 정치사나 제도사에 머무르지 않고, 그 배후에서 작동하던 도참과 풍수 사상의 흐름을 중심으로 고려사의 전개를 조망한 연구이다. 개경·서경(평양)·남경(한양)을 중심으로 한 도참사상의 성립과 변화, 고려 말의 국정 혼란 속에서 제기된 천도 논의, 그리고 조선 초 국도 논쟁까지 이어지는 흐름을 통해, 도읍의 문제는 단순한 행정 중심의 이동이 아니라 국가 정체성과 권력의 정당성을 둘러싼 사상적 문제였음을 밝혀내셨다. 이 연구는 문헌 해석에 머무르지 않고 현장을 직접 답사하며 도읍 후보지의 지세와 입지를 확인한 실증적인 연구라는 점에서 높게 평가되고 있다. 또한 단순한 역사 서술을 넘어, 당시 풍수 이론의 실제 작동 방식을 파악한 드문 성과였으며 동시에 풍수에 대한 이해의 깊이에서 당대의 풍수사와 후대의 풍수 및 도읍지 연구자들의 전범(典範)이 되었다고 할 수 있다.

김두규 교수의 『왜 그곳이 수도가 되었나』는 바로 이와 같은 풍수의 문제의식을 현대적으로 계승한 작업이라 할 수 있다. 고려와 조선의 사례에서 보듯이, 수도는 단순한 행정 중심이 아니라 국가의 정치·경제·문화가 응축된 공간이며, 건국 세력과 지식인 집단의 집단적 선택의 결과였다. 평양을 수도로 둔 북한과 서울을 수도로 둔 대한민국의 미래 운명에 대해 김두규 교수가 담박하게 서술한 것도 그러한 현대적 계승 작업이었다.

김 교수는 이러한 관점을 바탕으로, 한반도와 중국·일본·인도 등 아시아는 물론, 유럽과 중동, 미국에 이르기까지 세계 주요 국가의 수도를 대상으로 풍수적 입지와 도시 구조를 비교·해석하고 있다. 이 책에서 풍수는 길흉을 점치는 단순한 기술로 제시되지 않는다. 오히려 산과 물의 형세, 교통과 방어, 정치 공간의 배치와 중심축의 형성 등을 종합적으로 읽어내는 문화 환경 측면에서 하나의 공간 해석 체계로 제시하였다. 다시 말해, 수도의 입지와 변천을 통해 국가의 흥망을 설명하려는 시도라는 점에서, 『고려시대의 연구』에서 제시되었던 도읍지 문제를 세계사적 시야에서 확장한 작업이라 할 수 있다.

김두규 교수는 오랫동안 풍수 고전 번역 출간과 현장 조사를 병행해 온 학자이며, 신행정수도(현, 세종시), 경북도청과 혁신도시 등 공공기관 입지 선정 과정에서 공식 자문위원, 문화재청(현 국가유산청) 문화재위원 등을 통해 실제 문화환경 정책과 문화유산 관리 현장에도 참여해 왔다. 또한 조선일보를 비롯하여 여러 언론과 방송을 통한 기고와 강연을 통해 풍수 담론을 대중에게 전달해 오는 등, 학문과 사회를 연결하는 역할에도 노력을 아끼지 않았다.

이 책은 수도라는 공간을 통해 국가의 흥망을 읽어내려는 시도라는 점에서, 학술적으로도 의미 있는 문제 제기라 할 수 있다. 동시에 각국 수도의 형성과 구조를 쉽게 풀어 설명하고 있어, 일반 독자에게도 새로운 시각을 제공할 것이다.

영국의 역사학자 아널드 토인비가 『역사의 연구』에서 수도의 변천을 인류사의 큰 흐름 속에서 다루었다면, 이 책은 동양의 풍수학자 관점에서 접근하였다는 데서도 큰 의미가 있다. 『왜 그곳이 수도가 되었나』는 수도와 국가의 관계를 다시 생각하게 하는 한 권의 책이다. 널리 읽히기를 기대하며 추천사를 대신한다.

이건무

전 문화재청장·전 국립중앙박물관장

心齋 김두규 교수는 독일 뮌스터 대학교에서 독문학·사회학·중국학을 공부하고 1991년 「민중성과 리얼리즘(Volkstümlichkeit und Realismus)」(독문학)으로 박사학위를 취득한 다재다능한 학자이다. 독문학을 전공하면서 또 한편으로 30여 년 전부터 우리 문화에 깊은 관심을 가지고 한국의 풍수지리, 국운과 풍수, 사주 이론의 수용과 변천사 등을 연구해 온 대표적인 민족문화인류학자(Ethnologist)로 자리매김해 왔다.

김두규 교수가 오랫동안 탐구해 온 풍수와 사주의 세계는 단순한 점술이나 민간 신앙의 영역에 머무는 것이 아니다. 그것은 하늘과 땅, 그리고 인간의 삶을 하나의 질서로 이해하려 했던 동아시아 지성사의 중요한 역사관이었다. 이러한 세계관은 조선 전기 문장가 사가정(四佳亭) 서거정이 정인지의 묘비 첫머리에 남긴 다음 문장에서 잘 드러난다.

"밤하늘의 수많은 별이 반짝이며 빛나니, 이는 하늘이 쓴 글이요,
물은 낮은 곳으로 흘러 골짜기를 지나 산을 돌고 강을 이루니, 땅이
쓴 글이며, 하늘과 땅 사이에서 시를 짓고 예를 행하는 인간사 모든
것은 곧 인간의 글이다."

（夜觀星辰, 數萬億顆, 閃爍煥爛, 蓋天上之書也.

水流淺處, 逾峽越嶺, 山環川繞, 成河成川, 蓋地下之書也.

循環天地之間, 詩書禮樂絲綸輔弼, 乃人之書也.）

이 짧은 문장은 하늘의 글, 땅의 글, 인간의 글을 하나로 꿰어내며 천지인(天地人)삼재(三才)의 질서를 압축해 보여준다. 인간은 하늘의 별자리를 읽고, 땅의 형세를 살피며, 그 사이에서 자신의 자리를 정하는 존재라는 인식이다. 별을 관찰하며 인간의 운명을 헤아리는 것이 사주라면, 땅의 형세를 읽어 삶의 터전을 정한 것이 풍수였다. 사주가 시간의 철학이라면, 풍수는 공간의 철학이라 할 수 있다. 전자는 인간의 운명을 진단하는 지혜였고, 후자는 그 운명에 조화를 이루는 땅을 찾는 처방의 지혜였다.

이와 같은 사유는 개인의 삶에만 머물지 않았다. 왕조의 도읍을 정하고, 국가의 중심을 세우는 문제에도 그대로 적용되었다. 동아시아에서 수도의 선택은 단순한 행정적 결정이 아니라, 하늘과 땅의 질서 속에서 인간의 자리를 정하는 중대한 문화적 선택이었다. 고려의 개경과 조선의 한양이 그러했고, 중국의 장안과 베이징, 일본의 교토와 도쿄 역시 그러했다. 수도는 곧 그 나라가 하늘과 땅 사이에서 스스로를 어떻게 위치시키는가를 보여주는 상징적 공간이었다.

김두규 교수의 『왜 그곳이 수도가 되었나』는 바로 이러한 관점에서 세계 주요 국가의 수도를 다시 읽어보려는 시도다. 수도의 어원(語源)과 변천, 산과 물의 오고 감과 형세, 권력 공간의 중심축과 도시의 구조를 따라가다 보면, 각 나라가 어떤 자연 조건과 역사적 선택 속에서 오늘의 중심을 세웠는지가 드러난다. 이 책은 풍수를 단순한 길흉의 기술로 다루지 않는다. 오히려 인간이 자연과 조화를 이루며 공동체의 중심을 선택해 온 지혜의 체계로 읽어낸다.

김 교수는 오랜 세월 풍수의 문헌과 현장을 함께 탐구해 온 학자다. 학문적 연구와 더불어 국가와 지방자치단체의 입지 선정 자문위원, 문화재청 전문위원 및 위원 활동, 언론 기고와 강연 등을 통해 풍수 담론을 현대 사회와 연결해 왔다. 그의 작업은 전통 지식이 어떻게 오늘의 공간 문제와 국가 운영의 문제를 이해하는 데 새로운 시각을 제공할 수 있는지를 보여준다. 박정희 대통령 당시 임시행정수도(충청남도 공주시 장기면) 계획, 노무현 대통령의 신행정수도(현, 세종특별자치시) 그리고 이재명 대통령의 대통령집무실 세종시 이전 계획 등을 풍수적 관점에서 진지하게 다루었던 것도 이와 같은 맥락에서 학자로서 김 교수의 당연한 일이었다. 평양을 수도로 하는 북한의 국운을 논한 것도 흥미롭다.

수도는 단순한 행정 중심지가 아니다. 그것은 하늘의 질서와 땅의 형세, 그리고 인간의 선택이 만나는 자리다. 김 교수의 이 책은 그 만남의 역사를 풍수라는 오래된 언어로 다시 풀어낸 기록이다. 독자들은 이 책을 통해 세계 여러 수도를 여행하듯 따라가면서, 그 이면에 흐르는 보이지 않는 질서를 새롭게 발견하게 될 것이다. 이 책이 수도와 국가, 그리고 인간과 자연의 관계를 다시 생각하게 하는 계기가 되기를 기대한다.

이종철

국립민속박물관 6·8대 관장 / 한국전통문화대학 2·3대 총장

들어가는 말

⟡

'글로벌 관광' 시대입니다.

세계 곳곳 가지 않은 곳이 없습니다. 인천공항을 통해 빠져나가는 한국인보다 더 많은 외국인이 한국을 관광하러 옵니다. K-컬처 덕분입니다. '관광'이란 '관국지광(觀國之光)'의 줄임말입니다. '나라[國]의 빛[光]을 본다[觀]'는 뜻으로 『주역』 '관괘(觀卦)'에 나오는 말입니다. 이때 빛[光]은 문화를 뜻합니다. 즉 어떤 나라의 문화를 보는 것이 '관광'의 본래 어원입니다. 한 나라의 문화를 보려면 그 나라의 수도만큼 좋은 곳이 없습니다.

수도는 정치와 경제의 중심지입니다. 문화와 종교의 숨결이 살아 있으며, 그 나라 사람들의 삶의 방식이 응축된 곳입니다. 단순한 행정 중심지가 아니라, 나라의 운명을 담은 특별한 힘이 깃들어 있습니다. 나라의 심장입니다. 심장의 상태에 따라 한 사람의 건강이 좌우되듯, 수도의 흥망성쇠에 따라 국운이 결정됩니다. 세계 주요 국가들의 수도를 풍수적 관점에서 설명하려는 이유입니다.

역사적으로 수도, 즉 도읍지를 정하는 방법과 과정에서 다양한 요소들을 참고해왔습니다. 나라를 세운 창업자 혹은 그를 보좌하는 최고 집단 지성들이 정한 자리입니다. 수도는 많은 인구를 수용해야 합니다. 우선 식수가 필요하겠고, 이어서 생활용수, 물자를 운반할 수 있는 배가 드나들 수 있을 수량을 가진 강이나 바다가 절대적 요건이었습니다. 다른 한편으로 외적으로부터 방어할 수 있는 산과 구릉이 필요하였습니다. 즉 물과 산, 이 두 가지가 핵심입니다. 풍수를 구성하는 2가지도 바로 산과 물입니다. 풍수에서 '산은 인물을 키우고, 물은 재물을 늘려준다'는 격언이 있습니다. 산이 좋아야 사람이 편하게 생명을 부지할 수 있고, 물이 넉넉해야 부유하게 살 수 있습니다. 풍수는 그러한 길지를 찾는 것입니다. 역사적으로 수도를 정하는데 풍수가 활용된 까닭입니다.

역사학자 아널드 토인비는 『역사의 연구』에서 수도의 변천을 인류사의 큰 흐름 속에서 다루었습니다. 그는 수도를 국가 흥망의 관점에서 바라보며, 수도가 언제, 왜 옮겨지는지를 분석했습니다. 전쟁이나 교역로의 변화, 국경의 확장과 축소, 정복자들의 선택 같은 요인이 수도의 흥망성쇠를 결정한다고 보았지요. 다시 말해, 토인비의 수도론은 냉철한 역사학자의 눈으로 본 인류 문명의 이동 지도라 할 수 있습니다.

하지만 풍수학자는 수도를 다르게 읽습니다. 강이 어디서 흘러와 어디로 빠져나가는지, 산맥이 어떻게 수도를 감싸는지, 바람과 물길이 모여 어떤 형세를 만드는지를 살핍니다. 물자·정보·사람이 드나드는 수구(水口)가 제대로 형성되어 진정, 한 나라의 수도가 '제왕지지(帝王之地)'로 적절한지를 살핍니다. '제왕지지'만이 안정과 번영을 누리며 제국으로 번성할 수 있습니다. 반대로 물길이 흩어지고 산이 보호막이 되지 못하면, 수도는 흥망의 고비마다 불안한 기운을 드러내곤 합니다.

이 책은 바로 그러한 풍수의 눈으로 세계 주요 국가 수도를 읽어낸 기록입니다. 남북한 수도 서울과 평양을 시작으로, 아시아의 도쿄·베이징·뉴델리, 유럽의 런던·파리·베를린·마드리드·로마·아테네·암스테르담, 중동의 앙카라·이스탄불·리야드·두바이·카이로 그리고 미국의 워싱턴과 뉴욕까지, 오늘날 세계사의 무대가 되는 도시들을 따라가며 그 속에 흐르는 '보이지 않는 힘'을 찾아봅니다. 2011년부터 2026년 지금까지 15년 넘게 조선일보에 '김두규의 국운풍수'라는 칼럼을 연재하면서 풍수와 국운과의 상관관계를 살펴왔습니다. 그러한 관점에서 각국의 수도와 풍수를 살펴 그 국운의 흥망성쇠를 살펴보자는 것입니다.

독자들께서는 이 책을 여행안내서처럼 읽을 수도 있습니다. 이 책은 해외로 나가는 한국 관광객과 한국을 찾은 외국 관광객들을 위한 간단한 관광안내서이기도 합니다. 각국 수도 이름의 어원(語源)·뜻·유래와 해당 수도의 변천사를 간단하게 소개하고, 이어서 해당 수도의 풍수적 장단점을 설명하였습니다. 동시에 특정 수도를 방문할 때 반드시 봐야 할 곳을 소개하였습니다. 실제로 많은 도시가 강과 산, 그리고 바다라는 풍수적 입지 때문에 오늘날의 화려한 문화유산과 관광지가 탄생되었습니다. 동시에, 이 책은 해당 국가 수도 관련 전문가(정치지도자·건축가·도시개발 전문가)들을 위한 대한민국 풍수학자의 의견이기도 하며, 나라의 운명을 좌우하는 것이 '수도의 힘'이란 주장을 전제합니다. 왜 어떤 수도는 천 년을 버티고, 어떤 수도는 짧은 기간에 사라졌을까요? 왜 어떤 나라는 강대국이 되었다가 쇠락했을까요?

2023년 노무현 당시 대통령의 '신행정수도 이전(현재의 세종시)' 논란 이후 대한민국은 청와대·세종시·용산 등 대통령 집무실을 어디로 정할지 논란이 지속되고 있습니다. 그에 따른 대한민국의 국운은 어찌 될까요? 필자는 노무현 대통령 당시 '신행정수도이전추진단 자문위원'으로 공식 활동을 한 인연을 계기로 이후 전북혁신도시 입지선정위원·경상북도도청 이전 자문위원·문화재청 문화재위원 등을 역임하였고, 2026년 현재도 '강원도청사 건립 자문위원'으로 활동하고 있습니다. 그 과정에서 세계 주요 국가의 수도를 주의 깊게 들여다보기 시작한 것이, 이 책을 집필한 원인(遠因)이 되었습니다.

토인비의 수도론은 역사학으로 국가 흥망의 이유를 추적했다면, 이 책은 풍수학으로 어떻게 그 흥망이 빚어졌는지를 보여주려 합니다. 이는 역사를 공부하는 이들에게는 새로운 해석의 길을, 여행을 좋아하는 이들에게는 낯선 도시를 바라보는 또 하나의 눈을 열어줄 것입니다. 특히 각국 수도가 자랑하는 명소들(왕궁·정원·성당·강·언덕…)의 입지는 풍수상 최고의 길지에 자리합니다. 해당 수도를 여행할 때 보아야 할 풍수상 좋은 기운이 있는 곳들입니다.

수도는 단순한 땅의 이름이 아닙니다. 그곳에는 산과 강이 빚은 형세, 사람들의 믿음과 선택, 제국을 일으킨 지도자들의 야망과 집단지성이 함께 얽혀 있습니다. 이 책은 그 거대한 흐름을 풍수라는 대한민국의 오래된 지혜로 풀어내어, 독자 여러분께 한 편의 긴 이야기를 전하고자 합니다.

책을 집필하게 된 직접적 계기는 한국출판협동조합 40·41대 이사장을 역임한 권혁재 학연문화사 대표의 권유 덕분입니다. 권 이사장님께 감사드립니다.

2026년 2월 상도동 서달산에서

심재(心齋) 김두규

● 목차 ●

4장. 중동

1장

수도의 산과 물:
흥망의 핵심 2요소

풍수를 구성하는 2가지는 산과 물이다. 산과 물은 어떤 기능을 하는가?
조선조 풍수 관리 '지관(地官)' 선발 필수과목인『명산론』첫 대목이다.

"무릇 음양의 두 기운이 맺히면 산이 되고, 녹으면 물이 된다.
산과 물이라는 것은 음양의 일컬음이다.
산과 물이 서로 균형을 이루면, 음양으로 조화를 이루고,
조화를 이루면 하늘과 땅 사이에 조화로운 기운이 가득 찬다.
산과 물이 서로 만나면, 음양으로 모이게 되고,
음양이 모이면 생기가 되는데, 이것을 사람들은 좋은 땅이라고 한다."

산과 물이 균형과 조화를 이루는 수도는 천 년 역사를 이루며 지금까
지 일국의 정치경제 중심지가 되어왔지만, 균형과 조화가 깨지는 수도
는 흥망을 거듭하다가 역사에서 사라졌다.『명산론』은 산과 물, 즉 음양
의 조화와 치우침을 다음과 같이 정리한다.

"산이 크고 물이 적은 것을 독양(獨陽)이라 하고,

산이 작고 물이 큰 것을 독음(獨陰)이라 하며,

산에 기복이 없는 것을 고음(孤陰)이라 하며,

물이 고요하지 않은 것을 고양(孤陽)이라 한다.

산과 물이 조화롭지 않은 것은 흉지가 된다.

풍수라고 하는 것은 결국 산과 물의 문제일 뿐이다.

산은 높아야 하며, 물은 깊어야 한다."

여기서 『명산론』은 반드시 산과 물의 물리적 균형과 조화를 말하지 않는다. 산과 물의 물리적 균형도 좋지만, 산이 크고 물이 적은 독양(獨陽)의 땅도, 산이 작고 물이 큰 독음(獨陰)의 땅이 오히려 풍수의 묘미를 준다. 독양의 땅은 분지가 되며, 독음의 땅은 강과 바다의 도시가 되기 때문이다.

독양(獨陽)의 땅은 문명을 담는 그릇, 즉 분지가 된다. 산으로 둘러싸인 넓은 평야인 분지는 문명을 잉태하는 그릇이다. 비가 고여 강을 이루고, 흙은 비옥해져 농업을 가능하게 한다. 분지는 안정과 축적의 공간이다. 관개 기술이 발달하고, 곡물과 인구가 모이며, 강력한 중앙집권 체제가 형성된다. 그러나 분지는 동시에 갇힌 공간이다. 외부와 연결되는 길은 대부분 험한 고개와 사막 회랑을 지나야 한다. 혁신 전파가 더디고, 외부 변화를 흡수하는 데 시간이 걸린다. 이 때문에 분지는 '단단한 내부'라는 장점과 '닫힌 외부'라는 한계를 동시에 지닌다.

반면, 독음(獨陰)의 땅은 재물과 문명을 유입하는 구멍, 즉 수구(水口)가 된다. 강과 바닷가에 자리한 수도는 언제나 활력이 넘친다. 큰 강과 바다는 사람과 물자를 실어 나르고, 교역과 문화를 꽃피운다. 큰 강과 바닷가 수도는 넓은 무대를 품는다. 항구를 통해 바다는 대륙과 대륙을 잇고, 나라는 자연스레 해상 제국으로 나아간다. 세계와 소통하고, 새로운 문물을 받아들이며, 부와 권력을 불러온다.

그러나 강이 범람하면 도시는 재난을 피하기 어렵고, 바다는 전쟁의 길이 되기도 한다. 풍수에서는 물길이 지나치게 크거나 직선으로 뻗으면 재물이 모이지 못하고 빠져나간다고 본다. 외세의 침입에도 늘 노출된다. 번영을 가져오는 동시에 불안을 안긴다. 풍수의 눈으로 보면, 물길을 어떻게 다스리느냐가 나라의 흥망을 좌우한다. 산은 기운을 붙잡아 주지만, 물은 붙잡지 않으면 언제든 흘러가 버린다.

산과 물 가운데 무엇이 더 중요할까? 역시 조선조 지관(地官) 선발 필수 고전『지리신법(호순신)』은 명확히 우열을 가린다.

> "대개, 산은 사람의 형체와 같고, 물은 사람의 혈맥과 같다. 사람은 형체를 갖고 있는데, 사람의 길흉화복은 모두 혈맥에 의존한다.
> 혈맥이 한 몸 사이를 순조롭게 돌아, 일정한 궤도가 있어 순조롭고 어그러짐이 없으면, 그 사람은 반드시 편안하고 굳셀 것이고, 일정한 궤도를 거슬러 절도를 잃으면 그 사람은 반드시 병에 걸려 죽을 것이다. 이것은 자연의 이치로써 바꿀 수 없는 길[도·道]이다. 그러므로, 이 법은 반드시 물이 오고 감이 산과 합치되어야 한다. 그런 다음에야 좋은 땅이 될 수 있다."

또『지리신법』은 산과 물의 중요도를 강조하여 말한다.

"산은 본래 그 성질이 고요한 것이어서 음(陰)에 속하고,

물의 성질은 움직임이어서 양(陽)에 속한다.

음(물)은 본체를 담당하고, 양(산)은 변화를 관장한다.

그러므로 길흉화복은 물에서 더 빠르게 나타난다. "

풍수 고전『명산론』과『지리신법』에서 산과 물의 음양 배속(配屬)을 반대로 한다.『명산론』은 산을 음, 물을 양에 배속한다. 반면『지리신법』은 산을 음, 물을 양에 배속한다. 이는 음양이란 개념이 절대적인 것이 아닌 상대적임을 의미한다. 크기[대소]의 관점에서 큰 것을 양, 작은 것을 음에 배속할 수 있다. 움직임[동정]의 관점에서 움직이는 것을 양, 고요한 것을 양에 배속할 수 있다. 높이[고저]의 관점에서 높은 것을 양, 낮은 것을 음에 배속할 수 있다. 즉 관점의 차이일 뿐, 본질은 같다.

『지리신법』은 산보다 물이 더 중요하다고 말한다. 오늘날 세계 수도들 대부분이 강과 바다를 택했다. 교역과 개방이 국가의 생명줄이기 때문이다. 그러나 국가 지도자라면 그 화려한 번영 이면에 숨어 있는 불안정의 그림자를 잊지 말아야 한다. 강과 바다는 부를 가져다주기도 하지만, 동시에 나라의 기운을 흘러보낼 수도 있기 때문이다.

물은 흘러오고 나간다. 그 물구멍을 풍수에서는 수구(水口)라고 한다. 기(氣)는 물을 몸으로 삼아 존재한다. 따라 풍수 고전『장서(금낭경)』는 "기(氣)는 물의 어머니"라고 하였다. 기가 있는 곳에 물이 있고, 물이 있는 곳에 기가 있다. 모자(母子)지간이다. 기가 드나드는 곳을 수구 혹은 기구(氣口)라고도 하는 까닭이다. 따라서 물[水]은 단순히 2개의 수소 원자와 1개의 산소 원자가 결합한 H_2O가 아니라, 기(氣)이다. 물에 관한 동서양의 본질적 차이점이다.

수구(水口)는 물(냇물 하천 강물)들이 모여지는 곳에서 만들어진다. 작으면 동네 입구[동구 · 洞口]가 되고, 좀 크면 나루터가 되고, 더 크면 항구가 된다. 땅의 귀천, 역량의 대소가 모두 수구가 어떠한가에 따라 결정된다. 조선 후기 실학자 이중환(李重煥, 1690~1756)이 지은『택리지』도 이 부분을 강조한다. 실학자다운 땅에 대한 안목이다.

"어떻게 풍수를 논하는가?
먼저 수구(水口)를 보고, 다음은 들판의 형세를, 그다음에 산의 모양을, 그다음에는 토색을, 또 그다음에는 조산(朝山)과 조수(朝水)를 보아라. 무릇 수구가 엉성하고 막히지 않은 곳에서는 비록 좋은 땅 1만 이랑과 넓은 집 1천 간이 있다 하더라도 다음 세대까지 내려가지 못하고 저절로 흩어 없어진다. 그러므로 집터를 잡으려면 반드시 수구가 꼭 닫힌 듯하고, 그 안에 들이 펼쳐진 곳을 눈여겨보아서 구해야 한다."

수구(氣口)는 문명이 외부와 호흡하는 입구다. 강 하구 · 해협 · 항구 · 운하와 같은 공간은 사람과 물자가 오가는 통로였다. 수구가 열리면 새로운 지식과 상품 · 문화가 밀려들고, 나간다. 교환과 혁신의 속도가 빨라진다. 그래서 수구를 기가 드나드는 통로, 즉 기구(氣口)라고도 부른다.

뉴욕은 에리 운하 덕분에 오대호 곡창과 대서양을 한데 묶으며 세계도시가 되었다. 로테르담은 라인강 하구의 얕은 물길을 준설하여 초대형 선박이 드나들 수 있는 심수(深水)항을 만들어 유럽 내륙과 세계 바다를 동시에 거머쥐었다. 수구는 곧 시대의 호흡기였다.

왜·그·곳·이·수·도·가·되·었·나

2장
아시아

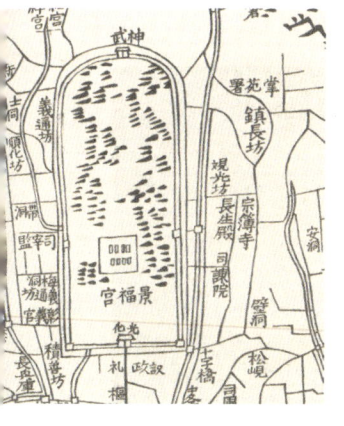

1. 한반도 주요 왕조 도읍지

1) 고려 도읍지 개경: 3겸(三鉗)의 땅

'개경'의 뜻

개경(開京)은 문자 그대로 "수도[京]를 연다[開]"라는 뜻으로, "새로운 수도를 연 땅", "도읍을 개창한 곳"이라는 의미를 담는다. 즉, 왕조가 새롭게 문을 열어 국가의 중심이 되는 도시라는 개념이다.

개경이 고려의 수도가 된 내력은 다음과 같다. 고려 왕조가 처음 문을

위성사진으로 본 현재 개성(ⒸGoogle Earth)

열던 10세기 초, 한반도는 온통 격랑 속에 있었다. 후삼국이라 불리는 후고구려·후백제·신라가 서로를 견제하고, 각 지역의 호족 세력은 영주처럼 군림하고 있었다. 이런 혼란을 수습하고 새로운 왕조를 세운 인물이 바로 송악 출신의 왕건이다. 흥미로운 점은 고려를 세운 세력의 핵심이 육지가 아닌 바다를 기반으로 한 해상세력이었다는 사실이다. 오늘날로 치면 '해운업자와 무역 상단'이 나라를 세운 셈이다. 고려 태조 왕건은 조상의 근거지인 송악(후일의 개경)에서 활동했다. 송악은 서해를 끼고 있어서 해상 교역의 중심지였으며, 예성강과 임진강이 서해로 흘러드는 지점이자 경기만으로 뻗어 나가는 길목이었다. 이곳에서 고려는 일찍부터 송나라 상인, 아라비아 상인들과 교류하며 활발한 국제무역을 펼쳤다. 고려청자가 바닷길을 따라 이집트까지 흘러갔다. 이집트의 카이로 인근 푸스타트(Fustat: 중세 이슬람 시대 이집트의 수도, 카이로보다 300년 앞섬) 유적에서 고려청자 파편이 출토되었는데, 고려청자가 실크로드의 해상로(Sea Silk

예성강과 임진강이 서해로 흘러드는 개성 주변의 위성사진(ⓒGoogle Earth)

개성시 전경(ⓒGettyImageKorea)

Road)를 통해 이슬람 세계와 교류했음을 보여주는 증거이다.

　이렇게 바다로 열린 나라 고려는 정작 수도는 풍수적으로 많은 문제를 안은 곳에 정했다. 왜 왕건은 하필 개경을 수도로 정했을까. 왕건이 개경을 도읍으로 삼은 이유는 크게 세 가지였다. 첫째, 지리적 장점이었다. 개경은 임진강과 예성강이 만나는 곳으로, 바다로 나가는 통로이자 내륙과도 연결되는 교통 요지였다. 둘째, 그곳은 그의 고향이었다. 자신이 자란 땅을 수도로 삼는 것은 자연스러운 일이었다. 셋째, 창업 동지들의 기반이었다. 고려 개국 공신들 대부분이 예성강·한강·임진강 유역의 해상세력이었다. 우두머리 왕건 집안은 대대로 해상무역과 수군을 장악하여 막대한 경제력을 축적하였다. 배현경은 왕건 휘하의 대표적 무장으로 예성강을 거점으로 수군 활동에 능했다. 박술희는 한강 유역의 수로·교통로 확보에 기여하며 해상·수운을 통한 고려 경제의 기반을 마련한 장본인이다. 복지겸은 임진강과 서해로 연결되는 교통 요충지 장악을 통해 세력 확대에 공헌한다. 그들에게 임진강과 예성강의 배후지인 개경을 도읍지로 정하는 것은 어찌 보면 당연한 일이다.

그러나 겉으로 보이는 이점과 달리, 개경은 여러 약점을 안고 있었다. 왕건 본인도 이를 잘 알고 있었다. 그는 군사적 감각이 뛰어난 인물이었고, 지형을 누구보다도 날카롭게 파악했다. 그가 개경에 대해 직접 언급한 '수덕불순(水德不順)'이라는 표현은, 이미 이 도읍지가 지닌 치명적 결함을 보여준다. '수덕불순'이란 '물의 흐름이 조화롭지 못하다'라는 뜻이다.

1971년 만월대 회경전(ⓒ한국저작권위원회)

개경은 어떤 곳이었을까. 평양처럼 넓은 평야 위에 자리한 도시가 아니라, 사방이 산으로 둘러싸인 가파른 골짜기 분지였다. 한양(서울)처럼 평탄한 분지가 아니었다. 방어에는 좋았지만, 확장성이 떨어지고 산에서 흘러내린 물들이 성안으로 모여드는 구조였다. 비가 많이 오면 물길이 거칠게 휘몰아쳤고, 이는 큰 재해로 이어지곤 했다. 풍수에서 말하는 '수세(水勢)'가 순하지 못한 땅, 곧 '수덕불순'의 땅이었다. 고려 왕조 내내 천도를 반복해서 논의한 것도 이런 이유였다.

개경이 가진 두 번째 문제는 고려 말 학자 이제현이 지적한 '삼겸(三鉗)'이었다. 삼겸이란 '세 가지[三] 꺼리는 땅[鉗]'이란 뜻이다. 산·물·길, 이 세 가지가 모두 불리하다는 뜻이다. 첫째, 길이 막혀 있었다. 성 안팎을 잇는 큰길이 한두 개뿐이라 물자와 인마가 몰리면 쉽게 병목이 생겼다. 둘째, 물이 불리했다. 모든 물길이 가파르게 도성 중심으로 모여 홍수를 불렀다. 셋째, 산이 불리했다. 좌우의 산줄기, 즉 청룡과 백호가 서로 다투는 형국이었으니, 이는 문신과 무신, 적장자와 방계가 끊임없이 충돌하는 정치 현실과도 맞아떨어졌다. 실제로 고려는 왕자의 난과 문신과 무신 갈등이 잦았다.

그런데도 고려가 개경을 떠나지 못한 이유는 무엇일까. 첫째, 그곳은 왕건의 정치적 기반이었다. 태조 왕건의 가문과 해상세력의 근거지가 바로 개경이었기 때문이다. 둘째, 교통의 요충지라는 현실적 이점이었다. 임진강과 예성강이 열어주는 물길은 고려 무역의 심장박동이었다. 셋째, 수도를 옮기기에는 비용이 너무 많이 들었다. 왕건 이후에도 서경(평양)·남경(한양)으로의 천도 논의가 끊이지 않았으나, 결국은 현실의 이해관계와 기득권 세력의 저항에 가로막혀 무산되곤 했다.

이렇듯 개경은 고려 왕조의 번영과 몰락을 동시에 품은 땅이었다. 개방적 해상세력이 나라를 열고도, 정작 그 수도는 폐쇄적 골짜기에 놓였다. 이는 고려의 운명을 결정짓는 중요한 풍수적 배경이 되었고, 중기 이후 외침과 내분을 겪으며 국운이 기울어 가는 한 원인이 되었다.

고려의 역사를 돌이켜 보면, 개경은 수도였음에도 늘 불안한 그림자가 드리워져 있었다. 거란과 몽골의 침입 때마다 수도를 지키지 못하고, 임금이 나주(현종)와 안동(공민왕)까지 피난하거나, 강화도(고종)로 임시 궁궐을 삼아야 했다. 왕실 내부에서도 형제간의 다툼, 문신과 무신의 권력 교체가 빈번히 일어났다. 이는 단순한 정치사의 우연이 아니라, 풍수적 형세가 상징하는 바와 맞아떨어지는 현상이었다. 청룡과 백호가 맞부딪히듯, 권력 집단도 늘 부딪히고 갈라졌다. 물이 거칠게 몰려오듯, 권력의 흐름도 잦은 변동과 소용돌이 속에 있었다.

이렇듯 고려 왕조의 흥망은 단순히 정치 제도나 인물의 문제가 아니라, 수도 개경의 지형과 깊이 맞물려 있었다. 바다를 장악했던 해상강국 고려가 정작 바다와 멀어진 좁고 가파른 분지에 도읍을 둔 것은, 풍수적 안목으로 보자면 치명적인 모순이었다. 창업기의 활력은 있었으나, 장기적 국운을 이어가기에는 불리한 땅이었다. 그래서 고려의 수도는 늘 불안했고, 국운도 마침내 외침과 내부 분열 속에서 쇠퇴해 갔다.

수도(도읍지) 풍수는 곧 국운의 기초다. 땅의 기운이 어긋나면 권력도 흔들리고, 외적의 침입도 막아내기 어렵다. 반대로 땅의 기운이 순조로우면 권력이 안정되고, 국운도 오래 이어질 수 있다. 고려의 수도 개경은 정치적 이유로 선택된 자리였지만, 풍수적 결함이 왕조의 몰락을 앞당겼다.

통일 후 수도로 개성이 적합하다는 논의가 가끔 제기되기도 한다. 이제는 고인이 된 풍수학자인 최창조 전 서울대 교수의 지론이었다. 그러나 풍수적 시각에서 본다면, 개성은 결코 장기적 국운을 담을 수 없는 자리다. 좁은 분지, 거친 수세, 충돌하는 산세는 여전히 바뀌지 않았다. 남북통일 이후 새로운 수도를 고민한다면, 고려의 실패를 반복해서는 안 될 것이다. 오히려 백두대간의 흐름과 한강·낙동강·금강 같은 큰 물줄기를 함께 고려해, 산과 물이 조화롭게 이어지는 새로운 명당을 찾아야 한다.

2) 조선의 도읍지 한양: 4산(四山)의 땅

'한양'의 뜻

'한양(漢陽)'에서 '한(漢)'은 큰물이나 큰 강이란 뜻이다. 한강(漢江)이란 큰 강을 염두에 둔 단어이다. '양(陽)'은 산의 남쪽과 강의 북쪽을 의미한다. 따라서 한양은 '큰 강(한강) 북쪽에 자리한 도시'라는 뜻이다. 음양으로 산과 강을 표기할 때의 원칙이다. 양(陽)은 강의 북쪽과 산의 남쪽을, 음(陰)은 강의 남쪽과 산의 북쪽을 상징한다.

조선을 건국한 태조 이성계는 새로운 왕조를 어디에 세워야 할지 깊이 고민했다. 개경은 고려를 세운 왕건의 고향이자 수도였지만, 풍수적으로는 문제가 많은 곳이었다. 수덕불순(水德不順), 즉 물길이 조화를 이루지 못하는 곳이라는 지적이 끊이지 않았고, 사방의 산세 또한 지나치게 억눌러 확장성이 부족했다. 고려 후기에 이르러 개경은 외침에 시달리고 국운이 기울어졌는데, 그 원인 중 하나가 바로 잘못된 도읍지 선택이라는 평가가 뒤따랐다. 새로운 나라를 세운 태조로서는 반드시 새로

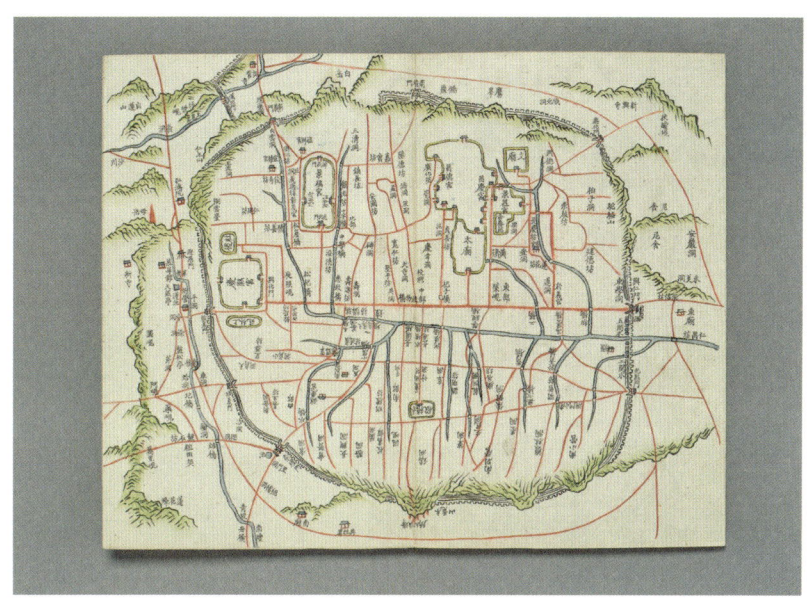

동여도(도성도), 『소장유물자료집13 - 한양 명품선』, 서울역사박물관, 2022

운 터전을 찾아야 했다.

처음 눈에 든 곳은 충청도의 계룡산이었다. 계룡산은 산세가 웅장하고 중심부에 자리 잡아 사방으로 뻗어 있는 형세가 나라의 기운을 모으기에 적합했다. 하지만 산의 기운이 지나치게 강하면 사람의 운명을 압도하고, 국가의 운명도 한쪽으로 치우치게 된다는 점에서 반대가 만만치 않았다. 또한 큰 강이 없다는 점도 단점이었다. 거기에 훗날 3대 임금 태종이 될 이방원의 측근 하륜이 풍수서『지리신법』을 근거로 계룡산 도읍지는 끝내는 망할 터라는 상소를 올려 관철한다. 1년 가까이 도읍지 터를 닦던 기초 공사는 중단되고, 계룡산은 도읍지 후보에서 제외되었다. 그다음 검토된 곳은 하륜이 강력하게 주장한 무악(지금의 신촌과 연세대학교 일대)이었다. 구릉과 평지가 어우러져 있었으나, 역시 결정적인 매

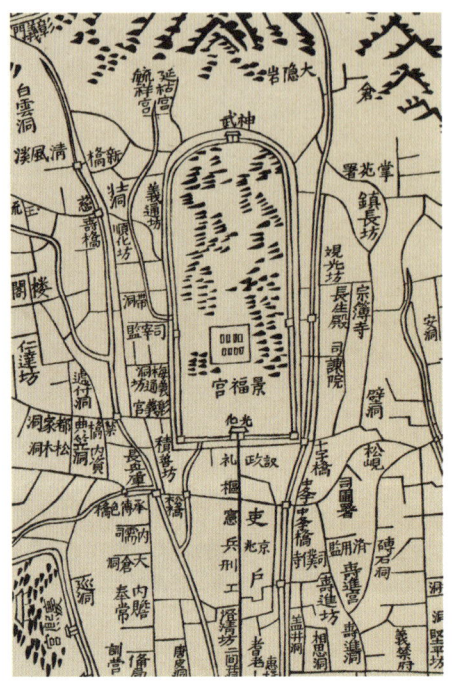

수선전도 中 경복궁 부분(ⓒ국립중앙박물관)

력을 갖추지 못했다. 한강이란 물길은 가까우나 사신사(四神砂)가 그리 뚜렷하지 못하였다.

마지막으로 남은 곳이 한강 북쪽의 백악산, 오늘날의 북악산 아래였다. 북악산은 뒤로 든든히 기댈 수 있는 주산 역할을 하고, 동쪽의 낙산·서쪽의 인왕산·남쪽의 남산이 사방을 에워싸 도성을 보호하는 형태를 만들었다. 이른바 『명산론』이 말한 "산이 크고 물이 적은 독양(獨陽)"의 땅이다.

한양을 수도로 최종결정하는 과정에서 풍수가 결정적 역할을 한다. 가장 큰 영향을 미친 권중화는 유학자에 머무르지 않고 의약·점술·풍수에 모두 능했던 다재다능한 인물이었다. 고려 말부터 조선 초에 이르는 격변기에 활동하며, 한반도 의학사에도 이름을 남겼다. 고려 숙종 때 이미 청와대 일대에 별궁을 지어 남경이라 불렀지만, 권중화는 그 자리를 버리고 남쪽으로 조금 내려와 지금의 경복궁 자리를 진혈(眞穴)이라 주장했다. 그는 북악산의 든든한 기운을 등에 업고 남쪽으로 한강을 바라보는 형국이 새로운 왕조를 안정시킬 수 있다고 보았다. 이 판단은 그대로 받아들여져 조선 500년의 수도가 확정되었다.

한양은 4방의 산이 감싼 분지, 즉 큰 그릇과 같았고, 토질은 밝은 화강암이었다. 양명(陽明)한 기운을 주는 좋은 땅으로, 안정과 보존을 중시하는 공간이었다. 사방의 산이 둘러싼 분지 지형은 외부의 침입을 막는 방

수선전도(ⓒ국립중앙박물관)

패가 되었다. 그러나 이러한 안정은 동시에 폐쇄성을 강화하는 요인이 되었다. 조선은 중국(제한적으로 일본)을 제외하고는 외부 세계와 철저하게 단절하였다. 큰 패착이었다. 왕조는 점차 안으로만 눈을 돌리게 되었다.

정치적으로 이 분지 구조는 독특한 영향을 끼쳤다. 좁은 공간 안에 권력이 집중되면서 정치 갈등이 격화되었다. 문신과 무신의 대립, 붕당 정치의 극심한 분열은 결국 작은 공간 안에서 권력을 나누려는 싸움이었다. 넓은 평야에 자리한 평양이나 중국의 장안, 일본의 교토와 달리, 한양은 산으로 둘러싸인 좁은 터 안에서 권력자들이 부딪힐 수밖에 없었다. 풍수적으로 말하면, 좌청룡과 우백호가 서로 다투는 형세였다.

문화적으로도 한양은 내향적인 성격을 강화했다. 궁궐과 양반가가 도성 안에 밀집해 있었고, 조선의 학문과 예술은 정제되고 세밀한 방향으로 발전했다. 이는 장점이기도 했다. 한글 창제와 같은 위대한 업적은 바로 이러한 집중된 학문적 환경 속에서 탄생할 수 있었다. 그러나 동시에 대범하고 개방적인 기풍은 점차 사라지고, 예법과 규율이 과도하게 강조되는 분위기로 흐르게 되었다. 유학, 특히 성리학을 국교로 하는 조선은 시대를 거듭할수록 성리학 이외에는 그 어떤 사상과 학문도 인정하지 않는 '성리학 계급독재'로 조선의 백성을 옥죄어 질식시켰다.

외교와 대외 정책에서 한양의 성격은 더욱 뚜렷하게 드러났다. 태조 이성계는 건국 초기 명나라와의 관계를 중시했으나, 이후 조선은 점차 스스로 문을 닫는 길을 선택했다. 중국에서는 명나라가 망하고 청나라가 들어섰으나, 조선이 망할 때까지 속으로는 청나라를 인정하지 않고 명나라 연호를 썼다. 우물 안 개구리와 같은 어리석음의 극치를 보여주었다. 한양의 지세가 주는 폐쇄성은 이러한 선택을 뒷받침했다. 사방이 산으로 막힌 도성은 물리적으로도 외부와의 소통을 어렵게 했고, 심리

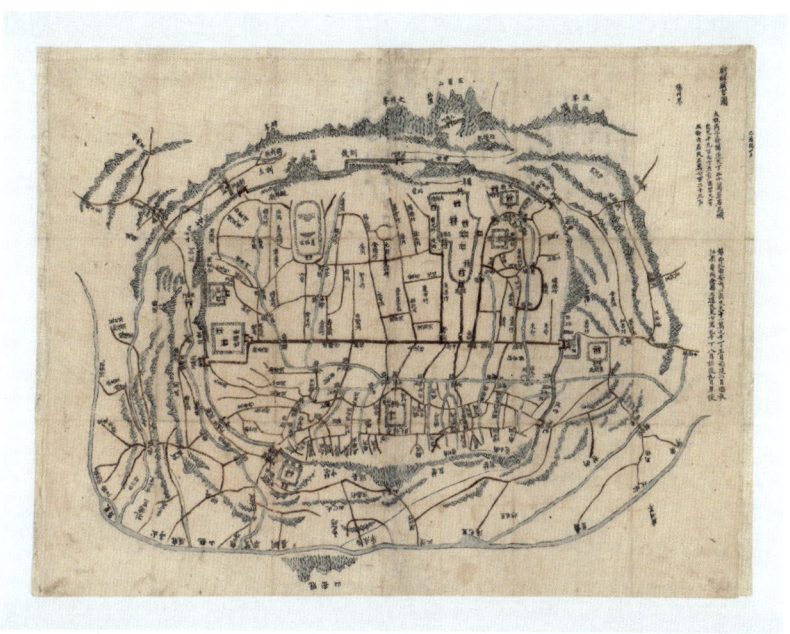

조선성시도, 『서울지도』, 서울역사박물관, 2006

적으로도 왕조와 백성 모두를 안으로만 향하게 했다. 임진왜란과 병자
호란을 겪으면서 조선은 더욱 위축되었고, 결국 쇄국(鎖國) 정책이 국가
기본 노선이 되었다. 개방적이고 해상 교역에 능했던 고려와는 전혀 다
른 길이었다.

　한양 풍수의 가장 큰 문제는 물[水]에 있었다. 한양의 명당수 청계천
은 서울 종로구의 백악산 자락, 청운동 인근에서 발원하여 동쪽으로 흐
르다 중랑천에 합류하는 도심 하천이다. 총길이는 10.84㎞로, 폭은 평
균 27~50m(좁은 구간은 20m 안팎, 넓은 구간은 60m)에 이르며, 평균 수심은
30~40cm, 깊은 곳은 1m 정도이다. 세계 주요 수도를 관통하는 강에 비
하면 너무 보잘것없다.

이러다 보니 큰비가 오면 수해를 자주 일으켰다. 조선은 치수 사업에 노력을 기울였지만, 근본적인 한계는 극복하기 어려웠다. 물은 흘러야 생기가 도는데, 한양은 그 흐름이 막히기 쉬운 땅이었다. 풍수에서 물의 흐름은 곧 나라의 기운을 뜻한다. 물길이 막히면 국운도 막히는 법이다. 조선 후기로 갈수록 국운이 쇠퇴한 것은 단순히 정치와 제도의 문제만 이 아니라, 도읍의 지세가 주는 한계 때문이라고도 볼 수 있다.

결국, 조선은 500년을 버텼지만, 근대의 물결 앞에서 더 이상 버틸 힘 이 없었다. 세계가 열리고, 서양의 함선이 동아시아의 바다를 뒤흔들 때, 조선은 여전히 한양의 좁은 분지 안에 갇혀 있었다. 외부의 새로운 문물을 받아들이기보다 안으로 움츠러들었고, 이는 곧 나라의 쇠락으로 이어졌다.

풍수적으로 보면, 한양은 안정과 보존에는 뛰어난 땅이었으나, 교류 와 확장에는 한계가 뚜렷했다. 왕조가 500년 지속할 수 있었던 것도 이 땅의 힘이었지만, 근대적 전환에 실패한 것도 결국 이 땅의 성격 때문이 었다. 왕조의 기간이 아니라 왕조의 질이 문제였다. 왕조가 있었으나 임 금과 집권 세력 극소수만이 인간다운 삶을 누렸고, 나머지 90% 백성들 은 인간다운 삶을 살기 어려웠다. 백성과 국민을 착취의 대상으로 삼은 나라는 국가의 자격을 가질 수 없었다. 이러한 관점에서 보면 임진왜란 이후 조선은 더 국가가 아니었다.

도읍지의 선택은 단순한 정치적 결정이 아니라, 나라의 운명을 좌우 하는 근본적인 문제였다. 고려가 개경이라는 수덕불순의 땅을 선택해 중기에 국운이 기운 것처럼, 조선도 한양이라는 폐쇄적 분지에 수도를 정함으로써 장수는 했으되 근대적 전환의 순간에는 힘을 잃었다. 도읍 의 풍수와 국운은 이렇게 맞물려 있었다.

3) 북한의 수도 평양: 재물의 도시?

평양의 뜻과 유래

平(평)은 '평평하다, 부드럽다, 평온하다', 壤(양)은 '흙, 땅, 국토' 란 뜻이다. 평양(平壤)은 따라서 '평평하고 넓은 땅'이란 의미다. 지형적으로 넓은 평야가 펼쳐진 곳이라는 뜻을 담고 있는데, 고조선 시기부터 존재한 매우 오래된 도시명으로, 한반도에서 가장 오랜 역사를 지닌 도시 중 하나다.

평양은 고조선과 고구려의 주요 근거지였지만, 고구려 멸망 이후 우리 민족사에서 주변부에 지나지 않았다. 평양은 1948년 북한 정권 수립 후 수도가 되면서 우리 민족에게 큰 관심의 대상이 되었다. 풍수적 관점에서 평양(서경)을 객관적으로 살펴보자. 현재 도읍지를 평양으로 삼고 있는 '북한의 운명'을 엿보는

과거의 평양 대동강 뗏목

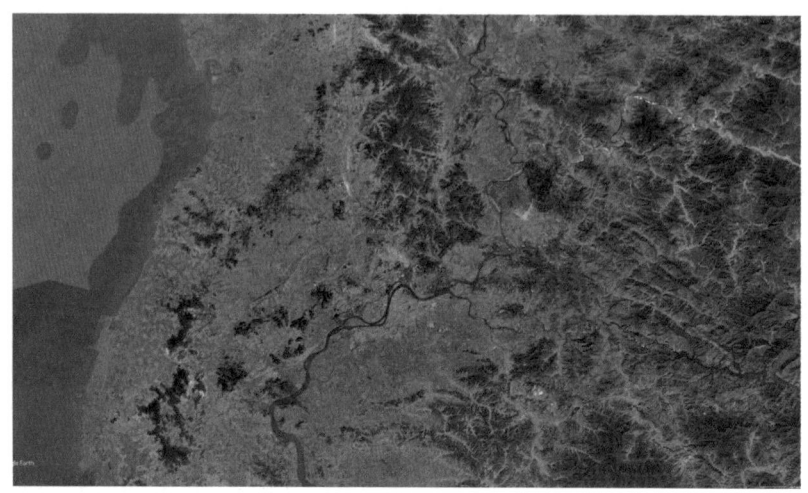

평양 위성사진. 주변에 명당수인 대동강이 흐른다. (ⓒGoogle Earth)

방법이기도 하다. 남한의 일부 언론과 정치인들은 북한이 곧 망할 것 같을 것처럼 생각하고 있다. 풍수상 과연 그럴까?

평양의 명당수는 대동강이다. 강의 흐름[수세]은 완만하고 유구하여, '물의 도시'로서 모범을 보여준다. 이에 대해 역사학자 이병도 박사는 다음과 같이 설명한다.

> "평양은 왼쪽·오른쪽·앞 3면에 느릿느릿 부드럽게 강물이 흐른다. 평양 동남쪽은 대동강이 바짝 붙어 있고, 서쪽은 대동강으로 구불구불 흘러드는 보통강을 끼고 있는 것이라든지, 보통강과 대동강 두 강에 붙어 있는-특히 대동강 왼쪽에 펼쳐지는-드넓은 평야라든지, 개경에서는 찾아볼 수 없는 광경이다.
>
> 그 가운데에서도 대동강은 낭림산에서 시작하여 성천강·삼등강·보통강 세 강이 합쳐지고, 그 밖에 하류에서는 재령강이 합쳐져 서해로

홀러드는 430여 ㎞에 달하는 큰 강이다. 강물이 깊고 넓으며, 완만하며 평탄하다."

풍수 고전 『명산론』의 분류법에 따르면, "산이 작고 물이 큰 것을 독음(獨陰)"이라 하는데, 평양이 바로 독음의 땅이다. 이병도 박사보다도 훨씬 이전인 1751년, 이중환도 『택리지』에서 평양을 찬양하고 있다.

"평양은 앞뒤 백 리 되는 들판이 탁 트여 밝고 환하다.
그 기상이 크고 넓고, 산빛은 아름답고도 곱다.
강물은 급하게 쏟아지지 않고 느릿느릿 앞을 향해 출렁거리며 흘러간다.
산과 들이 어울리고, 들과 물이 어울리며,
산과 들은 평탄하고 빼어나고, 강물은 크고도 넓다.

1930년대 평양 모란대 아래 대동강 뱃놀이

크고 작은 장삿배가 물결 속에 보였다가 사라지고,

빼어난 바위와 층층 바위들이 구불구불 멀리 강 언덕으로 이어진다.

서북쪽에 좋은 밭 평평한 밭두둑이 아스라이 펼쳐지니,

이곳이야말로 하나의 별천지이다."

평양 도심을 지날 때의 대동강 평균 폭은 400~600m, 넓은 구간은 1㎞ 이상, 평균 수심은 2~4m, 깊은 곳은 8m 내외이다. 유속이 완만하고 수량이 풍부하여 '평양의 젖줄'이며 평양을 감싸 안아 생기를 모으는 '유수회명(流水回明)'의 혈맥이다. 유수회명(流水回明)이란 흐르는 물이 명당(평양)을 감싸고 돈다는 말이다. 물은 피와 같은 존재라고 하였다. 그만큼 좋은 터라는 뜻이다.

조선의 수도 한양(서울 사대문 안)과 평양을 풍수상 비교하면 어디가 더 좋을까?

풍수 고전『금낭경(장서)』이 말하는 '고산룡'과 '평지룡'으로 두 도시를 설명할 수 있다. 고산룡(高山龍) 터가 한양(사대문 안)이며, 평지룡(平地龍) 터가 평양이다. 한양(청와대·경복궁)의 지맥은 삼각산 높이 솟은 데서부터 내려오는데, 생기(生氣)가 드러나 흩어지기 쉬우므로 바람이 두렵다. 이 단점을 보완해 주는 것이 바로 북악산·인왕산·낙산·남산이다. 사방을 산으로 감싸주어 길지가 된다. 이런 형국을 '장풍국(藏風局)'이라 한다.

반면, 평지룡 터는 평지에 기가 뭉친 곳이다. 생기는 땅속으로 가라앉으므로 바람 부는 것은 두려워하지 않는다(최빈국 북한 정권의 '용감함'과 무관하지 않다). 사방을 호위해 주는 산이 없더라도 좋다(북한 정권이 극소수 우방국 빼고 홀로 '주체적으로' 사는 이유도 이와 같은 땅 기운 덕이다). 다만 이때 기의 흐름을 멈춰줄 수 있는 큰물이 필요하다(물은 재물의 번창을 주관한다. 북한 정권이 중국과 러시아라는 큰 물주 때문에 유지되는 것도 사실이다). 대동강·보통강이 그 역할을 한다. 이와 같은 형국을 '득수국(得水局)'이라 부른다.

서울과 평양 가운데 어디가 좋을까? 지금의 서울은 과거의 한양이 아니다. 한양 사대문을 넘어 한강을 중심축으로 서울이 확장되었다. 서울은 이제는 4산(백악산·인왕산·남산·낙산)으로 둘러싸인 장풍국이 아닌 평양처럼 한강이 관통하는 득수국이 되었다. 따라서 두 도시의 우열을 풍수로 가리는 것은 의미가 없다. 1990년대 초 동구 사회주의 국가들이 모두 몰락했다. 그런데도 최빈국이면서 김일성→김정일→김정은으로 이어지는 왕조 국가 북한은 붕괴하지 않았다. 이후 30년 동안 경제적으로 빈궁함을 극복하지 못하면서도 핵무기를 소유한 군사 강국이 되었다. 정치·경제학자들은 이를 어떻게 풀이할까? 설명 불가능하다. 정치가들과 예언가들이 북한 정권이 곧 망한다고 하였지만, 지금까지 유지되는 것에 평양의 지덕이 한몫하고 있음은 분명한 사실이다.

대동강이 보이는 평양 전경(ⓒGettyImageKorea)

4) 대한민국 수도 서울: 명당수가 한강

'서울'의 뜻과 유래

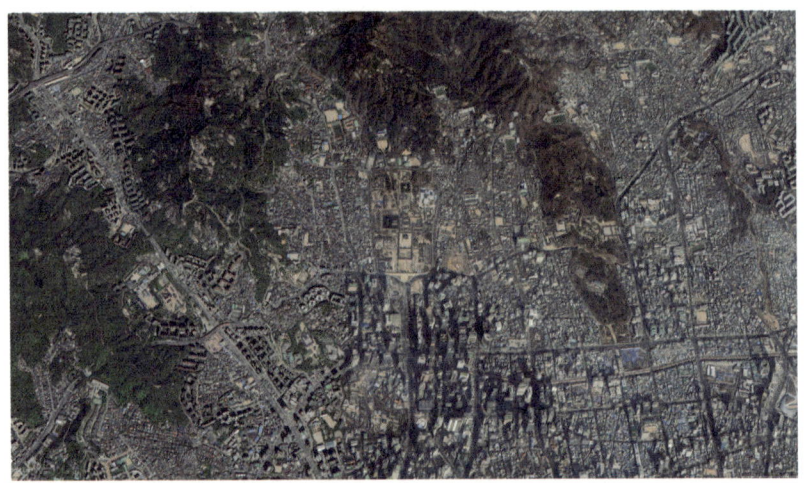

서울의 도심 확장 전 경복궁과 청계천 부분 위성사진(ⓒGoogle Earth)

현대 서울의 범위와 한강(ⓒGoogle Earth)

서울의 어원은 신라 수도였던 서라벌(徐羅伐/徐伐)에서 음운 변화를 거쳐 발전한 것으로 보는 것이 학자들의 일반적 견해이다. '서라벌→서벌→서울→서울'로 변했다는 것이다. 서라벌→서벌로 바뀐 것은 '자음탈락·축약'이고, 서벌→서울은 음운변화[음전·音轉] 현상, 서울→서울은 음의 단순화 현상으로 해석한다. 즉, '서울'은 본래 '도읍(수도)'을 뜻하는 순우리말이며, 신라 수도 '서라벌'에서 음운 변화로 발전한 말이다.

롯데월드타워와 한강 야경(ⓒGettyImageKorea)

대한민국 수도인 서울은 과거 조선의 한양이 아니다. 한양은 청와대 경복궁을 감싸는 4개의 산을 경계로 하였다. 1948년 대한민국 수립 직후 수도 서울의 경계도 이와 같았다. 그러나 1960년대 박정희 대통령 산업화 정책으로 인한 도시화로 '한양'이 포화상태가 되자 당시 서울 시장 김현옥은 강남을 개발하였다. 즉 서울이 남산을 넘고 한강을 건너 강남까지 확장된 것이다. 서울의 명당수는 이제 청계천이 아니고 한강이 되었다.

　한강은 백두대간의 한 줄기인 태백산맥 검룡소(강원도 태백시 창죽동)에서 발원하여 서해로 흘러드는 우리나라의 대표적 하천이다. 총길이는 514㎞로, 남한에서 가장 길며 유역 면적은 26,000㎢에 달한다. 상류에서

서울 경복궁 전경. 저 멀리 좌측에 청와대가 보인다. (ⒸGettyImageKorea)

는 남한강과 북한강이 따로 흐르다가, 양평 부근 두물머리에서 합류하여 본격적인 한강을 이룬다. 서울을 관통할 때 한강의 평균 강폭은 1㎞ 내외, 넓은 곳은 여의도나 잠실 부근에서 최대 2㎞에 이른다. 평균 수심은 낮은 곳은 2~3m, 깊은 곳은 6~8m에 달하며 유속이 완만하다. 한강은 강남과 강북을 나누는 지리적 축이자, 도시의 기운을 순환시키는 도시의 혈맥(血脈)이다. 세계 어느 수도의 강보다 크고 깊다.

1960년대를 전후로 청계천을 명당수로 하였던 서울과 한강을 명당수로 하였던 서울을 수도로 하였던 대한민국의 운명은 전혀 다른 길을 걷는다.

서울과 평양의 운명

'산주인수주재(山主人水主財)'라는 풍수 격언이 있다. '산을 인물을 키우고 물은 재물을 늘려준다'는 뜻이다. 평양은 물의 도시이다. 따라서 재물이 풍성할 땅이다. 그러나 현재 북한은 최빈국이다. 평양은 '물의 도시'로 풍수상 재물과 풍요를 상징했고, 한양은 '산의 도시'로 인재와 권위를 강조했다. 따라서 풍수의 격언대로라면, 평양은 경제적 번영이, 서울은 정치적·인적 자원이 두드러져야 한다. 그러나 현대사는 이와 전혀 다르게 전개된다.

해방 직후부터 1970년대까지는 북한이 남한보다 앞서 나갔다. 그 배경에는 일본이 한반도를 식민지 지배할 때 북부 지역에 중화학 공업을 집중시킨 탓이 컸다. 평양과 함흥, 청진 일대는 발전소·제철소·화학공장이 들어서면서 산업 기반이 갖추어졌다. 대동강의 수력 자원과 평야의 곡창은 경제적 자립에도 유리했다. 풍수적으로 보면, 평양은 물의 기운을 잘 활용해 재물과 산업 기반을 빠르게 축적할 수 있었다. 평양은

사람들로 가득한 서울의 청계천(ⓒShutterStock)

재물의 도시답게, 해방 이후 산업화에서 남한을 앞서며 번영을 누렸다.

그러나 1970년대 이후 남북의 격차는 역전되었다. 남한은 수출 주도형 산업화 정책을 통해 급성장했다. 서울과 수도권은 한강의 물길을 따라 경제력이 집중되었고, 사방산[사산 · 四山]의 기운은 교육열과 인재 양성으로 이어졌다. "한강의 기적"이란 말이 허튼 말이 아니었다.

풍수적으로는 '산이 인물을 키운다'라는 격언이 현실화한 셈이었다. 수출주도형 산업화란 대외 개방을 의미한다. 대한민국은 더 이상 조선 왕조와 같은 폐쇄 국가가 아니었다. 반대로 북한은 대동강의 수리와 평야를 기반으로 한 자립적 경제가 점차 한계에 봉착했다. 계획 경제와 폐쇄적 체제는 풍수적 장점을 살리지 못한 채, 물이 재물을 모으는 힘을 스스로 차단하는 결과를 낳았다.

청계천과 한강 그리고 대동강을 바탕으로 한 나라들을 수치상으로 비교해보면 수도의 우열을 가릴 수 있다.

	청계천	한강	대동강
수도	1970년대 이전 남한	1970년대 이후 남한	북한
발원지	북악산	태백산	낭림산
강 길이	11km	514km	430km
강폭	20-60m	1-2km	400-600m
강 깊이	30cm-1m	2-8m	2-8m
주산	북악산(342m)	삼각산(835m)	금수산(96m)

남북한 두 수도의 운명은 어찌 될까?

평양은 여전히 대동강의 물길을 안고 있는 도시다. 풍수적으로는 재물을 부르는 기운을 지녔으나, 이를 국제적 교역과 개방으로 연결하지 못한다면, 그 기운은 썩은 물처럼 정체될 위험이 크다. 향후 북한이 개혁·개방에 나선다면, 평양은 다시금 물의 도시로서 번영을 누릴 수 있을 것이다. 대동강을 따라 교역과 산업이 되살아나면, 재물의 기운은 다시 흐르기 시작한다.

도시 풍수 여행 서울

1) 북악산(北岳山)
북악은 한양의 척추이다. 바위와 소나무가 절경이다. 바위도 소나

무도 십장생이자 왕기(王氣)를 상징한다. 경복궁과 청와대에 왕권의 중심맥이다. 정상에서 내려다보면, 한양의 옛 도성 사대문이 자리한 형국이 한눈에 들어오며, 천하의 중심이 이곳에 있음을 느낄 수 있다. 권력의 기운이 응집된 산, 국운이 일어나는 자리다. 봄의 진달래꽃은 서울에서 태어나고 자란 어린이들에게 지금도 향수를 자극한다.

2) 인왕산(仁旺山)

북악산의 서쪽, 바위와 솔숲이 어우러진 강한 양기(陽氣)의 산이다. 해 질 무렵 붉은 노을이 바위 틈새를 물들이면, 그 빛이 마치 불꽃처럼 하늘로 솟는다. 조선시대 부자와 문인, 화가들이 이곳을 즐겨 찾은 이유는, 인왕산 바위가 불러일으키는 창조의 기운 때문이다. 정선의 '인왕제색도'는 바로 그 영감을 화폭에 옮긴 작품이다. 인왕산은 재물의 운, 예술의 운, 그리고 용기의 운이 함께 깃든 곳으로, 서울의 서기(瑞氣)가 가장 활발히 흐른다.

3) 경복궁(景福宮)

경복궁은 북악산에서 내려온 지기가 머무는 자리로, 조선 왕조의 왕기가 뭉친 중심 명당이다. 궁궐 뒤로는 북악의 푸른 산세가 장막처럼 서 있고, 남으로는 광화문 앞 육조거리로 권력의 기운이 뻗어나간다. 국운과 개인의 운이 만나는 교차점으로, 최고의 지기를 받을 수 있다.

4) 경희궁(慶熙宮)

경희궁은 인왕산에서 흘러내린 서방의 금기(金氣)가 응결된 곳으로, 서쪽 기운의 찬란한 빛이 감도는 자리다. 가을철이면 궁궐 담장 너머로 노랗게 물든 은행잎이 흩날리며, 권세와 예술이 함께 빛나던 조선 후기의 풍류를 떠올리게 한다. 이곳은 조선의 군주들이 노년의 휴식과 영감을 얻었던 궁궐로, 권력의 중압보다 정신적 완성을 추구하던 자리였다.

5) 종묘(宗廟)

종묘는 조선 왕들의 신위를 모신 신성한 사당으로, 한양 풍수의 큰 명당[대혈·大穴] 가운데 하나이다. 묘역을 감싸는 숲은 여름이면 짙은 녹음을 이루어 세속의 소음을 막아주고, 겨울엔 고요한 적막 속에서 선조의 혼이 깃드는 듯하다. 바닥돌을 밟을 때마다 느껴지는 울림은 곧 조선 오백 년의 역사와 맥을 같이한다. 신기(神氣)를 얻는 최적의 자리다.

6) 동작동 국립현충원 창빈 안씨묘

한강 남쪽 언덕 위, 푸른 소나무와 잔디가 어우러진 동작동 국립현충원에는 선조의 할머니 창빈 안씨가 안장되어 있다. 창빈 안씨 손자 하성군이 선조로 즉위하자 이곳 명당발복 덕분이었다는 소문이 조선 전역에 퍼졌다. 묘지 풍수 붐을 일으킨 현장이 이곳이다. 서울에서 묘지 풍수의 으뜸으로 꼽히며, 서달산과 한강이 서로 만나 음양교구(陰陽交媾)를 하는 땅이다. 4월 초 수양벚꽃이 필 무렵 창빈 안씨 묘를 찾는다면 최고의 지기를 받을 것이다.

7) 공덕동 효창원 3의사 묘역

세손(世孫) 시절부터 15년 이상 풍수 공부를 하였던 정조 임금이 일찍 세상을 떠난 아들 문효세자를 위해 잡은 곳이 효창원 터이다. 정조 임금의 풍수 실력을 감상하는 역사적 현장이다. 지금은 애국지사들의 혼이 깃든 성역이 되었다. 해방 후 백범 김구 선생이 이

터의 가치를 알아보고 순국선열을 안장하였고, 백범 선생도 이곳에 안장된다. 동작동 현충원보다 더 좋은 곳이다.

8) 잠실 롯데월드타워

한강 수맥 위에 우뚝 선 롯데월드타워는 현대 풍수의 상징이다. 서예의 성인[서성·書聖]이 쓴 '필진도(筆陣圖)'를 구현시킨 땅이다. 평탄한 잠실벌은 종이, 석촌호수는 벼루, 쇼핑몰은 먹, 그리고 123층 건물은 붓을 상징한다. 문필운이 좋은 곳이다. 명예운·재물운·공부운이 함께 상승하는 현대 도시 명당이다.

9) 남산(南山)

남산은 조선 시대 봉수대가 있던 자리로, 소통과 정보의 중심이었다. 지금은 서울타워가 서서 도심의 기운을 한눈에 바라본다. 봄철 벚꽃이 피어 서울을 감싸고, 여름밤엔 불빛이 별처럼 흩어져 하늘과 땅의 경계를 잇는다. 남산은 도심의 순환축으로, 정체된 기운을 돌려주는 역할을 한다. 사랑과 화합의 에너지가 흐르는, 확장된 서울의 심장이다.

10) 청계천(淸溪川)

청계천은 한양의 혈맥이자 생명의 수로였다. 사대문 안 서울에 생기를 불어넣어주는 곳이다. 청계천 좌우로 즐비한 도소매상을 통해 매일 전국에서 가장 많은 돈이 유통된다 재물운 향상에 좋다

5) 대한민국의 미래 수도는 서울인가, 세종시인가?: 형 만한 아우 없다?

세종시의 뜻과 명칭 유래

세종특별자치시(이하 세종시)는 조선 제4대 임금 세종대왕(世宗大王)의 이름을 직접 딴 도시이다. 세종대왕은 훈민정음 창제·학문 진흥·백두산 영토 확장·백성 생활 개선 등으로 한국사에서 가장 성군으로 평가받는 인물이다. 이러한 상징성 때문에, 국가 행정기능이 모이는 새로운 중심 도시에 세종대왕의 이름을 부여하여 문화·행정·과학 발전을 이끄는 국가 상징도시로 만들고자 했다는 의미가 담겼다.

서울은 오랜 세월 동안 정치·경제·문화의 중심지 역할을 해 왔다. 그 결과 인구와 산업이 지나치게 집중되며 도시 내부의 균형이 무너졌고, 시

하늘에서 바라본 세종시의 모습(ⓒGoogle Earth)

민이 일상적으로 숨을 고를 수 있는 여유 공간도 빠르게 소진되었다. 이러한 과밀화 현상은 생활 환경을 악화시킬 뿐 아니라, 풍수적으로 기운이 막히고 정체될 위험성이 커지는 결과를 낳는다. 기운의 흐름이 한 지점에 과도하게 쏠리면 국가 전체의 조화가 흔들리고, 결국 장기적으로는 국력과 사회 안정에도 부정적 영향을 미칠 수 있다. 그러한 이유로 새로운 국토 균형과 역할 분담이 필요하다는 논의는 오래전부터 제기되어 왔다.

실제로 1977년, 박정희 대통령은 수도를 충청도로 이전하려는 계획(일명 '백지계획')을 구체적으로 추진하였다. 이는 단순한 행정적 판단이 아니라, 북한으로부터의 서울 공격 위험성을 의식한 조치였다. 그러나 그의 갑작스러운 서거로 인해 계획은 중단되었고, 수도 분산 논의는 다시 수면 아래로 가라앉았다. 이후 2003년 노무현 대통령이 신행정수도 건설을 추진하며 다시금 수도 이전 문제가 국가적 의제로 떠올랐다. 노 대통령은 국가 균형발전이라는 대전제를 뚜렷이 제시했고, 행정기능을 충청권으로 옮기는 것이 국가 경쟁력 강화에 필요하다고 보았다. 그러나 헌법재판소가 위헌 결정을 내리면서 추진은 좌초되었다.

세종시는 왜 수도가 되지 못했을까

흥미로운 점은, 두 대통령 모두 나름의 역사적·정책적 철학을 바탕으로 수도 이전의 필요성을 인식했음에도 서울은 수도 지위를 내려놓지 않았다는 것이다. 왜 그러했을까? 풍수적 관점에서 보면, 충청도 일대에는 서울만큼의 길지(吉地), 즉 기운이 응집되고 국가의 중심이 자리할 만한 최상급의 터가 매우 드물기 때문이다. 조선이 한양을 도읍으로 정한 이래, 한반도에서 가장 강력한 기운이 응결된 터가 서울이라는 인식은 국가 경영의 역사 속에서 공고하게 자리 잡았다. 그러므로 수도를 이전하려는 의지가 아무리 강해도, 새로운 터가 기존 수도를 능가하는 기운을 갖추지 못한다면 정치적·제도적 추진력이 한계에 부딪히는 것은 자연스러운 귀결일 수 있다.

역사적으로도 고려와 조선의 군주(공민왕·광해군 등)들 가운데 도읍지를 옮기고자 시도한 이들이 적지 않았다. 그러나 실제로 도읍지 이전은 극도로 신중하게 다뤄야 할 문제였고, 옮기려는 뜻을 품은 이들의 말로가 불행했다(공민왕은 살해, 광해군은 폐위). 박정희·노무현 두 대통령이 모두 수도 이전을 시도했다가 뜻하지 않은 죽음을 맞았다는 사실은 풍수적·역사적 맥락에서 많은 해석을 낳는다. 이는 단순한 미신이 아니라, '국가의 기운이 머무는 터를 움직이는 일'이 지닌 무게와 위험성을 상징적으로 보여주는 사례로도 읽힌다.

이재명 대통령은 2025년 6월 대선 과정에서 대통령집무실을 세종시로 옮기겠다는 공약을 내걸었다. 그는 대통령에 당선된 뒤 2025년 9월 16일, 정부 출범 후 처음으로 정부세종청사에서 국무회의를 주재하며

정부세종청사

"세종 집무실과 세종의사당 건립을 차질 없이 추진하겠다"라고 밝혔다. 이 발언은 단순한 장소 이동이 아니라, 국가적 균형발전 전략을 다시금 제도적으로 구현하겠다는 의지의 표현으로 해석된다. 동시에 이는 한국 현대사의 오랜 숙제였던 수도 집중 문제를 다시 수면 위로 끌어올리는 조치이기도 하다.

필자는 노무현 정부 시절 신행정수도건설추진위원회의 자문위원으로 참여한 경험이 있다. 이후 전북혁신도시·경상북도 도청 이전·해양경찰대학·전북혁신도시 등 공공기관 입지를 정하는 과정에서 공식 자문위원 혹은 입지선정위원을 지냈다. 현재도 강원도청 이전 건립 관련 자문위원으로 활동 중이다. 이러한 경험은 단순한 자문을 넘어, 지난 20여 년 동안 한국의 행정 기반 재편과 도시 입지론, 더 나아가 도읍지론을 꾸준히 탐구하게 하는 계기가 되었다.

이 과정에서 필자는 세종시가 지닌 풍수적 성격을 심도 있게 분석할 수 있었다. 결론적으로 말해, 서울의 대통령 집무실(청와대)이 지닌 풍수적 조건을 세종시의 예정부지가 온전히 능가하는 항목은 단 하나도 찾기 어렵다. 즉, 세종은 행정기능 이전을 통해 국토 균형을 꾀하려는 정책적 상징성은 지니지만, 풍수적 관점에서 최상급의 기운이 응집된 터라고 보기에는 한계가 분명하다.

이 점에서, 만약 대한민국의 대통령집무실이 실제로 세종으로 이전된다면, 이는 단순한 행정 효율성의 문제가 아니라 국운의 흐름에도 중대한 영향을 미칠 수 있다. 필자가 구체적 판단을 유보하더라도, 독자들께서 서울과 세종 예정지를 비교한 아래 도표를 통해 풍수적 조건의 차이를 살펴보면 그 의미를 스스로 파악할 수 있을 것이다.

	한강	금강
수도	서울	세종시
발원지	태백 검룡소	장수 신무산
강 길이	514km	401km
강폭	1-2km	200-500m
강 깊이	2-8m	2-6m
진산	삼각산(835m)	원수산(251m)

2. 중국 역대 왕조 수도

1) 진나라 수도 함양: 양기(陽氣) 탱천의 땅

'함양'의 뜻

중국의 수도 변천사에서 가장 먼저 주목할 도읍은 진시황의 함양(咸陽, 현 산시성 셴양시)이다. 진은 춘추전국 시대의 여러 나라 가운데 서쪽 변방에 자리 잡은 소국이었으나, 관중 평원을 발판으로 세력을 키워 마침내 천하를 통일했다. 기원전 221년, 시황제가 황제에 오르며 처음으

중국 함양시 위성사진(©Google Earth)

로 중국 전역을 하나의 제국으로 묶었을 때, 상징적 행위로 도읍을 함양에 두고 천하를 다스리는 체제를 선포했다.

咸(함)은 '모두', '온전하게', '두루'란 뜻이며, 양(陽)은 해가 비치는 곳을 의미한다. 따라서 "咸陽"의 뜻을 풀이하면 '모든 양기(陽氣)가 모인 밝은 땅'이란 뜻이 된다. 함양은 위수(渭水) 북쪽, 오늘날 섬서성 서안 인근에 있었다. 위수는 감숙성 위원현에서 발원하여 동쪽으로 흘러 황하에 합류하는 강이다. 총길이 818㎞, 함양을 지날 때의 강폭은 200~300m, 강깊이는 5~8m 정도이다. 관중 평원을 적시는 젖줄이었다. 강 유역의 비옥한 토지는 농업 생산력을 제공했고, 강을 따라 수운이 발달해 교통과 군수 보급에 유리했다. 함양은 동쪽으로 낙양을 견제하면서도 서쪽으로는 서역과 이어지는 길목을 확보하는 요충지였다. 진이 수도를 함양에 둔 것은 단순히 지리적 선택이 아니라, 국운을 강과 연결해 붙잡으려는 전략이었다.

함양은 관중 평원 중심에 자리 잡아 교통과 군사적 장점은 컸으나, 풍수적으로는 몇 가지 단점이 있었다. 위수(渭水)가 수도를 감싸기는 했지만, 강폭이 넓고 물길이 잦아 자주 범람하여 안정적 재물 기운을 모으기보다 흘러버리는 형세였다. 남쪽에는 종남산(終南山)이 웅장하게 버티고 있으나, 도성과의 거리가 멀고 평원 사이가 탁 트여 외침을 막는 '진산(鎭山)' 역할을 할 수 없었다. 관중 평원의 중앙에 위치하여 사방이 열려 있는 '노출형 명당'이라 내실을 다지기보다는 팽창과 소비로 기운이 빠져나가기 쉬운 자리였다. 재물이 빠져나가고 인물이 키워지지 않는 것이 함양의 풍수적 단점이었다.

앞에서 함양은 양기(陽氣)가 모두 모인 곳이라 하였다. 양이 임금이라면, 음은 신하다. 임금에게 모든 기가 집중한다. 황제의 전횡을 막을 수 없는 땅이 된다. 결국, 진시황의 무리한 토목과 학정과 맞물리며 제국의 기운을 단단히 묶어두지 못하였다. 중국 최초의 통일 국가 진나라가 15년 만에 망한 이유이다. 터의 문제였다.

2) 한나라·수나라·당나라 수도 장안: 제국의 수도

'장안'의 뜻

진나라를 멸망시키고 한나라를 세운 유방은 초기에 잠깐 도읍을 낙양으로 정했다가 이내 낙양을 버리고 기원전 202년에 장안(長安, 현 산시성 시안시)으로 옮겼다. 군사적 이유와 풍수적 이유가 있었다. 낙양은 사방에서 접근이 쉬운 평야 한복판에 있어 외적의 공격에 취약했다. 반면 장안은 관중 평원 서쪽 끝, 종남산과 위수(渭水)로 둘러싸인 천연 요새에 가까

바둑판처럼 도시가 정리되어있는 중국 장안 위성사진(ⓒGoogle Earth)

중국 장안의 옛 성벽(©ShutterStock)

워, 방어가 유리했다.

　장안은 함양보다 완만하고 온화한 기를 갖는 터라는 풍수적 이유도 결정적이었다. 장안은 '좌룡우호(左龍右虎: 좌청룡 우백호)' 격국을 갖춘 땅이었다. 남쪽 종남산이 진산 역할을 하고, 북쪽의 위수가 재물과 교통을 상징하는 수맥을 이루어 대국의 도읍으로 적합하다고 여겨졌다. 진나라를 멸망시킨 유방은 양기가 지나친 함양을 버리고 장안을 택한 이유이다. 그리고 새 도읍지를 정하면서, 나라의 오랜[長] 안정[安]을 기원하는 뜻으로 '長安'이라 이름 붙였다.

　장안도 관중 평원을 끼고 있었다. 황토 고원의 비옥한 토양 위에 펼쳐진 농업 지대였고, 위수는 황하와 연결되어 전국의 물산을 모을 수 있었다. 이러한 입지 덕분에 제국을 안정적으로 운영할 수 있었다. 수도 장안에는 궁궐과 시장이 들어서고, 사방에서 사람들이 모여들었다. 장락

궁과 미앙궁 같은 궁궐은 제국의 권위를 드러냈고, 위수 양안의 도로망은 지방과 중앙을 잇는 길이었다.

한무제(재위 B.C. 141~87) 시기에는 장안의 위상이 절정에 달했다. 무제는 흉노를 정벌하고 영토를 넓혔는데, 장안은 서역으로 나아가는 실크로드의 출발점이 되었다. 위수를 따라 황하와 이어지고, 그 황하를 통해 동쪽 해안까지 물자가 운송되었다. 장안은 단순한 수도가 아니라, 동서를 연결하는 국제적 교역의 거점이 되었다. 장안의 번영은 곧 국운의 번영이었다.

그렇지만 장안도 수도로서 한계가 있었다. 수도가 서쪽에 치우쳐 있어 동부 지역과의 교통에 불리했다. 황하 유역의 중원과 산동, 강남 지역과 연결하려면 긴 거리를 지나야 했다. 그래도 장안은 200년 동안 제국의 수도로서 위세를 떨치며, 강과 산의 조화를 바탕으로 국가를 지탱했다.

동아시아 전체를 품는 제국의 수도

수·당나라 수도로서 장안은 동아시아 전체를 품는 제국의 수도로 거듭난다. 6세기 말, 혼란의 남북조 시대가 끝나고 수나라가 등장하면서 수도 문제가 다시 제기되었다. 수문제 양견은 581년 즉위 직후 낙양에 잠시 머물렀으나, 이내 더 큰 비전을 품고 새로운 수도 건설을 추진했다. 그는 관중 평원의 중심에 대업성(大業城)을 조성하고, 장안으로 천도했다.

수문제가 장안을 택한 이유는 군사적·정치적 측면에서도 명백했다. 낙양은 중원 중심에 있어 균형을 잡기에 좋았으나, 북방과 서역으로 통하는 길목은 장안이 더 유리했다. 위수는 황하와 연결되어 있었고, 관중 평원은 곡창지대였다. 수는 전국의 토목 역량을 동원해 장안을 대대적으로 건설했으며, 동시에 대운하 공사를 단행하여 북은 탁주에서 남은 강남까지 물길을 통하게 했다. 이로써 장안은 황하와 위수·낙수·대운하가 교차하는 수운의 중심이 되었다.

이어 들어선 당나라는 장안을 수도로 계승하면서 세계적 수도로 발전시켰다. 당태종은 장안을 제국 경영의 무대로 삼았다. 도시는 정연하게 구획되었고, 동서로 대로가 뻗어 있으며, 성벽 안에는 수많은 시장과 주택이 들어섰다. 장안성은 동쪽의 동시(東市)와 서쪽의 서시(西市)가 중심이 되어 국제적 상업 활동이 이루어졌다. 서시에는 서역 상인들이 모여들었고, 인도와 아라비아 상인들이 활약하며 낙타와 말이 끊이지 않았다. 장안은 실크로드의 종착지로서, 비단·향료·보석·서적이 교환되는 국제도시였다.

당시 장안 인구는 100만을 넘어섰다. 당시 세계 최대 규모였다. 로마·콘스탄티노플·바그다드조차 장안에 비견하기 어려웠다. 위수와 낙수를 통한 수운, 대운하와 연결된 물류망이 이를 가능하게 했다. 각 지방에서 세곡과 공물이 물길을 따라 장안으로 모였고, 강을 통해 다시 전국으로 퍼져 나갔다. 강이 수도의 혈맥 역할을 했다.

또 도성 내부는 바둑판 모양으로 정연하게 구획되었다. 이는 단순히 미관상의 문제가 아니라, 하늘의 질서를 땅 위에 옮겨 놓겠다는 정치적 선언이었다. 수도의 배치 자체가 국가 경영의 원리를 담은 것이었다. 풍수에서 공간 배치 문제는 크게는 수도에서 작게는 개인이 사는 주택과 사무실에 이르기까지 지극히 중요한 요소이다.

이러한 자연적 풍수 장점과 인위적 풍수 작업을 바탕으로 당나라 현종 시기에 이르러 장안은 번영의 극치를 누렸다. 양귀비와 현종의 사랑

이야기가 꽃피운 화려한 문화, 당삼채와 같은 공예품, 그리고 불교와 도교가 함께 번성한 종교적 다양성은 모두 장안이라는 국제도시가 지닌 특징이었다. 서역의 스님과 학자들이 장안에 모여들었고, 불경이 번역되었으며, 음악과 무용이 전파되었다. 장안은 단순히 중국의 수도가 아니라, 동서 문명의 교차로였다.

그러나 번영은 영원할 수 없었다. 안록산의 난(755년)이 터지자, 장안은 전란에 휩싸였다. 수도는 반란군에 점령당했고, 현종은 촉 지방으로 피난해야 했다. 장안의 취약성이 드러난 순간이었다. 위수와 낙수의 교통망은 평상시에는 물자의 집산지였지만, 전란 시에는 적군이 이용하는 통로가 되었다. 강은 제국을 먹여 살리기도 했지만, 국운이 기울 때는 외적이 수도로 진격하는 길이 되기도 했다.

3) 송나라 수도 개봉: 수리(水利)의 중심지

'개봉'의 어원

'개봉(開封, 현 허난성 카이펑시)'의 어원은 "開天下之文運, 封萬世之太平."에서 유래한다. "천하의 문운(文運)을 열고, 만세의 태평을 봉하라."는 뜻이다. 송나라를 개국한 태조 조광윤이 정한 이름이다. 땅은 평탄하나 사방이 트여 있어 '사통팔달의 형국', 즉 열린 땅의 기운을 본 것이다. 장점이자 단점이다. 풍수적으로 '열린 터'는 기가 새나가기도 쉽기 때문이다.

개봉을 관통하는 강은 변하(汴河)였다. 본래 황하(黃河)의 지류로, 허난성 서부 낙양(洛陽) 인근에서 인공적으로 유수(洧水)와 연결되어 동쪽 개

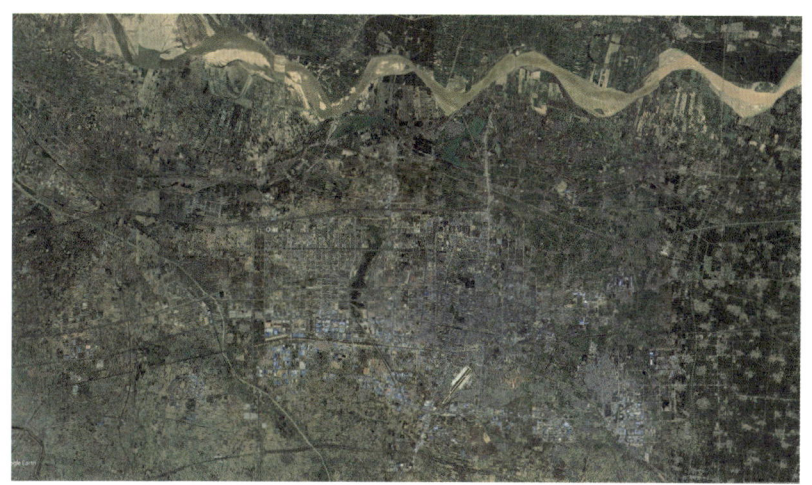
중국 개봉의 위성사진. 완만한 평지로 이루어져있다. (ⒸGoogle Earth)

봉으로 흘렀다. 인공 수로로 시작되었기 때문에 '운하의 시조'라 불리며, 훗날 대운하의 전신이 되었다. 총길이는 400㎞ 내외이며, 개봉을 지날 때의 강폭은 평균 100~150m, 넓은 구간은 200m 안팎이었고, 수심은 평균 2~3m, 깊은 곳은 5m였다.

개봉은 주변에 뚜렷한 산세가 없는 평지 도시로, 풍수적으로는 매우 드문 무산지지(無山之地), 즉 독음(獨陰)의 땅이다. 가까운 숭산(嵩山, 1,500m)이 서남쪽 70㎞ 거리에 있으나, 진산 역할을 하기에는 너무 멀었다. 도시 내부에는 구릉조차도 없어, 인공적으로 조성된 용정(龍亭)이란 언덕(10~15m)을 만들어 상징적 진산으로 삼았다.

용정 언덕은 개봉 중심부에, 남북으로 흐르는 변하(汴河)와 동서 수로 사이에 조성된 진산이다. 작은 언덕이지만, 도심 전체를 내려다볼 수 있는 중심 지점에 있어 '기의 집중점[기취점·氣聚占]' 역할을 하면서, 변하의 수기(水氣)와 산수 교구(交媾)를 통해 개봉의 지기를 안정시키는 역할을 하였다. 단순한 언덕이 아니라 왕조 권위와 국가 안정의 상징으로 조성되어, 개봉의 정치·문화 중심지로 활용되었다.

물길이 모여드는 수리의 중심지

개봉은 인공언덕 용정 빼고는 산 울타리는 없었으나, 대신 사방에서 물길이 모여드는 수리(水利)의 중심이었다. 황하가 남쪽으로 휘돌며 개봉을 감쌌고, 대운하가 북쪽으로 뻗어 산동과 북중국으로 연결되었으며, 남쪽으로는 장강 유역과 이어졌다. 말하자면 개봉은 중국 전역의 수운이 모이는 '물의 교차로'였다.

이처럼 개봉은 풍수적으로 불리한 점과 유리한 점을 동시에 지녔다. 산이 없는 평원은 인재를 길러내는 배경이 부족하다는 평가를 받을 수 있다. 그러나 물이 사방에서 모이는 입지는 곧 재물이 집적되는 입지였다. 개봉을 수도로 한 송나라는 중국 역사에서 가장 부유한 도시로 발전

청명상하도 부분(ⓒ고궁박물원)

중국 송나라 수도 개봉의 옛 건물들. 주변에 강이 많이 흐르고 있다. (ⓒGettyImageKorea)

했고, 당대 세계에서 손꼽히는 경제 중심지가 되었다.

　시장과 거리는 밤에도 불이 꺼지지 않았으며, 사람과 물자가 끊임없이 몰려들었다. 유명한 북송의 풍속도 〈청명상하도(淸明上河圖)〉는 개봉의 번영을 실감 나게 전한다. 그림에는 운하를 따라 수많은 배가 드나들고, 다리 위에는 상인과 여행자가 북적이며, 시장에는 다양한 물품이 진열되어 있다. 개봉은 문자 그대로 물길을 통해 세계의 부를 흡수하는 도시였다. 황하와 운하를 따라 세곡이 실려 왔고, 각지의 특산물이 집결했으며, 강남의 비단과 차, 서북의 말과 모피, 해상의 향료와 보석까지 개봉에서 교환되었다. 수주재(水主財)라는 풍수 격언이 이곳에서 완벽하게 실현되었다.

물의 도시, 즉 독음(獨陰)의 땅이 무조건 좋지는 않다. 지나치면 문제가 생긴다. 풍수에서는 물이 지나치게 많거나 흐름이 거세면 범람하거나 제방이 터진다. 물길이 바뀔 수도 있다. 개봉은 바로 이 점에서 취약했다. 황하는 범람이 잦았고, 도시가 수해를 입는 일이 반복되었다. 번영과 위험이 동시에 공존한 셈이었다. 풍수의 언어로 말하면, 개봉은 '재물은 모이나 동시에 흩어지기도 쉬운 터'였다.

풍수발달사(風水發達史)에서 흥미로운 점은 송나라 시기에 풍수 이론이 학문적으로 크게 발달했다는 사실이다. 성리학의 대가 주희(朱子)와 정자(程子) 같은 이들도 풍수에 대해 글을 남겼다. 주희는 풍수를 미신으로 단정하기보다는 자연의 형세와 인심의 관계를 설명하는 도구로 이해했다.

개봉의 경우 산이 부족해서 인물의 배출에서 한계를 낳을 수 있었으나, 물이 풍부하여 재물과 교역이 번영할 수 있었다. 실제로 북송은 학문과 문치(文治)로 이름을 떨쳤지만, 무장과 영웅의 기상에서는 부족했다. 개봉을 수도로 둔 송나라가 금나라에게 망한 이유는 인재(특히 군인) 부족 탓이었다.

장점이 단점으로 작용하기도 한다. 역설적으로 개봉의 몰락은 물에서 비롯한다. 잦은 범람과 물길이동[하도대천·河道大遷]으로 개봉 중심지 수로가 바뀌면서 기운[氣]이 흩어진다. 1128년~1129년 황하 범람으로 변하 본류 일부가 도심 북쪽으로 대거 이동한다. 개봉 성내와 주변 운하가 범람, 궁성과 관청 일부 침수되었다. 주산이 없는 평지 수도의 약점이 드러나고, 국운과 정치 안정성에 직접적 위기 발생한다. 범람과 물길의 이동은 농경지 피해를 가져왔고, 이는 경제 위기와 이어서 정치 불안으로 이어진다. 또한 치수(수로 통제) 실패는 도성 방어와 행정에도 영향을 주었다.

4) 원나라 수도 대도에서 시작된 북경 시대: '칸'의 도시

'대도'의 뜻

'대도(大都)'란 명칭은 大(큰 대)+都(도읍 도), 즉 '대제국의 중심 도시'라는 뜻이다. 몽골어로는 '이한 발리크(Ikh Khorig, 또는 Khanbaliq)'로 '칸의 도시'란 뜻이다. 쿠빌라이(세조, 재위 1260~1294)는 1260년 즉위 후, 유목제국의 임시 수도인 상도(上都, 현재 내몽고 자치구 소재)를 버리고 새로운 중국식 정주 수도를 건설하려 했다. 그는 한족의 문물과 제도를 적극적으로 수용하면서도, 자신이 '천하의 주인'임을 상징할 이름이 필요했다. '대(大)'라는 글자를 써, 몽골제국의 세계적 위상을 나타낸 이유이다. 즉, 쿠빌라이가 수도 이름에 '도(都)'를 붙인 것은, 그가 중국 황제로 즉위한 정통성을 표방하기 위함이었다.

칭기즈 칸 이래 몽골의 대칸들은 계절에 따라 천막을 옮기며 지냈다. 그러나 제국이 커지고, 한족과 서역, 중앙아시아를 포괄하는 행정 체계가 요구되자, 수도를 고정해야 한다는 필요가 제기되었다. 그 결실이 바로 원나라 쿠빌라이 칸이 선택한 대도(大都), 오늘날의 북경(베이징)이었다.

왜 북경이었을까?

쿠빌라이는 대칸에 오른 뒤 남송을 정복하고 중국 전역을 지배할 게획을 세웠다. 이때 수도의 위치를 정하는 것이 중대한 문제였다. 몽골 고원은 제국의 발원지였지만, 행정과 경제 중심지를 다스리기에는 너무 멀리 떨어져 있었다. 한족의 중심지는 황하 유역과 장강 유역이었는데, 그 사이에서 균형을 잡으려면 관중의 장안이나 낙양도 후보가 될 수 있었다. 그러나 쿠빌라이는 북방 유목 전통과 한족 지배를 동시에 고려해야 했다. 북방에서 내려오는 적(몽골 내부 반란, 잔여 유목 세력)을 제어하고, 동시에 남하하여 남송을 정복할 교두보가 필요했다. 북경은 이 두 조건을 충족했다. 북쪽으로는 몽골 초원과 가깝고, 남쪽으로는 운하를 통해 강남과 연결되었다. 군사적 방어와 남방 공략이라는 두 가지 목적을 동시에 달성할 수 있는 전략적 입지였다.

북경 일대의 터에 대해서는 일찍이 송나라의 대학자 주희(주자)가 높이 평가한 적이 있었다. 주자의 평이다.

> "기도(冀都 · 현재의 베이징 일대)는 세상에서 풍수상 대길지다. 운중(雲中)에서 출발한 맥을 이어받고, 앞에는 황하(黃河)가 둘러싸고 있으며, 태산(泰山)이 왼쪽에 높이 솟아 청룡이 되고, 화산(華山)이 오른쪽에 솟아 백호가 된다. 숭산(嵩山)이 안산이 되고, 회남의 여러 산이 제2 안산이 되고, 강남의 여러 산이 제3 안산이 된다. 그러므로 지금까지의 여러 도읍지 가운데 이보다 더 좋은 곳이 없다."(『주자어록』)

쿠빌라이가 수도를 정할 때 결정적 역할을 한 인물이 유병충(劉秉忠, 1216~1274)이었다. 그는 원래 하북 출신으로, 도교 · 불교 · 유교 · 풍수에 정통한 대학자였다. 유병충은 몽골 황실의 고문이 되어 쿠빌라이를 보좌했다. 그는 북경 일대가 산과 물의 균형을 이루고 있으며, 대운하를 통한 물길이 남북을 잇고 있다고 보았다. 연산을 등지고, 평야를 내려다보며, 강과 운하를 끌어안은 곳이 제왕의 도읍이라고 그는 확신하였다. 또한 그는 북쪽에는 연산(燕山)이 병풍처럼 둘러 있고, 남쪽에는 평야가 펼쳐져 곡창으로 활용할 수 있으며, 그 사이로 영정하(永定河)와 여러 지류가 흘러들어 물길을 이룬다고 분석했다.

1267년, 쿠빌라이는 공식적으로 수도를 대도로 정하고 건설에 착수했다. 이 과정에서 유병충은 도시계획을 주도했다. 바둑판 모양으로 구획하였고, 중앙에는 황궁을 두었으며, 남북과 동서를 가로지르는 대로를 뻗게 하였다. 중국 고대 도성 건설 원칙을 계승하면서도, 풍수적으로 하늘의 질서를 땅 위에 구현하고자 하였다. 특히 대도의 물길을 세심하게 설계하였다. 영정하와 운하(대운하)가 도성으로 흘러들어 궁궐과 도시 전체에 수자원을 공급하도록 했다. 대운하는 중국의 남북을 연결하는 중요한 수로였다. 특히 대도와 같은 북쪽 지역으로의 수송을 위해 대운하가 확장되었으며, 이는 수도로의 물자 수송을 용이하게 했다.

대도는 북쪽으로 열려 있어 유목 세계와 연결되고, 남쪽으로는 수운을 따라 강남의 경제력을 흡수했다. 이는 곧 몽골제국이 유목과 농경, 북방과 남방, 동서 문화를 융합하는 중심지가 되는 길이었다. 이후 대도는 원나라 100년 동안 수도로 기능했다. 대운하를 통해 강남의 세곡이 끊임없이 실려 왔고, 북방의 군사력은 수도에서 신속히 동원되었다. 국제 상업 도시로 성장한 대도에는 중앙아시아와 아라비아 상인, 심지어 유럽 여행자들까지 드나들었다. 마르코 폴로가 『동방견문록』에서 대도를 "정사각형 평면을 갖고, 변의 길이가 여섯 마일에 이르며, 인구와 주택이 매우 많다"라고 기록한 데에서도 대도가 찬란한 도시였음을 엿볼 수 있다.

그러나 대도는 평원에 위치해 방어력이 약했고, 황하와 운하 수계의 불안정성에 의존했다. 풍수적 단점도 있었다. 풍수에서는 대도읍이 큰 강을 끼는 것을 재물의 원천으로 보는데, 베이징은 황하나 장강 같은 대하와 직접 맞닿지 않았다. 이는 천혜의 수운 조건이 부족하다는 치명적 약점이었다. 이를 보완하기 위해 원과 이후 왕조인 명과 청나라는 운하를 대규모로 뚫어야 했다.

더 결정적 풍수 단점이 있었다. 이 또한 물과 관련이 있다. 베이징은 반건조 지역으로 비가 적고 물 자원이 부족하다. 풍수 고전『지리신법』의 설명이다.

> "대개, 산은 사람의 형체와 같고, 물은 사람의 혈맥과 같다.
> 사람은 형체를 갖고 있는데, 사람의 길흉화복은 모두 혈맥에 의존한
> 다. 혈맥이 한 몸 사이를 순조롭게 돌아, 일정한 궤도가 있어 순조롭
> 고 어그러짐이 없으면, 그 사람은 반드시 편안하고 굳셀 것이고, 일
> 정한 궤도를 거슬러 절도를 잃으면 그 사람은 반드시 병에 걸려 죽을
> 것이다."

그런데 북경의 물 부족은 심각한 상황이었다. 북경에 가면 자주 듣는 농담이다. "북경 사람은 평생 목욕을 두 번밖에 안 한다. 한 번은 태어날 때, 또 한 번은 결혼할 때……."

베이징은 반건조 기후 지역으로, 연평균 강수량이 600㎜ 안팎이다. 또 비도 여름철(6~8월)에 집중되기 때문에 나머지 기간에는 물이 늘 부족했다. 몸에 피[혈·血]가 부족하였다. 원나라가 1368년 명군의 공격에

수도를 잃고 북쪽 초원으로 퇴각한 것은, 대도가 지닌 취약성과 무관하지 않다.

5) 명나라 수도 남경과 북경: 5경(京) 중 2경(京)

남경과 북경의 뜻

남경(南京, 현 장쑤성 난징시)은 문자 그대로 남쪽[南]에 있는 수도[京]와 북쪽[北]에 있는 수도[京]란 뜻이다.

중국에서는 국토가 광대하고 지역 중심이 다양했기 때문에 역사적 시기마다 복수의 '경(京)' 도시가 존재했다.

북경(北京) ─ 북쪽 수도
남경(南京) ─ 남쪽 수도
동경(東京) ─ 동쪽 수도(예: 요나라, 발해 등 여러 시기 사용)
서경(西京) ─ 서쪽 수도(예: 장안 등)
중경(中京) ─ 중앙 수도

즉, 방위+京(경)의 구조로 '도읍으로서 지위가 있다'라는 의미를 부여하는 명명법이 중국의 오랜 전통이다.

명 태조와 남경

원나라 말기, 중국 대지는 끝없는 혼란 속에 빠져 있었다. 몽골 지배층의 권력은 흔들리고 백성들의 삶은 황폐했다. 황하와 장강은 홍수와 가뭄을 거듭하여 농민들의 삶을 힘들게 하였다. 기근과 전염병이 이어졌고, 곳곳에서 농민 반란이 일어났다. 혼란 속에 등장한 인물이 바로 주원장(朱元璋, 1328~1398)이었다.

주원장은 안휘성 봉양현 출신으로 가난한 농민의 아들로 태어나 어린 시절 부모를 잃고 유랑했다. 16세에 황각사라는 절에 들어가 승려로 생활했으나, 만족하지 못하고 세상 속으로 뛰어들었다. 24세에 반란군인 홍건적으로 가담하여 전쟁터에서 실력을 발휘했고, 뛰어난 지도력으로 세력을 확장하였다.

주원장은 단순한 군인이 아니었다. 그는 유학자들을 존중하고 자신의 통치에 그들의 지혜를 끌어들였다. 그 과정에서 만난 이가 유기(劉基, 1311~1375)였다. 절강성 청전 출신인 유기는 20세에 진사에 급제하고, 원나라에서 관직을 지냈다. 그러나 원나라의 부패한 정치를 보고 벼슬을 버린 뒤 고향에서 학문에 전념했다. 후일 주원장을 도와 책사로 활약하며 '명나라의 제갈량'이라 불렸다. 유학·풍수·병법·천문·지리에 두루 밝아 황제인 주원장의 의사결정에 결정적 영향을 끼쳤다.

남경(난징)은 주원장이 개국 도읍으로 삼은 곳이다. 장강 하류에 위치한 도시로, 고대부터 교통과 경제의 요충지였다. 도성의 북쪽에는 종산(자금산, 448m)이 솟아 있고, 남쪽으로는 거대한 장강(수량은 세계 3위 규모)이 흐른다. 티베트고원의 톈산산맥에서 발원하여 동쪽으로 흐르며, 남경을 포함한 여러 도시를 동해(한국의 서해)로 흘러든다. 남성을 시닐 내 장강(양쯔강)의 폭은 1,000~1,200m로, 수심은 10~30m다. 동쪽으로는 강남의 평야가 넓게 펼쳐져 있고, 서쪽으로는 산줄기가 이어져 방어선을 이룬다. 풍수의 기본 원리에 따르면, 배후에 산을 두고 앞에 물을 둔 자리는 명당이다. 물은 재물을 상징하므로, 세계에서 세 번째로 긴 강이

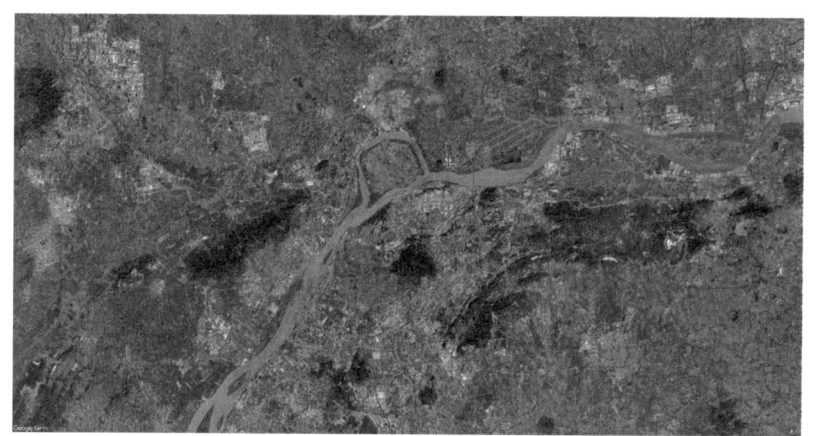
중국 남경의 위성사진(©Google Earth)

도읍을 감싸는 모습은 번영과 부를 약속하는 듯했다. 그러나 유기는 달리 보았다. 그는 주원장에게 이렇게 말했다.

"이곳은 길지이지만 흠이 하나 있으니, 제비[연·燕]가 궁성을 넘어오는 것입니다."

비상하는 새가 왜 궁성을 넘지 못할 것인가? 나는 새가 아니고, 방어가 불리함을 에둘러 표현한 은유법이었다. 유기가 말한 제비는 적의 우회적 표현이다. 그런데 우연히도 '연(燕)'이란 글자를 가진 세력이 있었다. 북경을 근거지로 삼은 연왕(燕王) 주체(1360~1424)이다. 연왕은 주원장의 넷째 아들이었다. 북경(베이징)을 근거지로 세력을 키우다가 조카인 혜제(재위, 1398~1402)를 몰아내고 황제에 올랐다. 연왕 주체가 곧 유기가 '제비가 궁성을 넘는다'라고 예언한 장본인이었다. 남경의 산과 강은 나라를 풍요롭게 했으나, 북방을 제어하지 못하는 약점은 결국 북경으로의 천도를 불러왔다.

명나라 3대 황제의 북경 천도

주원장 사후 명나라는 한동안 남경을 수도로 삼았으나, 권력의 무게 중심은 점차 북방으로 이동하였다. 북방을 근거지로 삼은 연왕 주체는 용맹과 결단을 겸비했고, 북쪽 초원 세력과 정면으로 맞설 군사력까지 보유하고 있었다. 그는 결국 조카를 몰아내고 황제로 등극하여 스스로 영락제라 칭했다.

영락제는 즉위하자마자 도읍을 남경에서 북경으로 옮기는 중대한 결단을 내렸다. 표면적으로는 북방 제어라는 군사적 판단이었으나, 이면에는 풍수적 고려가 깔려 있었다. 남경이 강남의 풍요로운 물과 토지 위에 세워진 부귀의 도시라면, 북경은 험준한 산맥과 건조한 하천의 기세를 품은 권력의 도시였다.

북경 북쪽의 연산(燕山)은 해발 2,000m급 고봉이 이어지는 거대한 산맥으로, 도시를 병풍처럼 감싸고 외적의 남하를 제어하였다. 풍수적으로 연산은 북경의 진산(鎭山) 역할을 하며 강한 기운을 공급한다. 남경의 종산(鐘山)이 온화하고 유려한 주산이라면, 북경의 연산은 거칠고 강인한 주산이었다. 남경은 문화적 꽃을 피우기에 적합했으나, 북경은 제국을 지휘하기에 알맞은 터였다.

서쪽의 태항산맥 또한 북경을 군건하게 둘러싼 방패 역할을 한다. 평균 해발 1,500m가 넘는 이 산줄기는 풍수에서 백호(白虎)에 해당하며, 북경의 배후를 단단히 지탱한다. 반면 동쪽은 발해만과 요동 반도로 트여 있어 해상 교통과 군사 방어에 유리하다. 사신사(四神砂)의 형국이 비교적 갖추어진 셈이었다.

물길은 영정하(永定河)가 중심이었다. 길이 700㎞의 이 강은 북경의 젖줄이었으나, 건천과 범람을 반복하는 난제도 존재했다. 이 문제를 해결하기 위해 영락제는 대운하를 대대적으로 정비하였다. 수나라 양제가 착수하고 원 세조가 보강한 이 운하는 명대에 들어 남경·양주에서 북경까지 곡식을 수송하는 제국의 대동맥이 되었다. 해마다 수백만 석의 곡식이 회하(淮河)를 거쳐 통주(通州)로 실려 왔고, 수십만 명이 동원되는 조운(漕運) 체제는 국가 운영의 혈맥이었다.

자금성 건설 과정에서 영락제는 도성 북쪽에 높이 43m의 인공언덕 경산(景山)을 조성하였다. 경산(景山)이란 명칭은 황제에게만 쓰는 경복·경세·경운(景福, 景世, 景運)과 같은 의미이다. 황제의 산이란 뜻이다. 단순한 조경이 아니고, 풍수적으로 황제의 기운을 북돋우려는 의도였다.

경산의 풍수적 기능은 크게 4가지이다.
① 북쪽에서 내려오는 거센 한풍(寒風)을 막는다 → 수호산(守護山)
② 자금성의 주산(主山) 역할을 부여한다 → 배산임수(背山臨水: 主山)
③ 도성 북쪽의 '기운의 유출'을 차단한다 → 북결(北缺) 보완
④ 황제의 산[景山]임을 가시화한다.

또한 영락제는 자금성 남쪽에 금수천(金水川)을 흐르게 하여 물길이 황궁을 감돌게 하였다. 산은 사람을 모으고 물은 재물을 모은다는 풍수 원칙을 구현한 사례였다.

영락제는 궁궐 배치도 전면 재정비하였다. 원나라 대도의 궁궐은 몽골식 요소가 남아 있어 한족 황성 체제와 어긋나는 측면이 있었다. 이에 그는 터는 계승하되 구조를 근본적으로 고쳐 새로운 황궁을 건설하였다.

남경과 북경의 대비는 북경으로 천도한 이유를 더욱 분명히 드러낸다. 남경은 장강과 종산이 조화를 이루며 풍수적으로 균형이 뛰어나고 문화

적 발전에 유리하였다. 그러나 지나치게 남방에 치우친 탓에 북방 방어에는 약점이 있었다. 반면 북경은 건조하고 험준한 지세가 가진 강대한 기운을 끌어안고 북방을 제압하기에 최적의 터였다. 영락제는 자신이 연왕 시절부터 이어 온 북방의 기세를 수도에 정착시키려 한 것이다.

영락제는 다섯 차례 친정하여 몽골 초원을 재정벌하여 북경 천도의 전략적·풍수적 의의를 더욱 확고히 했다. 연산의 기운을 업은 군대는 기세가 높았고, 운하를 따라 흐르는 물길은 군수물자를 안정적으로 지원하였다. 풍수는 단순한 길흉 판단을 넘어 제국의 국운을 결정하는 공간 전략이었다.

영락제의 북경 천도는 명 제국의 기반을 200년 넘게 지탱한 결정적 선택이었다. 북경은 이후 제국의 정치·군사적 심장으로 자리 잡았고, 명나라의 흥망을 좌우하는 역사적 무대가 되었다.

6) 청나라 수도 심양과 북경: 강의 북쪽 도시

심양의 뜻

심양(瀋陽)의 瀋(심)은 하천 이름[심하·瀋河]이며, 陽(양)은 강의 북쪽을 말한다. 즉 심하(瀋河) 북쪽에 자리한 땅이란 뜻이다(瀋河는 소규모 하천으로 지금은 渾河와 동일한 수역으로 간주).

조선의 수도 한양(漢陽)이 한강의 북쪽이란 뜻과 마찬가지다. 중국의 옛 수도 낙양(洛陽)도 낙수(落水)의 북쪽이란 뜻이다.

청나라를 세운 여진족은 원래 만주의 숲과 평원을 삶터로 삼아온 종족이었다. 그들의 종교적 배경은 우리 민족과 비슷한 샤머니즘이었다. 하늘과 산신, 강과 숲의 정령을 숭배하며, 제의와 굿을 통해 신과 소통하는 전통을 가졌다. 이러한 세계관은 자연의 기운을 중시한다는 점에서 풍수와 일정 친연성을 지니고 있다. 다만 여진족은 한족 사회처럼 풍수설을 체계적인 학문으로 발전시키지는 못했다. 여진족은 실용적이고 경험적인 차원에서 산과 물의 형세를 읽어내는 수준에 머물렀다.

청나라 전신인 후금을 누르하치가 1616년 건국했을 때 허투알라(라오닝성 푸순시 소재)에 도읍을 두었다. 이후 1625년, 그의 뒤를 이은 홍타이지(재위, 1626~1643)가 수도를 심양으로 옮겼다. 그는 1636년 국호를 '청(淸)'으로 고치며 황제 즉위를 선포했는데, 그 무대가 바로 심양이었다.

심양은 혼하(渾河, 심양을 흐르는 주요 강) 북쪽에 있어 동쪽으로 장백산맥의 줄기를 두르고, 남쪽으로는 강을 마주하며, 북쪽으로는 광활한 평야가 펼쳐지는 지세였다. 분명 배산임수의 조건을 갖추었고, 여진족의 본

청나라의 출발지가 되었던 중국 심양 위성사진(ⒸGoogle Earth)

향이라는 점에서 심리적·정신적 뿌리 또한 튼튼했다. 그러나 이곳은 어디까지나 출발지였을 뿐, 제국의 장기적 수도로는 다음과 같은 한계를 안고 있었다.

첫째, 방어의 허점이다. 심양은 동쪽으로 장백산맥이 있어 든든했지만, 북쪽으로는 끝없이 펼쳐진 평야가 열려 있어 적군이 곧장 들이닥칠 수 있었다. 국운을 뒷받침해 줄 병풍 같은 산세가 부족했다.

둘째, 물의 기운이 약했다. 풍수에서 물은 재물과 번영을 상징한다. 혼하는 심양을 적시는 젖줄이었지만, 강의 폭은 크지 않았고 수량도 계절마다 불안정했다. 봄철에는 가뭄, 여름철에는 홍수가 반복되었다. 이는 대규모 인구와 상업을 수용하기에는 역부족이었고, 안정적 번영을 담보하기 어려웠다. 수도는 '재물이 모이는 곳'이어야 하는데, 심양의 물줄기는 그만큼 작고 협소했다.

셋째, 교통의 제약이다. 제국의 수도는 사통팔달해야 한다. 그러나 심양은 내륙 깊숙이 자리한 요충지이긴 했으나, 해상 교역이나 광대한 중원과의 연결에서 한계를 드러냈다. 북경이나 천진은 곧장 바다와 닿아

심양의 청나라 건축물(ⓒShutterStock)

세계와 통할 수 있었지만, 심양은 장백산과 요동의 산맥에 막혀 국제적 교역로로 확장하기 어려운 구조였다. 폐쇄적 지세가 결국 국가 발전의 한계를 드러냈다고 할 수 있다.

넷째, 정신적 상징의 제약이다. 수도는 단순히 군사적·경제적 요충지 이상의 의미가 있다. 천하를 아우르는 정치적 상징이어야 한다. 심양은 대륙 전체를 아우르는 '천하 중심'으로 보기에는 부족했다.

1644년, 명나라가 이자성의 난으로 몰락하자 청은 기회를 잡았다. 명 장수 오삼계가 산해관을 열어주며 청군을 맞아들였고, 청은 북경으로 진입할 수 있었다. 이때 황제 자리에 오른 이는 순치제(順治帝, 재위 1644~1661)였다. 그는 여덟 살의 어린 나이로 즉위했지만, 섭정 도르곤의 주도 아래 북경을 새로운 수도로 삼았다.

순치제가 북경으로 들어섰을 때, 자금성은 이미 완성된 지 200년 가까이 된 궁궐이었다. 원나라 대도 시절의 기반 위에 명나라 영락제가 대대적으로 건설한 자금성은 남북 축선과 정연한 구획, 제례 공간이 완비된 제국의 심장이었다. 청은 이 구조를 거의 그대로 계승했다. 풍수적 질서와 정치적 권위를 그대로 이어받았다.

청은 강희·옹정·건륭제의 치세를 거치며 18세기 전반 동아시아 최강의 제국으로 번영했다. 이는 북경이라는 수도가 가진 산과 물의 균형, 그리고 정통성의 상징성이 국운을 지탱하는 데 중요한 역할을 했음을 시사한다. 청의 말기, 서구 열강의 침입과 내적 모순으로 국운이 기울었을 때도 북경은 끝까지 수도로 남았다. 1912년 청나라가 망할 때까지 268년을 버틴 것은 수도 입지의 힘을 잘 보여주는 사례라 할 수 있다. 결국, 청 왕조의 흥망은 정치·경제·외교적 요인에 의해 결정되었지만, 그 바탕에는 풍수적 형세가 깔려 있었다.

7) 현대 중국의 수도 베이징(북경):
   베이징의 심장 중난하이(中南海)

청나라가 망한 뒤, 중국은 새로운 국가 체제를 세우는 과정에서 다시 수도 문제에 봉착한다. 수도는 단순히 행정의 중심이 아니라, 국운의 향배를 좌우하는 혈처(穴處)였다. 최종 수도를 두고 남경(난징)과 북경(베이징) 다시 경쟁했다. 국민당은 난징, 공산당은 베이징을 수도로 선택하면서 자신들의 정통성을 주장했다.

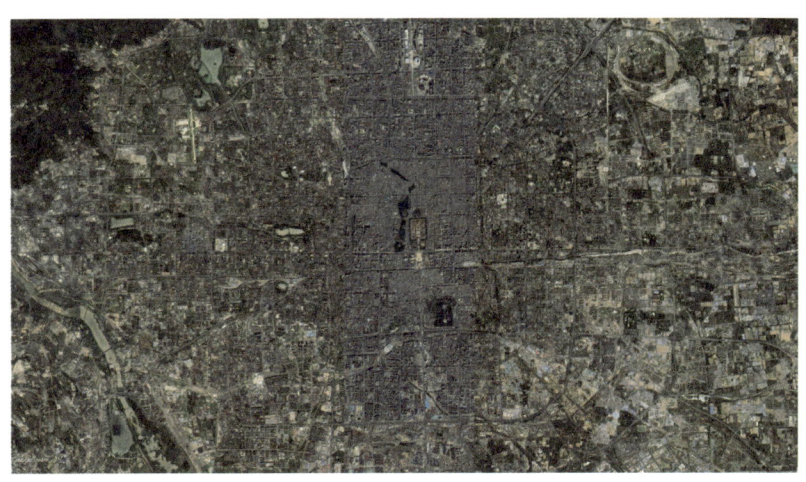

중국 베이징 위성사진. 한가운데가 자금성이 위치한 곳이다. (ⓒGoogle Earth)

장제스 vs 마오쩌둥; 남경 vs 북경

국민당의 장제스는 1927년 북벌에 성공한 뒤 수도를 남경으로 정했다. 장강 하류에 위치한 남경은 전통적으로 풍수에서 길지로 손꼽히던 곳이었다. 북쪽으로는 종산(자금산)이 버티고, 남쪽으로는 장강이 흐르며, 배산임수의 전형을 갖추었다. 강남 곡창과 해상 교역로를 배후에 둔 남경은 번영과 풍요를 약속받은 자리였다. 그러나 국토 전체로 보면 다소 남쪽에 치우쳐 있어 북방 군벌을 제어하기 어렵고, 행정적 거리감이 컸다. 남경은 '재물을 모으는 터'였지만, 국운의 기세를 한 몸에 담아내기에는 한계가 있었다.

공산당의 마오쩌둥은 정강산에서 출발해 대장정을 거쳐 북방으로 근거지를 옮겼다. 1949년 국공내전에서 승리한 그는 북경을 수도로 선택했다. 북경은 원·명·청을 거쳐 중국 정통 왕조의 도읍으로 기능해온 자리였다. 정통성과 국토 통합을 동시에 가능케 하는 터였다. 국운의 승자는 북경을 차지한 공산당이었다.

현재, 중국은 미국과 경쟁하는 G2가 되었다. 풍수적으로 해석하자면, 수도 베이징의 형세가 국운을 끌어올린 요인 가운데 하나였다. 대운하·철도·항만이 연결되어 전국의 부가 집중되는 구조가 되었다. 또한, 베이징에는 현재 중국의 국운에 큰 영향을 주는 곳이 있다. 다름 아닌 중난하이(中南海)다.

베이징의 핵심 혈처 중난하이

자금성은 동서 750m, 남북 960m, 둘레 3.5㎞에 달하는 거대한 궁궐로, 황제의 권위를 상징하였다. 하지만 풍수에서 궁궐 하나만으로는 길지가 완성되지 않는다. 주산·안산·청룡·백호, 그리고 물길이 함께 조화를 이루어야 수도가 안정된다. 베이징 일대는 본래 북쪽에서 내려온 산맥이 허허벌판과 만나는 지점이라 배산임수의 조건이 충분치 않았다. 이전 왕조 황제가 이곳에 도읍을 정하자 풍수가는 이를 보완하기 위해 두 가지 조치를 취했다. 하나는 자금성 북쪽에 인공으로 경산(43m)을 조

베이징의 발전을 보여주는 스카이라인(ⓒShutterStock)

성하여 주산 역할을 맡긴 것이고, 또 하나는 자금성 서쪽에 중난하이를 만들어 부족한 백호의 기운을 보강한 것이다.

이로써 자금성을 중심으로 북쪽의 경산, 서쪽의 중난하이가 삼각 구도를 이루었다. 경산은 황제의 권위를 뒤에서 받쳐주는 현무(주산·主山)에 해당했고, 중난하이는 재물과 권력을 모으는 수기(水氣)를 응집하는 장소였다. 자금성이 태양처럼 드러나는 양(陽)의 공간이라면, 중난하이는 물속에 기운을 저장하는 음(陰)의 공간이었다. 하나는 제왕의 위엄을 밖으로 드러내고, 다른 하나는 권력의 기운을 안으로 감추어 응축하는 구조였다. 이 음양의 조화가 베이징을 천하의 중심으로 만들었다고 믿은 것이다.

명·청 시절에는 자금성이 권위의 상징 공간이었지만, 실제 황제가 자

중국 베이징 자금성과 경산(ⓒGettyImageKorea)

주 거닐며 정치의 흐름을 느끼던 곳은 중난하이였다. 황제는 물가를 산책하며 천하의 흐름을 몸으로 체득했고, 호수 위에 지은 정자에서 대신들과 국정을 논했다. 자금성은 절대 권위의 무대였지만, 중난하이는 권력이 실제로 움직이는 장소였던 셈이다.

이 구조는 오늘날에도 이어진다. 자금성은 이제 황제의 궁전이 아니고, 유네스코 세계문화유산으로서 전 세계 관광객을 맞는 곳이 되었다. 반면 중난하이는 여전히 철저히 폐쇄된 권력의 심장부다. 덩샤오핑 이래 중국 지도자들의 집무실이 모두 이곳에 자리하면서, 현대 중국의 권력이 실질적으로 응축된 공간은 자금성이 아니라 중난하이가 된 것이다.

풍수적으로 보면 이는 '기운의 이동'이다. 보이는 권위의 상징(자금성)에서 보이지 않는 권력의 내밀한 중심(중난하이)으로 기운이 옮겨간 것이다. 이는 현대 정치의 특성과도 맞닿아 있다. 권위보다 실질, 형식보다 내면, 외부로 드러나는 의식보다 내부에서 집중되는 통제가 더 큰 힘을 발휘하는 구조로의 전환이다. 한때 마오쩌둥이 통치하던 중국을 '죽(竹)의 장막(Bamboo Curtain)'이라 불렸던 이유이기도 하다.

　시진핑 시대 이후, 중난하이는 더욱 강력한 권력 풍수의 상징이 되었다. 시진핑은 이곳에서 '중국몽(中國夢: 중화민족의 위대한 부흥 비전)'을 내세우며, 대내외 정책을 총괄한다. 자금성이 외교적 상징으로 세계 정상들을 맞이하는 무대라면, 중난하이는 정책이 실제로 만들어지고 실행되는 권력의 내밀한 공간이다. 풍수적으로 보자면, 자금성은 여전히 양(陽)의 공간, 즉 '드러난 권위'를 유지하는 반면, 중난하이는 음(陰)의 공간, 즉 '숨은 권력'을 유지한다. 자금성과 경산, 중난하이가 만들어낸 이 삼각

중국 베이징 중난하이호수(ⓒ위키피디아)

구도가 현대에도 살아 있는 것이다.

결국, 현재 중국 수도 베이징의 정치 풍수는 이렇게 요약할 수 있다. 북쪽의 경산이 권위를 받치고, 서쪽의 중난하이가 권력을 모으며, 중앙의 자금성이 권위를 드러낸다. 그리고 오늘날, 권력의 무게중심은 점점 더 중난하이로 기울고 있다. 이는 마치 황제가 호수 위 정자에서 천하를 굽어보던 것처럼, 현대 지도자가 보이지 않는 물의 기운 속에서 권력을 움켜쥐고 있음을 보여준다.

국민당은 난징에서 번영의 기운을 얻으려 했으나, 국토 통합의 형세를 얻지 못해 대만으로 밀려났다. 반면 공산당은 베이징을 차지함으로써 정통과 통합의 기운을 거머쥐었고, 최종 승자가 되었다. 오늘날 중국이 G2로 부상한 배경에는 정치·경제적 요인뿐 아니라, 수도 베이징의 풍수적 힘도 일정 부분 작용했다. 중난하이는 그 기운이 집중된 핵심 공간으로, 중국의 국운을 이어가는 상징적 자리라 할 수 있다.

도시 풍수 여행 **베이징**

베이징에서 풍수상 좋은 기운을 받을 수 있는 10곳을 소개하면 다음과 같다.

1) 자금성(紫禁城)

자금성은 명나라 영락제가 수도를 남경에서 북경으로 옮기며 천자의 권위를 상징하도록 풍수 원리에 따라 조성된 궁성이다. 경산을 주산으로 삼고, 남쪽의 내하(內河)인 금수하(金水河)가 도성을 감싸 흐른다. 동쪽은 청룡쪽인 동화문(東華門) 방향으로 열려 기운이 생동하며, 서쪽은 백호 쪽을 낮추어 균형을 이루게 하였다. 중심축이 남북으로 곧게 뻗어 천지의 질서를 상징하는 '중축선(中軸線)'은 천자와 천도(天道)의 합일을 나타낸다. 따라서 자금성은 '하늘의 법도를 본받아 땅의 형세를 순응한[법천상지·法天象地]' 궁성으로, 인간 권위와 자연 조화를 결합한 최고 걸작이다.

2) 경산(景山)

자금성 북쪽에 인공으로 쌓은 '풍수의 주산(主山)'이다. 자금성 공사 때 파낸 흙으로 만든 인공산으로, 도성의 북방 기운을 수렴하고 황궁을 수호한다. 산 정상에 오르면 자금성과 중축선을 한눈에 내려볼 수 있어, 기운의 흐름과 중심축의 균형을 체감할 수 있다. 인간이 천기(天氣)에 조응하는 정신적 상승의 자리이다. 북경(베이징)에서 단 한 곳만 관광해야 한다면, 바로 경산이다.

3) 천단(天壇)

자금성의 남쪽, 도시 중심축 끝에 위치하며, 하늘에 제사 올리던 성지다. 원형 제단은 하늘(天)의 상징이며, 완벽한 원형의 대리석 구조는 '천원지방(天圓地方)'의 원리를 구현한다. 이곳은 하늘의 기운이 응결된 장소로, 기도·명상·소망의 실현에 길한 곳이다. 오늘날에도 많은 이들이 조용히 걸으며 마음의 평화를 얻는 정화의 명소이다.

4) 이화원(頤和園)

서쪽 향산(香山) 아래의 곤명호(昆明湖)를 중심으로 한 궁원(宮苑)이다. 수기(水氣)가 충만한 자리이다. 호수가 달(月)을 상징하고, 산이 태양(日)을 상징하므로, 음양이 조화를 이룬 완전한 풍수 형국이다. 신혼부부의 여행지로 최적이다. 건강·생명력·장수·재물의 기운을 받는 곳이다.

5) 북해공원(北海公園)

자금성 바로 서쪽에 위치하며, 황제의 별궁이자 내호(內湖)로 불리던 인공호수이다. 중심의 백탑(白塔)이 음양의 중심점 역할을 하며, 산(인공언덕)과 물(호수)이 교차해 '산수교회(山水交會)'의 길지를 이룬다. 물이 동쪽으로 빠지며 생기(生氣)를 순환시켜 궁성 전체에 활력을 불어넣는다. 잔잔한 수면은 마음을 고요히 하고, 명상·내면의 안정운을 돕는다. 현 중국 정부의 실세들이 머무는 중난하이는 접근이 불가하지만, 이곳과 인접한 북해공원은 일반인들 출입이 가능하다. 권력의 기운을 받을 수 있는 곳이다.

6) 향산(香山)

베이징 서쪽 외곽의 산지로 도성의 서방 수호신인 백호 역할을 한다. 향나무가 많아 향산이라 불렸으며, 산세가 완만하면서도 강한 생기를 품고 있어 정화와 재생의 기운이 강하다. 가을 단풍이 붉게 물들면 '화(火)'의 기운이 왕성해지고, 이는 명예와 성취운을 돕는다.

7) 서산(西山)

베이징 서쪽을 병풍처럼 감싸며, 도시의 배후산[고산·靠山] 역할을 한다. 태행산맥 지맥이 여기서 멈추므로, 대지의 용맥이 머무는 종점부다. 산세가 웅장하고 완만하여, 기운을 저장하는 '지기(地氣)의 창고' 역할을 한다. 학문·사색·정신적 성장의 터로, 풍수적으로 지혜와 내면의 안정을 상징한다.

8) 운당사(雲棠寺)

향산 근처의 고찰로, 운기(雲氣)와 산기(山氣)가 만나는 곳이다. 청명한 날엔 구름이 산허리를 감싸며, 기운이 모이고 흩어지지 않는 '운집지(雲集地)'로 알려졌다. 특히 절 아래로 향하는 방향이 베이징 자금성의 서쪽, 즉 '금기(金氣)가 왕성한 방향'으로, 황실의 재운과 덕을 보좌한다는 풍수관이 깃들어 있다.

9) 용담호(龍潭湖)

베이징 동남부에 있는 호수로, 전통적으로 '좌청룡'의 수맥이 드러나는 자리이다. 물결이 부드럽게 순환하며, 도시의 생기를 흘려보내는 활수(活水)의 형국을 이룬다. 풍수상 '용'은 재물과 생동의 상징으로, 이곳은 재물운과 활력의 기운을 받을 수 있는 곳이다.

10) 용경협(龍慶峽)

용경(龍慶)'이라는 이름은 명나라 13대 황제인 융경제(隆慶帝, 재위 1567~1572)의 연호에서 비롯되었다. 명대에 이곳 협곡의 절승을 본 학자들이 "용이 물결을 따라 협곡에서 승천하는 듯하다" 하여 '용경협(龍慶峽)'이라 이름하였고, 황제가 즐겨 찾는 피서지로도 알려졌다. 따라서 '용(龍)'은 제왕의 상징, '경(慶)'은 태평과 복덕을 의미하여, 전체 이름은 '왕의 길상한 물길, 복이 흐르는 협곡'이라는 뜻을 가진 상서로운 터이다.

3. 일본의 수도 교토와 도쿄

1) 메이지 유신 이전의 수도 교토: 평안(平安)의 도시

'교토'라는 이름의 유래

교토(京都)의 본래 이름은 평안경(平安京, 헤이안쿄)으로, '평화롭고 안정된 왕도'를 뜻한다. '교토'라는 명칭은 에도 시대 후반부터 일반적으로 사용되었으며, 중국의 '대도(大都)'나 '장안(長安)'에서 영향을 받은 표현이다. 교토로 천도한 시기는 794년 간무천황(桓武天皇, 재위 781~806) 때이다. 그는 나라(奈良, 平城京)의 정치적 부패와 불교 세력의 과도한 개입을 피하고자 새로운 '청정한 땅'을 찾아 수도를 옮겼다. 하늘과 땅의 기운이 조화를 이루는 길지로서, 교토는 천년 수도의 기반을 마련했다.

헤이안쿄(교토)의 진산은 후나오카야마(船岡山, 111.7m)로, 그리 높지 않은 언덕이다. 한양의 북악산이나 장안의 종남산처럼 웅대한 산은 아니었지만, 일본은 이 작은 언덕을 임금의 주산으로 삼았다. 이는 단순한 지형의 선택이 아니라 세계관의 변화였다. 산은 제왕을 상징하지만, 교토의 주산은 있는 듯 없는 듯한 낮은 언덕이었다. 이는 천황이 실질적 통치자라기보다 상징적 존재로 자리한 일본 정치 구조와 닮아있다. 주산 후나오카야마는 낮지만 위엄이 있으며, 올라서면 교토 전역이 한눈에 내려다보인다. 실제 권력은 무신정권(막부)이 쥐었지만, 그 누구도 천황을 폐위하지 않았듯, 작은 언덕은 상징적이면서도 중심에 있었다.

청룡과 백호의 구성도 독특하다. 교토에서는 동쪽의 '가모가와(鴨川)'가 청룡, 서쪽의 '산인도(山陰道)'가 백호의 역할을 맡았다. 가모가와는 타카가미네(鷹ヶ峰)에서 발원해 남북으로 교토를 가로지르는 길이 31㎞의 하천으로, 수심이 얕아 강이라기보다 냇물에 가깝다. 일본은 산의 기운 대신 사람과 재물이 오가는 길과 물길을 청룡·백호로 삼았다. 산 대신 길과 강이 생기의 통로가 되었고, 풍수의 중심이 산에서 인간 활동으로 옮겨간 셈이다.

주작 또한 산이 아니라 호수, 곧 '오구라이케(巨椋池)'였다. 연못은 물이 모이는 곳이자 백성과 재물이 모이는 상징이었다. 일본 정원에 연못이 필수 요소로 자리한 것도 같은 맥락이다.『작정기』에서 물은 신하가 아니라 백성이라 하였듯, 흐르는 물은 노동하는 인민이고, 연못은 그들이 모이는 곳이었다. 일본 풍수에서 주작은 인민의 상징으로 변형된 셈

일본 교토시 전경. 가운데 네모난 부분이 헤이안쿄이다. (ⓒGoogle Earth)

이다.

이러한 변화는 단순한 풍수의 변형이 아니라 일본 사회의 구조를 반영한다. 천황의 권위는 작지만 사라지지 않았고, 실제 권력은 막부(무신정권)가, 그리고 경제의 활력은 상공업자와 인민이 쥐었다. 청룡과 백호를 강과 길로, 주작을 연못으로 삼은 일본의 풍수는 곧 사회의 중심이 인민의 삶과 교류, 경제의 흐름에 있었다는 뜻이다.

교토의 풍수는 내향적 성격을 띠었다. 사방을 둘러싼 산은 도읍을 보호했으나 동시에 외부 세계와의 교류를 제한하는 장벽이 되었다. 내륙 깊숙한 입지로 인해 바다와 직접 연결되지 않았고, 가모가와 또한 대양으로 이어지는 큰 수로가 아니었다. 산인도 역시 국제 무역로와 거리가 있었다. 이러한 배치 속에서 교토는 외부로 확장하기보다 내부로 침잠하는 구조를 갖추었다. 귀족 사회는 예법과 의례를 세밀하게 다듬고, 예술은 섬세한 미학으로 발전했다. 이와 같은 환경은 일본 문화가 내향적이고 정제된 특성을 띠게 한 근원이 되었다.

교토의 천년 역사는 안정과 상징의 역사였다. 외침이 없지는 않았으나 큰 격변 없이 수도의 위상을 유지했다. 다만 내부 권력 이동은 잦았다. 낮은 언덕의 주산이 여러 산의 기운을 압도하지 못했듯, 천황은 다양한 세력을 완전히 제압하지 못했다. 그럼에도 언덕이 사라지지 않듯 천황 또한 상징적 존재로 지속되었다. 교토의 풍수는 권력의 분산과 상징의 지속을 동시에 가능하게 한 체제였다.

근대 이후 바다를 통해 세계가 연결되는 시대가 도래하자 교토의 풍수는 시대의 중심에서 멀어졌다. 연못과 정원은 아름다웠으나 세계와 맞닿은 바다는 아니었고, 가모가와는 민생을 품었으되 국제로 향하는 수로가 되지는 못했다. 교토의 풍수는 일본을 안으로 결집하는 데에는

전통과 정신을 계승하는 교토의 전경(ⒸGettyImageKorea)

탁월했으나 밖으로의 견인력은 부족했다. 천 년 동안 일본의 심장이었으나, 그 심장은 산에 둘러싸인 분지 속에서 고요히 뛰고 있었다. 안정과 상징, 그리고 내향의 미학이 교토 풍수의 핵심이었다.

이에 비해 도쿄는 바다를 정면으로 마주한 도시였다. 에도만은 세계로 열린 창구였고, 강과 운하는 거미줄처럼 얽혀 사람과 재화를 실어 날랐다. 청룡과 백호가 곧바로 국제 무역로로 이어지는 구조가 형성되었다.

이 차이는 일본의 근대사를 결정하였다. 교토가 형성한 사회는 의례와 예법, 문학과 예술이 중심이 된 내향적 세계였다. 와카와 하이쿠, 정원의 미학, 노와 가부키 같은 전통이 안정적이고 내밀한 울타리 속에서 꽃피었다. 그러나 메이지 유신 이후 일본은 세계열강 사이로 뛰어들어야 했다. 그때 일본에는 도쿄라는 새로운 도읍의 풍수가 필요했다. 바다를 향해 열린 수도, 연못이 아니라 태평양이 주작이 되는 배치가 일본을 단숨에 근대 해양 국가로 변모시켰다.

결과적으로 교토의 풍수는 역사적 과제를 절반만 수행했다. 일본을 천 년간 하나로 묶고 안정시켰으나 세계로 나아갈 발판은 제공하지 못했다. 이 점에서 교토는 고려의 수도 개경과 유사하다. 둘 다 내향적 분지 속에 위치해 외침을 충분히 막지 못했고, 국운을 확장하는 데 한계를 보였다. 다만 교토는 침략을 겪고도 수도로서의 상징을 유지했고, 개경은 왕조와 함께 힘을 잃었다. 교토는 풍수적으로 '낮은 언덕의 천황'을 끝까지 지켜냈다.

원자폭탄 투하의 위기를 넘긴 교토

교토의 풍수가 가진 힘은 실로 위대하였다. 풍수는 교토를 원자폭탄 투하로부터 지켜주었다.

1945년 여름, 2차대전 막바지 무렵, 미국은 완강하게 버티는 일본을 패퇴시킬 방법으로 원자폭탄 투하를 결정하였다. 후보지는 네 곳이었다. 군수공장이 즐비한 교토, 군사도시 히로시마, 공업항 니가타, 그리고 항만도시 나가사키였다. 이 네 곳 중에서도 당시 군사적 효용으로 보아 교토는 1순위였다. 그러나 역사는 뜻밖의 손길에 의해 바뀌었다. 그 손길의 주인공이 바로 미국 전쟁장관 헨리 스팀슨(Henry L. Stimson,

1867~1950)이었다. 스팀슨은 군인이 아니라, 하버드 출신의 정치인이었다. 젊은 시절 그는 동양에 대한 호기심으로 아내와 함께 일본을 방문했다. 1926년, 그리고 1929년 두 차례에 걸친 여행에서 그는 교토의 사찰과 정원, 고즈넉한 골목길을 걸었다. 금각사의 반짝이는 물빛, 은각사 뒤편의 소나무 그림자, 그리고 기요미즈 절에서 바라본 동산의 아침 햇살은 그에게 잊히지 않는 풍경으로 남았다. 그에게 교토는 단순한 도시가 아니었다. 풍수가 살아 숨 쉬는 곳이었다.

20년 뒤 70세가 된 그는 미국의 전쟁장관에 임명된다. '맨해튼 프로젝트(미국이 주도하고 영국·캐나다가 참여한 핵무기 개발 프로젝트)'가 비밀리에 완성되어 원자폭탄 투하 후보지를 검토할 때, 교토가 1순위로 올라왔다. 과학자들과 군 장성들은 이곳에 군수공장이 많고 도시 구조가 밀집되어 있어 효과적이라 판단했다. 그러나 스팀슨은 보고서를 들여다보는 순간 얼굴빛이 변했다. 스팀슨은 "교토를 폭격하다니, 그건 인류의 양심이 할 일이 아니다."라며 그로브스 장군에게 편지를 보내 핵무기 투하 불가를 주장하였다. 그는 교토를 '성지(聖地)'라 불렀다. 스팀슨의 메모에는 이렇게 적혀 있다.

"그곳은 일본의 옛 수도이며, 종교와 문화의 중심지이다. 폭격을 받으면 일본인은 절망 속에 빠지고, 전후 복구에도 깊은 상처를 남길 것이다."

군부가 반대했다. "그곳에는 군수공장이 많습니다."

그러나 스팀슨은 물러서지 않았다. 그는 대통령 해리 트루먼에게 직접 보고했다. "교토는 단순한 도시가 아닙니다. 인류 문명의 심장입니다."

결국, 트루먼 대통령은 그의 의견을 받아들였다. 1945년 7월, 교토는 최종 투하 대상에서 제외되었다. 그 자리를 대신한 곳이 바로 나가사키였다.

풍수로 보아도 교토는 쉽게 파괴될 도시가 아니었다. 천 년 동안 일본의 수도가 번영할 수 있었던 것은 터의 성격 덕분이다. 하늘이 정한 것이다. 그런데 그 하늘의 뜻을 인간의 손으로 불태우려 했던 순간, 또 다른 하늘의 사자가 나타난 셈이다. 그가 바로 스팀슨이었다. 그는 의도하지 않았지만, 풍수적으로 보면 천기(天氣)가 그를 교토의 수호신으로 삼은 것이다. 한때 교토의 산수를 사랑했던 한 노신사가, 20년 뒤 전쟁의 결정적 순간에 그 도시를 구한 것은 우연이 아니다. 풍수에서 말하는 인연(因緣)의 결기(結氣)다. 한 사람이 과거의 아름다움을 기억하고 그것을 지키려는 마음을 품은 것이, 천년 수도의 명맥을 이어준 것이다. 국운 풍수 관점에서 볼 때, 기억된 기운이 운명을 바꾼 사건이다.

스팀슨이 젊은 시절 교토에서 받은 감응(感應)은 단순한 추억이 아니었다. 그가 보았던 교토의 푸른 산과 고요한 정원은, 무의식의 심층에 생명의 기운(生氣)으로 남아 있었다. 그리고 그 생기가 전쟁의 격랑 속에서 부활하여, 그의 결단을 움직였다. 그 한마음이 핵폭탄보다 강한 문화의 기운이 된 것이다. 결국, 교토는 불타지 않았다. 금각사도, 은각사도, 기요미즈의 절벽도 살아남았다.

그 덕분으로 오늘날 교토는 정치적 중심지의 자리를 잃었지만, 문화적 수도로 남아 있다. 교토의 풍수는 이제는 국운을 지탱하는 힘은 아니지만, 일본인의 정체성을 이루는 원형으로 남아 있다. 결국, 교토의 풍수는 일본 국운의 두 축 가운데 하나였다. 도쿄가 팽창의 날개를 제공했다면, 교토는 수축과 내향의 심장을 제공했다. 일본은 이 두 가지 리듬 속에서 오늘날까지 이어져 왔다. 풍수적으로 보면, 교토와 도쿄는 청룡과 백호처럼 서로 다른 역할을 하며 일본을 지탱하고 있는 셈이다.

교토를 여행할 때 풍수상 좋은 기운 받을 곳을 소개하면 다음과
같다.

1) 후나오카야마(船岡山)

후나오카야마는 교토의 진산으로, 도시의 주혈(主穴)을 감싸 안는
자리이다. 도시 전체의 지맥이 이 산에서 남쪽으로 뻗어 교토고쇼
(京都御所)와 시내로 이어지므로, '생명의 근원'이자 '기의 발원처'이
다. 산세가 완만하고 둥근 형태를 이루어, 강한 기운이 부드럽게
흘러 인내력·지속력·정신적 안정감을 준다. 정상에서 교토 시내
를 바라보면, 도시가 마치 품 안에 안긴 듯한 형세로 보호와 포용
의 기운을 체감할 수 있다. 교토를 가면 1순위로 가서 교토의 기운
을 받을 곳이다.

2) 교토고쇼(京都御所)

교토 천년 수도의 중심이자 '황도(皇都)'의 지기가 모이는 곳이다. 진
산인 후나오카야마에서 내려온 기운이 남쪽으로 흘러 궁궐터에 응
결하므로, 임금의 기운, 즉 존엄과 중심의 기운을 느낄 수 있다. 정
원과 회랑은 음양이 조화를 이루어 마음을 안정시키고, 중심을 잡
는 힘을 준다. '왕기(王氣)'가 서린 자리로, 권위·명예·중심성을 얻
고자 하는 이에게 길한 장소이다.

3) 기요미즈데라(淸水寺)

동산(東山)의 중턱에 위치해 산의 생기와 물의 정기를 동시에 품은
자리이다. 절 이름의 근원이 된 '청수(淸水: 맑은 물)'는 풍수에서 재물
과 생명의 근원인 '수기(水氣)'를 상징한다. 절 앞 전망대에서 내려다

보면, 도시 전체의 기운이 아래로 퍼지는 조망형 명당이 되어 시야를 확장하고 기운의 흐름을 깨끗이 한다.

4) 기온 야사카 신사(祇園八坂神社)

교토의 동문(東門)을 지키는 수호신의 자리로, 음양 균형을 잡는 관문(關門)의 역할을 한다. 풍수적으로는 '용의 목[용항·龍項]'에 해당하는 지세로, 도시의 생기가 처음으로 진입하는 포인트이다. 이곳에서 기도하거나 산책하면 외부의 불순한 기운을 막고, 자신을 보호하는 '호신(護身)의 기운'을 얻을 수 있다. 특히 밤의 붉은 등불은 화기(火氣)를 보강해 활력과 명랑함을 북돋워 준다.

5) 아라시야마(嵐山)

서쪽에 자리한 교토의 명당에 안정축을 제공하는 산이다. 풍수에서 서쪽은 '금(金)'의 방향으로, 아라시야마의 부드러운 산세와 대나무 숲은 금기(金氣)와 목기(木氣)의 조화를 이룬다. 산과 물이 교차하며 흐르는 이곳은 재물운과 인연운(人緣運)을 돕는다. 특히 도게츠교(渡月橋) 주변은 물길과 산맥이 교차하는 '기운의 결절점'으로, 여유와 번영의 파동이 강하다.

6) 기타노텐만구(北野天滿宮)

북쪽 방위는 교토의 입수(入首)에 해당하며, 학문과 정신의 수호신 스가와라노 미치자네(菅原道真)를 모신 곳이다. 후나오카야마와 이어지는 지맥 위에 있어, 지혜와 명철의 기운이 흐른다. 유학생이나 학문·교육 관련 직업을 가진 외국인에게 특히 길한 장소로, 집중력과 통찰력을 주는 곳이다.

2) 메이지 유신 이후의 수도 도쿄: 강어귀[江戶] 도시

도쿄라는 이름의 유래

본래 이름은 에도(江戶)였으나, 메이지 유신 이후 동쪽[東]의 수도[京]란 의미의 도쿄(東京)로 바뀌었다.

풍수적 관점에서는 '도쿄'보다는 '에도(江戶)'가 더 적절하다. 왜냐면 이름 자체가 풍수에서 이상적으로 여기는 '큰 수구(水口)'란 뜻이기 때문이다. 江은 큰 강, 큰 물줄기를 뜻하며, 戶는 문, 입구를 뜻한다. 따라서 江戶[에도]는 '큰 강어귀' 또는 '물길의 입구'란 뜻이다. 에도는 오늘날의 도쿄만(東京湾) 북서부, 다마강(多摩川)·스미다강(隅田川) 등 여러 강이 모여 바다로 빠져나가는 저습지(低濕地: 지대가 낮아 항상 물이 고여 형성된 습지)에 형성된 취락이었다. 이 지형을 반영해 '江戶(강어귀)'라 불리게 된다. 풍수상 왜 강어귀, 즉 수구가 중요한 이유를 현대적 관점으로 풀어 해석하면

일본 도쿄를 크게 흐르는 스미다강 전경(©ShutterStock)

도쿄의 황거가 위치한 지역의 위성사진(©Google Earth)

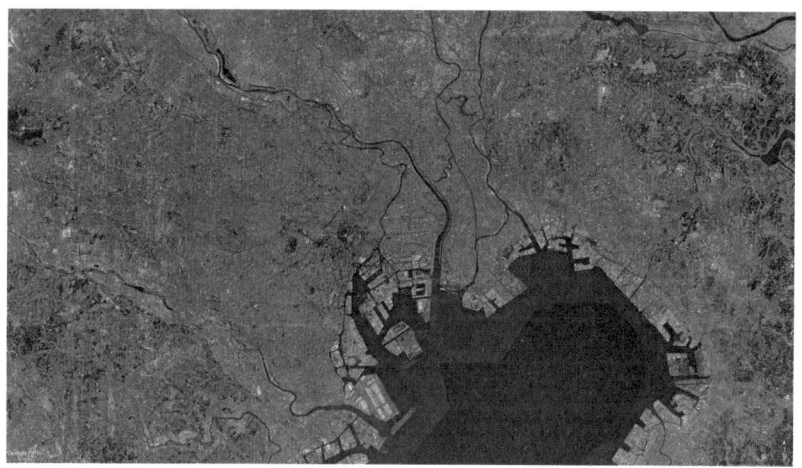

도쿄를 크게 바라본 위성사진. 남쪽에 도쿄만이 있다. (©Google Earth)

다음과 같다.

강어귀[수구·水口]는 도심과 해상 교통 연결하여, 상업·물자 집결지로 최적지이다. 또 평야·간척지 이용하면 도시 확장에 유리하다. 에도라는 이름은 헤이안 시대(平安時代) 10세기 무렵 이미 문헌에 등장하는데, 에도 씨(江戸氏)라는 무사 가문이 이 지역을 거점으로 삼았다. 지명이 가문 이름이 되었고, 다시 가문 이름이 다시 지명이 된 것이다.

에도가 도쿄로 바뀐 내력과 국운

1868년 메이지 유신은 일본 근대사의 출발점이었다. 막부(무신정권)가 무너지고 천황 중심의 새로운 정부가 세워졌지만, 그들이 가장 먼저 부딪힌 과제 가운데 하나는 수도를 어디로 정할 것인가 하는 문제였다. 수도의 위치는 단순한 행정 편의의 문제가 아니었다. 권력의 정통성을 어디에 둘지, 새로운 경제와 국제 교역의 길을 어떻게 열지, 그리고 근대국가로서 일본의 정체성을 어떻게 표상할지가 여기에 달려 있었다.

전통적 수도였던 교토는 천황이 거처하던 곳이자 천년의 역사를 품은 도시였다. 그러나 이미 정치적 활력은 퇴색했고 경제적 기반도 빈약해져 있었다. 귀족들이 여전히 교토 수도론을 지지했으나, 근대적 국가 운영의 중심지가 되기에는 역부족이었다. 오사카는 일본 제일의 상업 도시로 전국 각지의 물산이 모이고 상인들의 활력이 넘쳤지만, 얕은 오사카만은 대형 선박 접안이 부적합하다는 치명적 한계를 안고 있었다. 근대 일본이 서양 열강과 통상 조약을 맺고 국제 교역을 본격화하려는 시점에, 항만으로서 불리한 입지인 오사카는 매력적인 선택지일 수 없었나.

이와 달리 에도는 이미 인구 백만의 거대 도시로 성장해 있었고, 세계적으로도 손꼽히는 규모로 성장했다. 도로망과 치안, 상하수도 같은 도시 인프라가 잘 갖추어져 있었으며, 도쿠가와 막부의 정치·행정 기구가 모두 집중되어 있어 새로운 정부가 그대로 인수해 활용할 수 있었다. 무엇보다 결정적인 장점은 에도 앞바다, 곧 도쿄만의 깊고 넓은 수심이었다. 이는 서양식 대형 선박이 자유롭게 드나들 수 있는 항만 조건을 갖추었다는 뜻이었으며, 국제 해상 교역을 통해 근대국가의 경제를 키워야 하는 신정부에 최적의 선택이 되었다. 도쿄는 일본의 수구(水口)로서 최적이었다.

사쓰마 출신의 오쿠보 도시미치, 조슈 출신의 이토 히로부미와 야마가타 아리토모, 그리고 오쿠마 시게노부 등 유신의 주역들은 모두 해외 경험을 통해 해양 교통의 중요성을 잘 알고 있었다. 그들에게 수도는 단순히 임금이 앉을 자리가 아니라, 일본을 근대적 국제 질서 속에 편입시킬 교두보였다. 따라서 전통의 교토와 경제의 오사카가 아닌, 근대적 교통·군사·외교의 요충지인 도쿄가 선택될 수밖에 없었다.

해양 국가로의 변화를 꾀한 도쿄의 등장

1868년 신정부는 에도를 '동쪽의 수도', 즉 동경(東京, 도쿄)이라 개칭했다. 단순한 지명 변경이 아니라 일본의 역사를 새롭게 쓰려는 의지의 표명이었다. 천황은 잠시 교토에 머물기도 했으나 점차 도쿄 체류가 길어졌고, 관청과 군사 기구가 속속 도쿄로 옮겨가면서 사실상의 천도가 이루어졌다. 1871년 이후 천황이 도쿄에 상주하게 되면서, 일본의 새로운 수도는 완전히 정착되었다.

메이지 정부가 내린 도쿄 천도의 결정은 단순한 행정 이전이 아니라, 일본을 해양 국가로 탈바꿈시키려는 전략적 선택이었다. 교토의 전통과 오사카의 경제력을 과감히 넘어선 이 결단은, 일본이 동아시아에서 가장 먼저 근대국가로 발돋움하는 데 중요한 기반이 되었다. 도쿄 천도는 국운을 좌우하는 공간 선택의 힘을 잘 보여주는 사례였으며, 훗날 일본

일본 도쿄타워와 오다이바(ⒸShutterStock)

제국주의의 해양 진출과 국제 질서 속 부상을 가능케 한 출발점이었다. 그렇게 도쿄를 수도로 정한 일본은 탈아입구(脫亞入歐)에 성공하였고, 더 나아가 열강의 제국주의 전쟁에 끼어들었다.

1945년 여름, 미군 폭격기의 굉음이 도쿄 하늘을 가득 메웠다. 전쟁의 막바지, 미국은 도쿄를 비롯한 일본의 대도시를 불바다로 만들었다. 도쿄는 잿더미가 되었지만, 아이러니하게도 일본의 심장부라 할 수 있는 황궁은 피해가 없었다. 풍수적 관점에서 보면, 이는 단순한 군사적 우연이 아니라 국운의 기운이 여전히 그곳에 남아 있었음을 보여준다. 일본인들은 패망 이후에도 황궁이 살아남은 사실에 특별한 의미를 부여했다. 천황제는 군국주의의 상징이었지만, 동시에 일본인들의 정신적 구심점이기도 했다. 불타버린 도쿄 한복판에서 유일하게 황궁이 버티고 섰다는 사실은, 일본이 다시 일어날 수 있다는 신호처럼 여겨졌다. 전통 풍수에서 도읍의 중심 혈처가 살아남으면 국운이 완전히 끊기지 않는다고 보았는데, 일본도 그러했다.

패전 이후 도쿄는 미국의 점령정책 아래 재편되었다. 그러나 이때도 도쿄의 기본 풍수 구조는 크게 변하지 않았다. 여전히 도쿄는 바다와 강에 기대어 살아가는 도시였고, 전쟁이 끝난 뒤에도 그 수로와 항만은 재건의 동력이 되었다. 교토였다면 불가능했을 속도의 회복이었다. 교토가 산에 둘러싸여 폐쇄된 공간이었다면, 도쿄는 열린 바다와 접해 있었기 때문이다. 패전 후에도 도쿄가 빠르게 세계 도시로 재도약한 것은, 풍수적으로 '득수국(得水局)'의 힘을 여실히 보여준다.

1950년대 이후 도쿄는 다시 급속히 팽창했다. 항만과 공항은 세계와 연결되었고, 도심은 초고층 빌딩으로 채워졌다. 바다를 통한 교역과 외국 자본 유입이 도시를 살찌웠다. 풍수적으로 보아, 도쿄는 전통적인 사산(四山)의 균형 대신 사수(四水), 즉 물길 네트워크를 기반으로 발전하는 구조를 갖추고 있었다. 이는 산업화, 세계화 시대에 최적화된 입지였다.

1970년대 도쿄는 세계 금융의 허브로 부상했다. 이는 단순히 경제 정책의 결과만은 아니었다. 에도 막부 시절부터 이어져 온 수로망과 메이지 이후 항만 개발로 다져진 기반 위에서 가능했다. 풍수적으로 도쿄의 기운은 바다를 통해 들어오고, 강을 따라 도시로 흘러들며, 다시 외부로 퍼져나갔다. 그 흐름이 곧 일본 경제가 순환할 수 있게 했다.

그러나 도쿄의 풍수는 장점만 있지는 않았다. 바다와 강에 의존하는 구조는 곧 홍수와 지진, 쓰나미와 같은 자연재해에 취약하다는 뜻이기도 했다. 실제로 1923년 관동대지진과 2011년 동일본 대지진에서 도쿄는 큰 충격을 받았다. 그럼에도 도쿄가 살아남은 것은, 중심 혈처인 황궁과 도심부의 기운이 여전히 유지되고 있었기 때문이다. 혈처(穴處)가

건재한 한 도성은 쉽게 무너지지 않는다.

오늘날 도쿄는 세계 최대 규모의 도시로 성장했다. 정치·경제·문화의 중심이자 3천만 명 이상이 모여 사는 거대 메트로폴리스다. '물이 곧 인민'이라는 일본 풍수의 독특한 해석과 맞닿아 있다. 세계에서 가장 오래된 정원(정원)에 관한 책은 11세기 말에 쓰인 일본의『작정기(作庭記, 사쿠테이키)』이다. 이 책은 정원을 구성하는 3요소로, 산·바위·물을 언급한다. 동시에 산은 임금, 바위는 신하, 물은 인민을 상징한다고 이 책은 말한다. 도쿄만으로 흘러드는 수많은 물길은 곧 인민의 흐름이 되었고, 사람과 재물이 모이는 곳에 국운은 스스로 강화되었다. '산의 나라(교토)에서 물의 나라(도쿄)로'라는 일본 풍수의 방향성이 옳았다.

물론 도쿄의 미래가 언제까지나 밝을 수는 없다. 기후변화와 해수면 상승, 빈번한 지진과 화산 활동은 이 도시의 풍수적 약점을 노출하고 있다. 득수국의 장점이 곧 약점이 되고 있다. 태풍과 폭우로 인한 침수 위험, 지구 온난화로 인한 폭염, 그리고 동일본 대지진 때 경험한 쓰나미의 공포는 도쿄가 품는 미래의 걱정이다. 도쿄도청은 이미 '수해 도시' 도쿄의 미래를 예측하며 대규모 방재 프로젝트를 추진하고 있다. 지하 50m에 길이 6㎞의 거대한 배수 터널을 건설하여 홍수를 막는 계획은, 풍수에서 말하는 '비보(裨補)'에 해당한다고 볼 수 있다. 즉, 흉한 기운을 제어하고 혈처를 지키려는 현대판 치지법(治地法)이다. 이런 점에서 도쿄의 현재는 풍수적으로 흥미로운 실험대다.

일본 국운 회복을 위해서는 다시 에도로 개명해야

위에서 언급한 기후변화 및 지진의 위험을 극복하려는 일본 정부의 노력도 중요하다. 그러나 일본의 국운 부흥을 위해서는 '도쿄'에서 '에도'

로 수도 이름을 바꾸는 것이 더 중요하다.

일본 현대사에는 이른바 '잃어버린 30년'이라는 표현이 상징하듯, 1990년대 이후 장기적인 경기 침체와 사회 구조적 정체가 지속하였다. 한때 세계 2위 경제 대국으로서 서구와 어깨를 나란히 하던 일본이 현재는 성장세가 둔화하고, 세계 경제 질서에서 상대적으로 존재감이 약화하고 있다는 인식이 국내외적으로 공유되고 있다. 이러한 흐름 속에서 일본의 중심지 이름인 '도쿄(東京)'의 의미를 다시 검토하고, 옛 지명인 '에도(江戶)'가 갖는 지리·문화·풍수적 함의를 진지하게 재조명할 필요가 있다.

풍수적 관점에서 보면, '에도(江戶)'라는 지명은 기본적으로 '큰 물길이 바다로 열리는 강어귀', 즉 커다란 수구(水口)를 뜻한다. 이 책의 핵심 주제는 '세계 주요 수도의 수구가 어떠한가에 따라 수도뿐만 아니라 그 나라의 흥망성쇠가 좌우된다'라는 것이다. 이런 점에서 일본의 수도의 정체성과 그 땅이 갖는 기(氣)를 촉진하는 이름으로 환원되어야 마땅하다.

큰 강어귀를 뜻하는 에도(江戶)는 이는 단순한 물리적 지형 묘사를 넘어, 내륙과 해양, 나아가 세계와 연결되는 개방성·교류성을 함의한다. 역사적으로도 에도는 바다와 하천 수운을 토대로 번영했으며, 다양한 지역의 인구와 문화, 물자가 집결하여 활력을 이루던 공간이었다. 다시 말해, 에도라는 명칭 자체가 이미 세계화를 촉진하는 도시의 정체성을 내포하고 있는 셈이다.

반면, '도쿄(東京)'라는 이름은 '동쪽 수도', 즉 '나라의 동편에 있는 정치 중심지'라는 의미를 지닌다. 이는 국가 권력과 정치 기능이 집중되는 이미지가 강하며, 제국 혹은 중앙집권체제의 정당성을 부여하는 방향과도 맞닿아 있다. 메이지 유신 이후 일본이 에도에서 도쿄로 명칭을 바꾸고

일본 도쿄 황궁과 해자(ⓒGettyImageKorea)

수도 체제를 개편한 것은 근대국가 건설이라는 목표 아래, 국가 권위와 중앙 권력의 표상을 강화하려는 의도가 반영된 것이다.

실제로 도쿄라는 정치 수도 중심의 프레임은 일본이 이후 대만·조선의 식민지화, 중국·동남아시아 침탈, 제2차 세계대전 발발 등 팽창과 정복의 역사를 추구한 흐름과 사상적 맥락을 공유한다. 즉, 도쿄라는 이름은 근대 일본의 국가주의·군국주의·권위주의적 성격의 상징성과 연결되며, 폐쇄적이고 공격적인 이미지를 동반한다는 지적이 있다.

이러한 관점에서 볼 때, 일본의 국운을 다시 높이기 위해서는 '도쿄' 정신보다 '에도' 정신을 복원·재해석할 필요가 있다. 에도라는 지명은 바다와 하천을 통한 열린 교류, 다원적 문화, 활력과 상업의 정신을 상징하며, 세계가 자연스럽게 모이고 흐르는 '열린 중심지'의 이미지를 담고 있다. 이는 오늘날 세계화 시대의 가치—상호 연결·협력·개방—와 잘 부합하며, 일본이 다시 국제사회에서 긍정적 위상을 되찾는 데 보탬이 될 수 있다.

반면 도쿄라는 명칭은 정치·권력 중심성, 동아시아 패권을 지향했던 제국의 기억, 폐쇄성과 배타성을 상기시키는 이름으로 작용할 가능성이 있다. 이러한 인식은 일본 사회가 새로운 시대적 전환을 맞아 경제·문화 경쟁력을 재구축하는 데 장애가 될 수 있다. 따라서 에도(江戶)라는 옛 지명이 가진 개방성, 수운 중심성, 국제 교류 지향성은 침체에 빠진 일본의 활력을 되살리는 상징적 키워드가 될 수 있다. 결국, 명칭이라는 요소는 단순한 표기가 아니라 국가·도시의 정체성·지향점·정신을 반영하는 '상징 에너지'로 이해할 수 있다. 일본이 다시 세계와 소통하며 새로운 번영을 꾀하기 위해서는, '도쿄'의 권위적·폐쇄적 이미지에서 벗어나, '에도'가 상징하는 흐름·교류·개방의 정신을 되살려야 하며, 이는 국운을 회복하는 데 긍정적 방향을 제시할 수 있다.

필자는 2010년 『조선풍수, 일본을 논하다』라는 책을 출간한 이래 풍수학자의 입장에서 일본의 국운의 흐름을 지켜보았다. 도쿄에서 에도로의 지명 전환은 단순한 지명 회귀 주장이 아니다. 일본 미래 발전의 정신적·문화적 전환점이 될 것이다.

풍수상 좋은 기운을 받기 위해 외국인들에게 추천할 길지를 소개하면 다음과 같다.

1) 메이지진구(明治神宮)

도쿄 한복판 시부야에 자리하지만, 깊은 수림에 둘러싸인 거대한 산림 속 명당이다. 인공림이지만 음양의 균형이 뛰어나, 기운이 안정되고 순수하다. 참배길이 길고 곧게 뻗어 있어 기운이 흐르는 도맥(道脈)이 형성되어 있다. 여행 중 심신의 균형을 회복하기 좋은 장소이다.

2) 아사쿠사센소지(浅草寺)

도쿄에서 가장 오래된 사찰로 불교의 신성한 불[火]과 주변의 물[水]이 만나 재물을 부르는 기운을 형성한다. 번화한 나카미세 거리와 대비되어 기(氣)의 순환이 활발하다. 관광과 기운 충전이 동시에 가능한 대표 풍수 명소이다.

3) 황거(皇居)

에도성 터 위에 세워진 일본 천황의 거처로, 도쿄의 중심이자 '용혈(龍穴)'에 해당한다. 사방으로 완만한 언덕과 해자가 감싸며, 수기(水氣)와 토기(土氣)가 교차해 권위와 안정을 상징한다. 도시 전체의 중심축을 잡아주는 기운을 받아 국가의 운세를 대표한다. 일반인들이 황거를 출입할 수 없지만, 정문 앞 니주바시(二重橋) 부근에서도 충분히 좋은 기를 받을 수 있다.

4) 도쿄 타워(東京タワー)

'화기(火氣)'를 상징하는 구조물로, 도쿄의 하늘 기운을 정화하고 활력을 일으키는 상징이다. 붉은색의 철탑은 정체된 기운을 끌어올려 상승기운으로 바꾸는 역할을 한다. 특히 남서 방향[곤방·坤方])은 재물운과 사회적 성공을 관장하므로, 타워 방문은 승진·성공의 기운을 받기에 좋다. 해 질 무렵 방문하면 양기가 극대화된다.

5) 우에노 공원(上野公園)

에도 시대엔 도쿄 북쪽의 수호산이었다. 풍수적으로 지혜와 수명을 상징하며, 이곳은 도시의 음기(陰氣)를 안정시키는 역할을 한다. 특히 시노바즈노이케(不忍池)는 에도 시대의 도시설계·신앙·풍수가 하나로 융합된 결과물이다. 연못의 수면은 '마음의 거울'로, 벤텐도(弁天堂)의 여신은 '물질적 풍요', 주변 언덕과 절들은 '정신적 평안'을 한다. 심신 안정과 장수의 기운을 얻을 수 있다.

6) 에도의 대수구(大水口) 따라 걷기

스미다강 → 히비야 → 오다이바 → 도쿄만 전경

오늘날 도쿄(東京)라 불리는 이 땅은 앞에서 언급한 것처럼 메이지 유신 이전까지는 에도(江戸), 즉 강의 문, 물의 입구라는 이름을 가졌다. 풍수에서 수구(水口)는 기(氣)의 출입문이니, 에도라는 이름 자체가 이미 세계의 기운을 받아들이는 문호였던 셈이다. 에도의 국운은 이 수구로부터 일어났고, 일본 열도는 바다를 건너 세계와 맞닿는 기회를 누려왔다. 아래는 도쿄의 수구 에너지를 가장 잘 보여주는 네 장소이다. 스미다강에서 시작해 히비야, 오다이바로 이어지고 마지막으로 도쿄만 전경을 마주하는 길은 그 자체로 일본 국운의 혈맥을 따라 걷는 순례와 같다.

① 스미다강(隅田川)

스미다강은 지금의 도쿄 중심에서 북쪽 아사쿠사 방면을 흐르며 남쪽으로 더 흘러 도쿄만(東京灣)으로 빠져든다. 지하철 아사쿠사역에 내려 카미나리몬(雷門)을 지나면 곧바로 스미다강의 물줄기가 시야에 들어온다. 눈에 보이는 이 흐름은 과거 에도의 심장을 뛰게 하던 대동맥이었다. 에도 시대, 스미다강은 물류·인력·문화의 수송로였으며 간토(關東) 일대에서 모인 물자가 이 강을 통해 바다로, 바다에서 다시 세계로 이어졌다. 해외의 기운이 스미다강을 거슬러 에도 안쪽으로 들어오니 이 강은 들어오는 기[입기·入氣]의 관문이었으며, 동시에 일본의 힘이 세계로 나아가는 나가는 기[출기·出氣]의 수로였다. 강변 산책로는 아사쿠사에서 아즈마바시, 료고쿠 방향으로 이어지며 수상버스를 타면 이 흐름을 더 직접적으로 체감할 수 있다. 물이 움직이면 기(氣)도 함께 움직인다. 정체가 아니라 순환과 소통, 교류의 기운이 스미다강을 따라 흐르고 있음을 몸으로 느낄 수 있다.

② 히비야(日比谷)

아사쿠사에서 지하철로 남쪽으로 내려오면 현대적 빌딩 숲을 지나 히비야 공원 부근에 이른다. 현재는 완전한 도심이지만 과거 이곳은 도쿄만과 맞닿은 해안이었다. 친수(親水: 물은 재물을 상징한다)의 땅이 지금은 금융·행정 중심지가 된 것을 보면 이곳이 예로부터 기운의 결절점이었음을 알 수 있다. 서양 문물이 유입되기 시작한 메이지 시기, 히비야는 가장 먼저 변화의 바람을 맞는다. 서구식 건물, 제도, 문화가 이 땅을 통해 일본 전역으로 퍼져나갔다. 즉 히비야는 스미다가와를 통해 들어온 기운이 도시문화로 응결되는 공간이었다. 오늘날 히비야 공원은 도심 한복판에서 기운이 머무르는 혈(穴) 역할을 하며 휴식·문화의 용광로처럼 작동한다. 수구에너지가 문명·제도·문화로 꽃피는 자리이며 근대화·세계화의 기운 교환소이다.

③ 오다이바(お台場)

히비야에서 남동쪽으로, 지하철과 유리카모메를 갈아타고 레인보우 브리지를 건너면 넓은 바다 위에 떠 있는 오다이바가 모습을 드러낸다. 오다이바는 원래 해군 방어 목적으로 만든 인공 섬이었으나 지금은 거대한 복합도시가 되어 쇼핑 시설·기업·전시장·호텔이 늘어서 있다. 하천 중심이었던 옛 에도의 수구가 현대에 와서는 바다 중심의 확장된 수구로 재구성된 셈이다. 오다이바는 단순한 관광지가 아니라 세계 흐름을 직접 받아들이는 개방의 장(場)이며 기술·상품·인재가 모이는 국제 에너지의 합류처이다. 해상 야경이 밝게 반짝이는 밤이면, 수구의 기운이 빛과 바람을 타고 도쿄 시내로 퍼져나간다. 21세기형 신수구(新水口)이다.

④ 도쿄만 전경

오다이바에서 바다 쪽으로 더 시선을 돌리면 도쿄만 전체가 한눈에 들어온다. 이 바다는 스미다강·아라카와·에도가와 등 수많은 강줄기가 모여드는 재운(財運)의 집합처이다. 과거 에도 시대, 일본의 물산·문화·정보는 이 도쿄만을 통해 외부 세계와 만나고 교류하였다. 풍수적으로 도쿄만은 일본 국운을 살린 수구 중의 수구이다. 기운을 가두지 않고, 안으로 들이고 밖으로 내보내는 순환 구조를 이루었기에 에도·도쿄는 끊임없이 에너지를 공급받을 수 있었다.

"스미다강 → 히비야 → 오다이바 → 도쿄만" 라인은 하나의 수구가 육지에서 문명 속으로, 다시 바다를 향해 확장되어 궁극적으로 세계 무대로 나아가는 기의 연속적 흐름처이다. 즉, 국운의 흐름처이다.

4. 인도의 수도 뉴델리: 대륙의 관문

'델리'의 어원

'델리'(Delhi)란 지명의 기원에 대해서는 몇 가지 가설이 있다.

첫째, 디룰루(Dhillu) 혹은 딜루(Dilu)왕(王) 설이다. 기원전 1세기경, 이 지역을 도읍으로 삼았다는 고대의 한 왕이 자신의 이름을 도시에 남겼다는 전설이 전해진다.

둘째, 산스크리트·프라크리트어 'dhīlī(느슨한, 약한)' 유래설이다. 지형은 부드러운 분지였다. 느슨함은 한편으로 취약함을 뜻하나 다른 한편으로는 유연함의 가능성을 의미한다.

셋째, 힌두스탄어 'dehleez' 또는 'dehali'(문턱·관문) 유래설이다. 델리는 갠지스강 평원의 서쪽 관문에 놓인 도시였다. 인도 대륙으로 들어오는 세력은 델리를 먼저 지나야 했으며, 인도에서 서역으로 향하는 행렬역시 이 문턱을 넘어야 했다. 즉 델리는 단순한 수도가 아니라 대륙을 여닫는 문이었다. 문턱의 힘은 외부를 막기도 하고 열기도 한다. 그러므로 델리는 외침이 끊이지 않았으나 그만큼 새로운 질서를 수용하여 국운의 흐름을 전환하는 전략적 회랑이 되었다.

넷째, Dhillika 또는 Dhīllīka라는 고대 지명에서 비롯되었다는 주장이다. 오랜 세월 발음이 변화하여 '딜리', '델리'가 되었다는 설명이다.

네 가지 설은 서로 충돌하지 않고 델리의 역사를 입체적으로 드러내는 서로 다른 각도이다. 왕의 이름은 권력의 근원을, 느슨함은 흐름을 받아들이는 구조를, 문턱은 대륙을 연결하는 전략성을, 고유한 지명은 수도성의 지속을 상징한다. 바로 이 네 힘이 단단히 얽혀, 델리는 천 년 동안 인도 권력의 무대가 되었다. 델리는 강하지 않았으나 꺾이지 않았고, 닫혀 있지 않았으나 버려지지 않았다. 느슨한 땅이 오히려 역사의 큰 물줄기를 품었다. 그리하여 델리는 오늘도 인도라는 거대한 국가의 문턱에서 세계를 향해 열려 있다.

도시의 이름은 그 운명을 비춘다. 델리는 이름 자체가 국운 풍수의 증거다.

수도로서 델리의 변천사

델리는 오랜 세월 인도의 권력 무대였다. 술탄국·무굴제국·영국 식민지, 그리고 독립 인도까지 시대가 바뀔 때마다 권력의 주인이 달라졌고, 그 속에서 사람들의 삶도 크게 갈렸다.

12세기 말 등장한 델리 술탄국은 북인도를 장악한 무슬림 정복자들이 세운 국가였다. 노예왕조를 시작으로 칼지·투글럭·사이드·로디 왕조가 차례로 수도를 옮기며 성곽 도시를 건설했다. 덕분에 델리 곳곳에는 서로 다른 시대의 성채가 층층이 남았다. 술탄들은 이슬람 행정을 도입하고 무역을 확장해 델리를 이슬람 문화 중심지로 만들었으나, 다수의 힌두인과 하층민들은 여전히 낮은 신분에 묶여 도시의 가장 힘든 일을 맡았다.

1526년, 무굴제국을 연 바부르(Babur, 재위 1526~1530)가 델리를 차지하면서 도시의 위상은 다시 높아졌다. 그 손자 아크바르(Akbar, 재위 1556~1605)는 힌두와 무슬림을 아우르는 정책을 펼쳤고, 아크바르의 손자 샤 자한(Shah Jahan, 재위 1628~1658)은 붉은 성(붉은 사암, red sandstone 으로 축성되어 붉은 성이라 불림) 자마 마스지드(델리 최대 이슬람 사원, '세상을 바라보는 사원'이라는 뜻)를 세워 델리를 찬란한 수도로 만들었다. 다양한 문화가 공존했고 예술이 꽃피었으나, 카스트의 벽은 여전했다. 화려한 궁정이 문화의 중심이었다면, 도시는 하층민의 땀으로 유지되었다.

18세기 이후 무굴제국이 약해지자 외세의 침입이 이어졌고, 영국 동인도 회사가 1803년 델리를 점령했다. 영국은 카스트 질서를 유지한 채 식민지 행정을 펼쳤다. 1911년에는 수도를 콜카타에서 델리로 옮기고 뉴델리를 건설해 식민 권력의 상징을 만들었다. 델리는 전통 도시와 영국식 신도시가 함께 존재하는 독특한 풍경을 갖추게 되었다.

1947년 독립 이후, 뉴델리는 새 인도의 수도가 되었다. 분할로 인한 난민 유입으로 도시가 급격히 팽창했고, 빈민가가 늘었다. 정치 중심지는 화려했지만, 여전히 신분과 빈부의 차이가 컸다. 한쪽에서는 민주주의가 논의되었고, 다른 한쪽에서는 거리 청소와 폐기물 처리에 종사하는 달리트[불가촉천민·不可觸天民] 가정이 생존을 위해 고군분투했다.

오늘의 델리는 '붉은 성(무굴제국의 왕성)'의 역사, 뉴델리의 행정 중심, 시장의 활기가 한꺼번에 공존하는 대도시다. 강한 도시의 기운이 사람과 재물을 끌어모으지만, 그 혜택은 모두에게 골고루 돌아가지 않는다. 델리의 역사를 살피는 일은 인도의 영광과 그늘을 함께 바라보는 일이다. 화려한 도시를 떠받치는 보이지 않는 손들까지 기억할 때, 비로소 이 수도의 전체 모습이 드러난다.

야무나강의 물결이 좌우하는 델리

풍수의 구성 핵심 2요소인 산과 물이란 관점에서 델리를 살펴보자.

델리를 관통하는 야무나강(Yamuna River)은 히말라야의 반다르푸초(Bandar Poonch Peak, 해발 6,300m) 인근에서 발원하는 1,376㎞의 긴 강이다. 델리는 발원지로부터 350~400㎞ 남쪽, 해발 200~250m의 평지에 자리한다. 히말라야의 강력한 생기가 물줄기를 타고 내려오다, 델리 부근에서 처음 평야로 풀리기 시작한다. 델리의 어원을 설명할 때, 'Dehali의 뜻에 '문턱(관문)'이란 의미가 있다고 하였다. 실제로 도시가 위치한 곳이 실제로 문턱(관문·입구)과 같은 형상을 하고 있어 지명이 땅 모양에서 유래함을 알 수 있다. 즉 산에서 평야로 넘어가는 관문으로 델리가 역대 왕조의 수도가 된 이유도, 바로 이 지리적 관문의 풍수적 중심성에 있다. 북방의 방어에 유리하면서도 남방 평야의 교통을 장악할 수 있었기 때문이다. 물의 흐름이 완만하고 범람 위험이 상대적으로 적은 지점이어서 수도 입지로 안정된 '물의 터[수기·水基]'였다.

인도 올드 델리를 상징하는 붉은 성(ⒸGettyImageKorea)

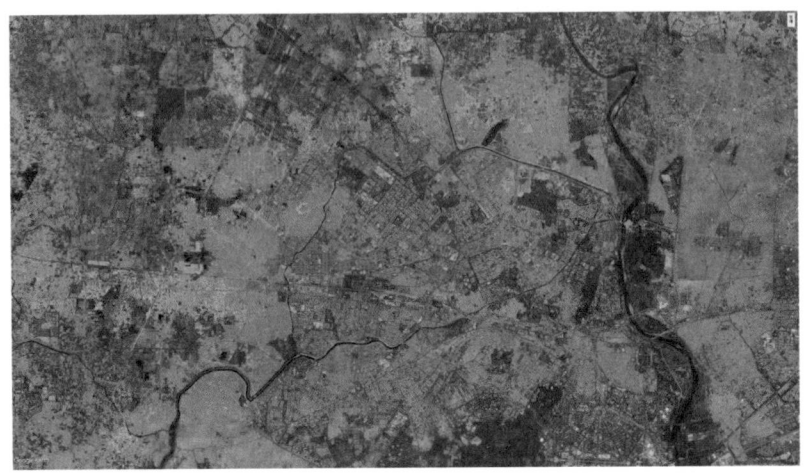

인도 델리(ⒸGoogle Earth)

인도 뉴델리. 새롭게 만든 계획도시다. (ⒸGoogle Earth)

강폭은 델리 시내 기준 200~400m이며, 수심은 계절에 따라 다르나 평균 2~6m 내외이다. 우기(6~9월)에 집중되며, 건기에는 유량이 극히 줄어드는 계절성 하천으로 다른 나라 수도들을 관통하는 강에 비해 그리

인도 야무나 강변. 이 물길이 왕조의 번성을 좌우했다. (ⓒGettyImageKorea)

크지 않다. 즉, 델리는 히말라야의 남향 용맥이 펼쳐진 끝자락, 그 기운이 야무나강의 물줄기와 함께 흐르며 형성된 도시이다.

야무나강의 물결이 불어나면 왕조는 번성했고, 강이 마르면 반란이 일어났다. 이것이 델리의 첫 번째 운명이자, '물의 수도(水都)'로서 태생적 한계였다. 풍요 뒤에는 언제나 위험이 도사렸다. 강은 때때로 범람하여 도시를 삼켰고, 이슬람 왕조, 무굴제국, 심지어 영국령 인도 초기까지 델리는 풍부한 수기를 지녔으나, 산의 보호가 약한 곳이었다. 풍수적으로 보면, 수성(水盛)하고 산박(山薄)한 형국, 즉 기운은 왕성하지만 오래 유지하기 어려운 자리였다.

야무나강은 범람의 위협 속에서도 도시의 숨은 설계를 이끌었다. 델리의 성곽은 늘 강변의 지세를 반영하여 세워졌고, 붉은 성 역시 강을 등지고 도시를 지키는 배치로 자리했다. 풍수의 언어로 말하자면, 산을 등지고 물을 마주하며, 강 너머로 기운이 흘러 평야와 도시를 적절히 연결하도록 한 설계였다. 강과 성, 평야가 어우러진 이 배치는 델리라는 도시가 자연의 기운 속에서 태어나고, 번성과 위기를 동시에 품고 있음을 보여준다.

인도에서 강은 단순한 물줄기가 아니라 신과 인간을 잇는 성스러운 다리이자, 생명의 젖줄로 여겨진다. 델리의 경우 도시를 감싸듯 흐르는 야무나강이 그 중심에 있다. 야무나강은 히말라야의 빙하에서 발원하여 델리로 내려오고, 다시 남쪽으로 흘러갔다가 마침내 갠지스강과 합류한다. 갠지스가 인도인 전체의 어머니라면, 야무나강은 델리의 생명을 키워주는 젖줄이다. 델리의 역사에서 왕조가 바뀔 때마다 성곽과 궁전의 위치는 바뀌었지만, 야무나강 강변을 벗어나지 않은 이유도 여기에 있다. 물길이 곧 권력이었고, 물을 거느린 자가 도시를 지배할 수 있었다.

자연 방벽이 되어준 델리의 산

델리의 지세에서 강과 더불어 델리 일대는 오래된 아라발리산맥의 마지막 흔적이 남은 언덕 지형이라는 점이 중요하다. 아라발리산맥은 세계에서 가장 오래된 산맥 가운데 하나이다. 15억 년 전에 형성된 산맥으로, 인도 대륙의 지질적 척추에 해당한다. 산맥 길이는 800㎞로서 남서-북동으로 뻗어 있으며, 토질은 편마암과 석영암(단단하고 침식 저항력이 강함)이며, 아라발리산맥은 델리 지역에서는 구릉성 대지인 '델리 릿지(Delhi Ridge: 용맥·龍脈)'라는 이름으로 남아 있다. 35㎞에 달하는 '델리 릿지'는 다시 네 부분으로 나뉘는데, 그중 남쪽 릿지(Southern Ridge)와 라이스나 힐(Raisina Hill, 표고 60m)이 뉴델리의 중심축을 이루는 핵심

지점이다. 라이스나 힐에는 인도 대통령궁(라슈트라파티 바반 · Rashtrapati Bhavan)과 국회의사당이 자리한다.

델리 릿지는 북쪽에서 내려오는 차가운 바람과 침략을 막아주는 방패 구실을 했다. 술탄국이나 무굴제국이 성채를 지을 때, 릿지를 자연 방벽으로 삼아 성곽을 둘렀다는 사실은 기록과 유적에 잘 남아 있다. 오늘날에도 델리 릿지는 도시의 허파 구실을 하며 숲을 간직하고 있는데, 풍수적으로 보면 이는 용맥에 해당한다. 북쪽의 히말라야가 대륙의 거대한 용이라면, 델리 릿지는 그 용이 뻗어 내린 지맥으로 도시의 기운을 감싸는 팔과 같다.

이러한 산과 강의 배치는 델리가 단순한 행정 중심지가 아니라 인도의 기운이 모이는 자리임을 잘 보여준다. 실제로 인구를 보더라도 델리는 2023년 기준 3천만 명에 이르는 세계 거대 도시로 성장했다. 이렇게 수많은 사람이 모이는 힘은 지형에서 비롯된 측면이 크다. 강이 물을 주고, 산이 바람을 막으며, 평야가 길을 열어주었으니, 사람들은 델리로 모여들 수밖에 없었다.

관광지로서의 델리 역시 이 풍수적 배경과 맞물려 있다. 쿠트브 미나르에서 시작해 붉은 성, 자마 마스지드(무굴제국의 사원), 인디아 게이트, 대통령궁, 의회 건물, 그리고 야무나강 강변을 따라 이어지는 산책로는 고대에서 현대까지 이 도시가 어떤 힘으로 성장했는지를 보여준다. 강과 산이 만든 자리 위에 제국과 나라가 쌓여갔고, 사람과 문화가 모였다는 사실을 누구든 눈으로 확인할 수 있다.

결국, 델리를 풍수적으로 본다면, 이 도시는 히말라야라는 거대한 등받이를 두고 야무나강을 앞에 둔 자리, 그리고 아라발리산맥의 지맥이 도시를 감싸는 구도를 가진 곳이라 할 수 있다. 이는 동아시아의 풍수에

인도 델리 대통령궁 라슈트라파티 바반. 인도의 살아있는 혈자리를 상징한다.
(©ShutterStock)

서 말하는 배산임수와 크게 다르지 않다. 그래서일까. 델리는 수많은 침
략과 약탈에도 불구하고 계속 살아남아 다시 권력과 인구를 끌어모았
다. 도시 자체가 이미 '살아 있는 혈 자리'였기 때문이다.

천년의 델리가 일곱 번이나 무너지고 다시 세워진 이유가 바로 여기
에 있다.

신전은 언제나 높은 곳에 세워야 한다

1911년, 인도 제국의 새로운 통치자 조지 5세(영국의 국왕 겸 인도 제국의 황제, 재위 1910~1936)가 델리에 와서 '수도 이전(New Capital)'을 선언했을 때, 영국인 설계자 에드윈 러티언스(Lutyens Sir Edwin, 1869~1944)는 고심 끝에 야무나 평야를 벗어나 남쪽의 구릉지대를 택했다. 그 언덕이 바로 라이스나 힐(Raisina Hill)이다. 그는 말했다.

"인도는 신들의 나라다. 신전은 언제나 높은 곳에 세워야 한다."

러티언스의 말은 건축가의 신념이자 풍수의 원리였다. 그는 산을 중심으로, 수평선 위에 제왕의 축(Rajpath)을 그었다. 축선은 대통령궁에서 출발하여 인디아게이트로 곧게 뻗는다. 그 축이 바로 인도의 새 수도, 뉴델리(New Delhi)의 척추가 되었다.

이제 인도의 수도는 이제 '강의 도시'가 아니라 '언덕의 도시'가 되었다. 델리가 물의 기운을 상징한다면, 뉴델리는 산의 기운을 대표한다. 물은 민중의 생명이며, 산은 국가의 권위다. 델리와 뉴델리 ― 이 두 도시가 하나의 수도권 안에 공존함으로써, '수성(水盛)하고 산박(山薄)'한 인도의 수도가 수기(水氣)와 산기(山氣)의 균형을 이루게 되었다.

풍수적으로 보면, 이는 매우 이례적인 사례다. 하나의 수도가 두 개의 서로 다른 지세(地勢)에 뿌리를 두고, 서로의 결핍을 보완하는 구조이기 때문이다. 델리는 야무나강을 통해 생명과 민심의 물길을 받고, 뉴델리는 라이스나 힐을 통해 권위와 통치의 산기를 얻는다. 이 두 에너지가 만나면, 도읍은 '물의 숨결 위에 선 산의 왕좌'가 된다. 그 결과, 뉴델리의 대통령궁은 산기(山氣)의 정점, 야무나의 강변 사원들은 수기(水氣)의 근원으로 기능한다. 하늘에서 내려다보면, 두 도시는 마치 산과 물이 포옹하듯 서로 마주보는 안수형(案水形)을 이룬다. 산이 주권을 지키고, 물이 생명을 키우는 완전 합체[完形] 형국의 풍수다.

이것이 바로 인도의 수도가 가진 독특한 힘, 델리-뉴델리 이중 수도 체계(雙都體系)의 본질이다. 한쪽은 과거의 생기(生氣)를 품고, 다른 쪽은 미래의 왕기(王氣)를 쌓는다. 이 두 기운이 합쳐질 때, 인도라는 대륙 국가의 운맥(運脈)은 비로소 완성된다.

> 델리는 인도의 피[血: 물]를 흐르게 하고,
> 뉴델리는 인도의 뼈[骨: 산]를 세운다.

하나는 강의 수도요, 하나는 산의 수도다. 두 기운이 합쳐져 비로소 인도는 오늘의 대륙 국가로 서 있다. 델리와 뉴델리는 단순한 도시가 아니다. 그곳은 물과 산, 역사와 신앙, 동양과 서양의 기운이 맞닿는 대륙의 교차점이다. 외국인 여행객들이 이곳을 찾는다면, 그들의 발길은 단순한 관광이 아니라 기(氣)의 여정이 된다. 델리의 강가에서 생명의 숨을 받고, 뉴델리의 언덕에서 정신의 기운을 세운다면, 그 여정은 자연히 복기(福氣)를 품은 순례가 된다.

도시 풍수 여행 델리

델리에서 풍수의 기운을 받으며 여행하기 좋은 곳을 소개하면 다음과 같다.

1) 야무나강(Yamuna River)
야무나강은 델리의 젖줄이다. 그 수원은 히말라야의 반다르푸초

(Bandarpunch)에서 비롯되어, 델리 평야를 적시며 남쪽으로 흐른다. 이 물길은 인도 신화에서 신성한 여신 야무나로 의인화되며, 그 물을 마시면 죄가 씻긴다고 믿는다. 외국 여행객이 이 강가, 특히 야무나 뱅크 사원(Yamuna Ghat) 주변을 찾는다면, 이는 생기(生氣)가 발하는 물줄기에서 신체와 마음을 정화하는 풍수적 체험이 된다.

2) 라이스나 힐(Raisina Hill)

뉴델리의 중심축, 라이스나 힐은 인도 대통령궁(라슈트라파티 바반)이 자리한 곳이다. 영국이 델리 평야의 물의 기운을 보완하기 위해 세운 인공 주산(主山)이다. 이곳에 오르면 시야가 사방으로 트이고, 바람이 맑다. 이는 풍수로 보면 산정기(山頂氣), 즉 인간의 의지를 북돋우는 기운이다. 여행객이 이 언덕에 올라 국회의사당과 라즈파트 대로를 내려다본다면, 이는 단순한 전망이 아니라 기운의 상승(昇氣)을 체험하는 행위다.

3) 로디 가든(Lodhi Garden)

델리의 두 왕조-사이이드(Sayyid) 왕조와 로디(Lodi) 왕조-의 왕들이 잠든 왕릉 정원이다. 왕조의 무덤과 인공 연못이 어우러진 공간이다. 이곳은 산기와 수기의 만남이 가장 조화로운 풍수적 길지다. 낮게 깔린 언덕이 바람을 모으고, 작은 호수가 그 바람을 식힌다. 이는 한국 풍수의 명당수(明堂水) 개념과 흡사하다. 여행객에게 로디 가든은 마음의 정원(心園), 즉 내면의 균형을 회복하는 명상적 공간이다.

4) 인디아 게이트(India Gate)와 라즈파트(Pajpath) 대로

뉴델리의 도시 축선은 영국 건축가 러티언스가 기운의 흐름을 의도하여 설계했다. 라즈파트 대로는 대통령궁에서 인디아 게이트까지 곧게 뻗은 3㎞의 길로 인도 국가의 중심맥이자 풍수의 '용맥(龍脈)'에 해당한다. '조선 경복궁-광화문-종로 축선'과 매우 닮았다. 이 길을 따라 걷는 것은 곧 국가의 기운을 따라 걷는 의식적 행위다. 해 질 무렵, 붉은 노을이 대로를 물들일 때 걷기를 권한다. 이는 양기(陽氣)가 음기(陰氣)로 전환되는 시점으로 사람의 기운이 가장 순화되는 시간이다.

5) 꾸뜹 미나르(Qutub Minar)

델리 남부의 꾸뜹 미나르는 13세기 초 세워진 73m 높이의 미나렛(이슬람 첨탑)이다. 하늘을 찌를 듯 솟은 이 탑은 풍수로 보면 천지 교감의 첨봉(尖峰)이다. 그곳에서 위를 올려다보면, 땅의 기운이 하늘로 솟아오르고, 하늘의 빛이 돌기둥을 타고 다시 아래로 내려온다. 이는 마치 인체의 척추를 따라 기운이 오르내리는 형상이다. 이곳을 방문한 사람은 자연히 정신적으로 각성한다. 탑의 그림자가 가장 짧을 때(정오 무렵), 탑 아래에 서서 하늘을 올려다보라. 인도 대륙의 산맥 기운이 그대를 통해 하늘로 이어진다.

6) 붉은 성(Red Fort)과 자마 마스지드(Jama Masjid)

붉은 성과 자마 마스지드는 따로따로 가야할 곳이 아니라, 하나의 프레임으로 기를 느껴야 한다. 이곳은 단순한 유적이 아니다. 하나(붉은 성)는 권력의 입지(立地), 다른 하나(자마 마스지드)는 영적(靈的) 사회적 수렴[집합·집合]의 장소다. 이 두 건축을 같은 눈으로 동시에 보면, 델리의 국운이 머물고 흘러간 자리가 보인다. 붉은 성↔자마 마스지드의 직선 거리는 0.9~1.1㎞(도보 10~20분)이다. 즉 한 장소를 느낀 뒤 걸어서 곧바로 다른 장소로 이동해 기(氣)의 변화를 체감하기에 좋다.

붉은 성은 야무나강의 서쪽 연안 가까이에 자리한다. 성은 강과 인접한 채로 방어·통제·수운의 이점을 누렸다. 오늘날에도 성의 동쪽 외곽과 강 쪽 지형을 보면 그 흔적이 남아 있다. 붉은 성은 성벽 길이가 2.4㎞, 면적 103ha에 이르는 대규모 요새로, 외벽의 높낮이와 축조 재료(붉은 사암)는 기(氣)를 모으고 지키는 물리적 장치이다. 옛날에는 성의 동쪽으로 강물이 흐르며 물의 보호막과 교통로가 되었다. 강과 맞닿은 면은 외형적으로 낮고 물과 직접 연결되는 수구(水口)의 표면이다.

자마 마스지드(사원)의 넓은 중정은 많은 인파가 한데 모여 집단의 기운을 만드는 곳이다. 풍수적으로는 '기가 모이는 포인트[기취·氣聚]'다. 미나렛(첨탑) 계단에 올라 도시 방향을 내려다보면, 도시가 이 사원으로 흘러들어오는 방향을 가시화한다. 풍수에서 높은 곳은 장거리 기감(氣感)에 유리하다. 예배당(미흐랍)은 메카를 향해 있어, 이 건축의 '영적 출입구'로 기의 통로가 된다.

5. 인도네시아 옛 수도 자카르타와 새 수도 누산타라

1) 인도네시아 현 수도 자카르타: 코코넛 항구

지명 변천과 어원: 순다 끌라빠 → 자카르타 → 바타비아 → 자카르타

자카르타(Jakarta)의 본래 이름은 산스크리트어 '자야카르타(Jayakarta)'에서 유래하며, '완전한 승리', '성취된 승리'라는 뜻을 지닌다. 원래 이 지역은 해상 교역항으로 '순다 끌라빠(Sunda Kelapa)', 즉 "순다 왕국의 코

인도네시아 자카르타 위성사진. 북쪽에 항구들이 발달해있다. (ⓒGoogle Earth)

코넛 항구"라 불렸는데, 1527년 이슬람 세력이 포르투갈을 격퇴한 승리를 기념하며 '자야카르타'로 개명되었다.

17세기 초부터 네덜란드 식민지 시기에는 도시를 재편하며 '바타비아(Batavia)'라는 이름으로 불렀다. '바타비아'는 지명이 아니라 고대 게르만계 부족인 바타비(Batavi)'족에서 유래한다. 오늘날의 네덜란드 지역(라인강 하구 일대, 현재의 네덜란드 서부)에 살던 부족으로, 로마 시대부터 용맹한 전사 집단으로 알려져 있었다. 이후 네덜란드는 바타비족을 자국 민족의 뿌리이자 순수하고 강인한 네덜란드 정신의 상징으로 삼았다. 네덜란드가 자카르타를 식민지 수도로 재건하면서 그곳에 붙인 이름이 바로 '바타비아'였다. 즉 바타비아는 '네덜란드 민족의 이상을 구현한 새로운 식민 수도'라는 상징적 의미였다. '바타비아'라는 이름은 단순한 행정 명칭이 아니라, 네덜란드가 자카르타를 '자신들의 역사와 정체성 위에 재탄생시킨 수도'로 규정하려는 의지의 표현이었다.

인도네시아의 수도명은 일본 점령기(1942~1945)를 거쳐 독립 이후 다시 '자카르타'라는 이름으로 정착하였다. 즉 자카르타의 이름 변천은 항구 도시 → 승리의 도시 → 식민 수도 → 독립국의 수도라는 역사와 함께, 인도네시아와 식민 권력의 정체성과 운명을 상징적으로 보여 주는 지명사(地名史)라 할 수 있다.

앞에서 언급했듯, 자카르타의 초창기 지명은 '순다 끌라빠(Sunda Kelapa)'였다. '코코넛 항구'라는 뜻 그대로 오래전부터 바다와 연결된 항구 도시였음을 말해 준다. 물 위를 오가는 상선, 섬과 섬을 잇는 교류, 그리고 바다를 통해 유입되는 외부 문명은 자카르타가 처음부터 '물과 함께 호흡하는 도시'였다는 사실을 보여 준다. 수도를 통해 그 나라의 본질을 이야기할 수 있는 대표적인 사례가 바로 인도네시아이다. 인도네시아는 바다와 더불어 존재하는 운명임을 '코코넛 항구'라는 지명이 상징한다. 풍수에서 말하는 큰 수구(水口)의 도시임을 지명이 말해 준다. 마치 일본의 수도 도쿄의 옛 이름이 강어귀를 뜻한 에도(江戶)와 같은 사례이다.

인도네시아는 수도뿐 아니라 나라 전체가 수천 개의 섬으로 이루어진 물의 나라이다. 산과 물 가운데 물이 많은, 이른바 '독음(獨陰)'의 땅이다. 바다는 이 나라를 갈라놓는 장벽이 아니라 섬과 섬을 이어주는 다리이며, 서로 다른 문화와 민족을 연결하는 혈관과도 같다. 따라서 자카르타가 '물의 도시'로 번영했던 역사는 인도네시아의 미래가 바다를 통한 개방과 교류, 그리고 해양 문명 주도 국가로 나아갈 것을 암시한다. 자카르타는 한 국가의 행정 수도 역할을 넘어, 동서양의 해상 교류가 만나는 접점에서 인도네시아의 정체성과 진로를 압축해 보여 준다.

자카르타의 물[水] 실리웅강과 풍수

자카르타 풍수의 특징은 이 도시를 관통하는 강들이다. 이 도시는 '땅 위에 세워진 수도'가 아니라, 애초부터 '물 위에 얹혀 있는 수도'였다. 수많은 강줄기가 남쪽 고원에서 흘러 내려와 도시를 가로지르고, 다시 북쪽 바다로 빠져나간다. 이 물길이 곧 자카르타의 혈관이었고, 인도네시아 국운의 초반 동력이었다.

자카르타 시내를 남북으로 관통하는 실리웅강(Ciliwung)을 비롯해 순터강·앙케강 등 열 개가 넘는 강들은 하나같이 같은 방향을 향한다. 이 가운데 자카르타를 만드는 강은 실리웅강이다. Ci/Cili/Ciw는 '물·강·하천'을 뜻하는 접두어이며, Liwung은 '흐르다, 굽이치다, 자연스럽게 이어지다'라는 뜻으로 풀이된다. 강 이름 자체가 '흘러가는 물'이자 '이어주

인도네시아 자카르타 스카이라인(©GettyImageKorea)

는 강'을 뜻하는 셈이다. 처음부터 자카르타를 산과 바다, 지역과 세계를 연결하는 생명의 물길로 규정하고 있었다.

실리웅강의 발원지는 자카르타 남쪽으로 한참 떨어진 서자바 보그르 지역의 산악지대다. 해발 수천 미터에 이르는 고지에서 시작된 물은 숲 과 계곡을 지나며 점차 힘을 키운다. 이곳은 자카르타 시민들에게 '비의 고향'과도 같은 곳이다. 남쪽 산에 비가 쏟아지면, 그 물은 결국 실리웅 강을 따라 도시로 내려오기 때문이다. 강은 보그르와 데폭 지역을 지나 점차 도시의 모습을 띠기 시작한다. 자연의 강이었던 실리웅은 이 구간 부터 사람의 강이 된다. 주거지와 도로, 시장과 다리가 강을 따라 들어 서고, 물길은 도시의 골격이 된다. 이렇게 흘러온 실리웅강은 자카르타 시내를 남북으로 관통하며 마침내 북쪽 바다로 빠져나간다. 전체 길이 는 100㎞가 조금 넘지만, 이 강이 지닌 영향력은 길이보다 훨씬 크다.

실리웅강은 자카르타 중심부에서 폭 20~40m, 평시 수심 1.5~3m의 비교적 얕은 강이지만, 우기에는 수심이 크게 상승하며 도시의 한계를 그대로 드러내는 물길이다. 평상시 실리웅강은 그리 위협적이지 않다. 건기에는 수량이 줄어들고 강물은 느릿하게 흐른다. 그러나 우기가 시 작되면 이야기는 달라진다. 남쪽 산악지대에 폭우가 쏟아지면, 그 물은 잠시 머무르지도 않고 곧장 실리웅강으로 흘러든다. 강은 하루아침에 성격을 바꾼다. 잔잔하던 물길은 급류가 되고 수위는 빠르게 상승한다.

이때 실리웅강의 물은 자카르타 도심을 시험한다. 강은 본래 바다로 흘러가야 하지만, 도시의 낮은 지대와 좁아진 하천, 바다의 밀물이 흐름 을 가로막는다. 물은 빠져나가지 못하고 도시 안에서 머물며 넘친다. 그 래서 자카르타의 홍수는 단순히 비 때문만이 아니라 산에서 내려오는 물, 도시가 막아버린 물, 바다에서 밀려오는 물이 한꺼번에 겹친 결과다. 실리웅강이 자카르타의 생명줄이자 동시에 가장 큰 위험 요소인 이유가 여기에 있다.

그럼에도 이 강을 단순한 재난의 원인으로만 볼 수는 없다. 실리웅강은 수백 년 동안 자카르타를 키워온 강이다. 항구 도시가 형성되고 사람들이 모여들고 권력이 자리 잡은 것도 이 물길 덕분이었다. 강은 도시로 재물과 사람을 끌어들였고, 자카르타를 인도네시아의 중심으로 만들었다.

문제는 도시가 커지는 동안 강이 설 자리를 잃었다는 데 있다. 자연스럽게 굽이치던 물길은 콘크리트로 다듬어졌고, 폭은 좁아졌으며, 강변은 사람과 건물로 가득 찼다. 강은 여전히 같은 양의 물을 흘려보내려 하지만, 도시가 그 흐름을 감당하지 못하게 된 것이다. 실리웅강이 범람하는 이유는 강이 변했기 때문이 아니라, 도시가 강을 잊었기 때문이다.

풍수는 늘 '조화와 균형'을 강조한다. 물이 없으면 생명이 없지만, 물이 지나치면 땅은 숨을 쉬지 못한다. 자카르타의 물길은 풍요를 가져왔지만, 동시에 도시를 짓누르는 무게가 되었다. 강은 많고 바다는 가깝고 땅은 낮다. 해발 몇 미터에 불과한 도시는 물이 빠져나갈 힘보다 물이 몰려드는 힘이 더 강한 구조를 안고 있다.

우기가 되면 남쪽 고지대에서 쏟아진 물이 한꺼번에 도시로 몰려든다. 여기에 바다의 조수까지 겹치면, 물은 빠져나가지 못하고 도시 안에서 넘친다. 이는 단순한 홍수 문제가 아니다. 풍수적으로 보자면 수기 (水氣)가 정체되어 기가 눌린 형국이다. 물이 흐르지 못하면 기도 흐르지 못한다. 도시의 숨통이 막히고 국정의 부담이 커지는 구조다.

더 큰 문제는 도시가 이 물의 흐름을 받아들이기보다 억지로 눌러왔다는 점이다. 콘크리트로 덮은 하천, 직선으로 잘라낸 물길, 숨 쉴 틈 없는 도시 확장은 물의 길을 좁혔고 땅을 가라앉혔다. 자카르타의 지반 침하는 풍수적으로 보면 명백하다. 땅이 기운을 버티지 못하고 내려앉는 현상이다. 이는 어느 한 도시의 문제가 아니라, 국가의 중심이 과부하 상태에 들어갔음을 알리는 신호다.

그럼에도 자카르타의 물길은 결코 흉하지만은 않다. 이 물은 여전히 인도네시아의 정체성을 말해 준다. 수천 개의 섬을 잇는 나라, 바다를 통해 하나로 묶인 국가, 자카르타의 강들은 그 축소판이다. 강은 섬과 섬을 잇듯 도시의 지역을 잇고, 바다는 세계로 통한다. 인도네시아가 닫힌 대륙 국가가 아니라 열린 해양 국가로 성장한 배경은 이 물의 기억 속에 고스란히 남아 있다.

산이 없는 자카르타의 미래 운명

자카르타를 처음 찾은 사람이라면 한 가지 공통된 인상을 받는다. 도시 어디에서든 산이 보이지 않는다는 점이다. 서울이나 베이징처럼 도심을 감싸 안은 산줄기가 없고, 도시의 윤곽을 잡아 주는 능선도 없다. 대신 시야는 낮고 넓게 열려 있고, 강과 도로, 그리고 바다 쪽으로 이어진 평지가 끝없이 펼쳐진다. 이 풍경은 우연이 아니다. 자카르타라는 수도의 성격을 가장 솔직하게 드러내는 장면이다.

자카르타는 애초부터 산 위에 세워진 도시가 아니다. 이 도시는 자바 섬 북서부의 낮은 충적 평야 위에 자리 잡았다. 평균 해발 고도는 몇 미터에 불과하고, 어떤 지역은 이미 바닷물보다 낮다. 자연스럽게 도시 안에는 산이라 부를 만한 지형이 없다. 풍수에서 말하는 주산, 즉 도시를 등지고 서서 기운을 받쳐 주는 산은 자카르타 시내 어디에도 존재하지 않는다.

그렇다고 해서 자카르타 주변에 산이 전혀 없지는 않다. 도시에서 남쪽으로 한참 내려가면 보그르(Bogor)라는 고지대가 나타난다. 이곳은 해발 수백 미터에 이르는 비교적 높은 땅으로, 자카르타로 흘러드는 여러 강의 출발점이다. 실리웅강을 비롯해 순터강, 앙케강 등 주요 하천들이 이 지역에서 물을 받아 북쪽으로 흘러간다. 보그르는 자카르타에 비를 보내는 곳이자 물을 키워내는 땅이다.

보그르 너머에는 더 크고 높은 산들도 있다. 구눙 살락, 구눙 게데, 팡랑고 산군 같은 화산들이 서자바의 지형을 이룬다. 이 산들은 높이만 보면 인상적이다. 해발 2,000m를 훌쩍 넘는 산들이고 자카르타로 흘러드는 물의 근원이 되기도 한다. 그러나 이 산들은 너무 멀리 떨어져 있다. 도시 바로 뒤에서 자카르타를 감싸거나 기운을 직접 전달하는 위치는 아니다.

그래서 자카르타는 산이 받쳐 주는 수도가 아니다. 산은 도시의 배경이 아니라 멀리 떨어진 수원지로서 존재할 뿐이다. 이 점이 자카르타의 가장 큰 특징이다. 산이 없는 대신, 이 도시는 물 위에 세워졌다. 강이 도시를 가로지르고 바다가 도시 앞에 펼쳐진다. 이러한 지형은 자카르타를 빠르게 성장시켰다. 강을 따라 사람들이 모이고 항구를 통해 물자가 드나들며 권력과 경제가 집중되었다. 산이 주는 안정감은 없었지만, 물이 주는 개방성과 역동성은 충분했다. 인도네시아가 해양 국가로 성장하는 과정에서 자카르타는 가장 적합한 수도였다.

하지만 시간이 흐르면서 이 구조는 부담으로 돌아왔다. 산이 없다는 것은 곧 도시를 단단히 붙잡아 주는 힘이 없다는 뜻이기도 하다. 물이 많고 땅이 낮은 자카르타는, 도시가 커질수록 자연의 균형을 유지하기가 어려워졌다. 강은 넘치고 땅은 내려앉고 바다는 점점 더 가까이 다가왔다. 이는 단지 환경 문제라기보다 도시의 근본 구조에서 비롯된 한계라고 할 수 있다.

자카르타의 중심에는 산 대신 인공적인 상징물이 자리한다. 모나스 (Monas) 국립기념탑은 자연의 주산이 없는 자리에 세워진 인공 중심축이다. 산이 해 주어야 할 역할을, 인간이 기념탑으로 대신한 셈이다. 결국 자카르타의 지형은 분명한 메시지를 전한다. 이 도시는 산에 기대어 오래 머물도록 설계된 수도가 아니라, 물을 통해 성장하고 변화하도록 만들어진 수도라는 점이다. 자카르타가 오랫동안 인도네시아의 심장 역할을 해 온 것도 사실이고, 이제 그 역할을 나누어 가지려는 움직임 역시 자연스러운 흐름이다.

반복하여 언급했듯, 자카르타를 받쳐 온 것은 산이 아니라 물이었다. 그리고 그 물의 힘이 한계에 이르렀을 때, 수도의 무게 역시 분산될 수밖에 없었다. 이 점에서 자카르타의 수도 이전은 단절이 아니라, 이 도시가 지닌 지형과 운명이 스스로 선택한 다음 단계라 할 수 있다.

자카르타는 물이 나라의 심장이 될 수 있음을 보여 준 수도였다. 그러나 물은 번영을 가져오기도 하지만, 한계를 넘으면 땅의 숨통을 막는다. 강과 바다가 동시에 밀려드는 구조 속에서 자카르타는 더 이상 국가 운영의 모든 부담을 홀로 감당하기 어려운 지점에 이르렀다. 그래서 인도네시아는 이제 '물 위에 얹힌 수도'에서 한 걸음 물러나, 땅의 안정 위에 다시 중심을 세우려 한다. 그 대답이 새 수도 '누산타라'다.

풍수상 좋은 기를 받을 수 있는 자카르타 명소

도시 풍수 여행 **자카르타**

1) 모나스

모나스는 자카르타 한가운데, 메르데카 광장 중심에 서 있다. 자연의 산이 없는 이 도시는 스스로 중심을 만들었고, 그 결과물이 이 인공 탑이다. 탑 자체보다 중요한 것은 그 주변의 넓은 공간이다. 높은 건물과 도로가 빽빽한 자카르타에서 이만큼 시야가 트이는 곳은 드물다. 광장을 천천히 걸으며 탑을 바라보고 있으면, 복잡한 도시의 기운이 한 번 정리되는 느낌을 받게 된다. 풍수적으로 보면 모나스는 자카르타의 '머리'를 세운 자리다. 여행자에게는 도시의 방향을 가늠하게 해 주는 기준점이 된다.

2) 이스티클랄 모스크

모나스에서 멀지 않은 곳에 이스티클랄 모스크가 있다. 이곳에 들어서면 자카르타 특유의 소음이 갑자기 낮아진다. 넓고 낮은 공간, 단순한 구조, 과도한 장식이 없는 내부는 자연스럽게 호흡을 느리게 한다. 종교를 떠나서, 이 공간은 도시의 탁한 기운을 가라앉히는 역할을 한다. 풍수적으로는 '정화의 자리'에 가깝다. 외국인 여행자라면 잠시 앉아 천장을 올려다보는 것만으로도, 자카르타가 지닌 또 다른 얼굴을 만날 수 있다.

3) 자카르타 국립박물관

자카르타가 어디에서 왔는지를 알고 싶다면 자카르타 국립박물관을 찾아야 한다. 이 박물관은 단순히 유물을 전시하는 공간이 아니다. 인도네시아라는 나라가 여러 섬과 문화, 민족의 기억을 어떻게 쌓아 왔는지를 조용히 보여 준다. 풍수적으로 보면 이곳은 '축적된 기운'의 자리다. 도시가 너무 빠르게 움직일 때, 이런 장소는 기운의 속도를 늦춰 준다. 정원을 지나며 오래된 돌과 조형물을 바라보고 있으면, 자카르타가 단지 혼잡한 현대 도시만은 아니라는 사실을 체감하게 된다.

4) 순다 끌라빠 항구

이어서 자카르타 여행 시 빼놓을 수 없는 곳이 순다 끌라빠 항구다. 이곳은 자카르타가 아직 자카르타가 아니던 시절부터 존재해 온 항구다. 나무로 만든 배들이 줄지어 서 있는 풍경은, 이 도시가 본래 물과 교류의 도시였음을 말해 준다. 바다에서 불어오는 바람, 물 위에 반사되는 빛은 도심에서 느끼기 어려운 생기를 전한다. 풍수적으로 순다 끌라빠는 '시작의 수구'다. 새로운 기운이 들어오고, 사람과 물자가 드나들던 관문이다. 해 질 무렵 이곳에 서 있으면, 자카르타가 왜 항구 도시로 성장할 수밖에 없었는지 자연스럽게 이해하게 된다.

5) 멘텡

마지막으로 추천하고 싶은 곳은, 자카르타 속에서 비교적 사람이 편안하게 숨 쉴 수 있는 동네, 멘텡이다. 멘텡은 계획적으로 조성된 주거 지역으로, 녹지가 많고 건물 높이가 낮다. 길을 걷다 보면 나무 그늘이 이어지고, 소음도 한결 잦아든다. 풍수적으로 보면 이곳은 기운이 과하지도, 모자라지도 않은 '생활의 균형'이 살아 있는 자리다. 여행의 끝자락에 멘텡의 작은 카페나 공원에 앉아 있으면, 자카르타에서 받은 피로가 서서히 풀림을 느낄 수 있다.

이 다섯 곳은 자카르타에서 가장 화려한 관광지는 아니다. 그러나 이 도시의 중심, 정화, 기억, 시작, 균형을 차례로 체감할 수 있는 자리들이다. 자카르타를 단순히 힘든 도시로만 기억하고 싶지 않다면, 이 다섯 지점을 따라 천천히 걸어보는 것도 좋은 여행이 될 것이다.

2) 새 수도 '누산타라(Nusantara)': 영구지지(永久之地)

(1) 지기쇠왕설(地氣衰旺說)

지기쇠왕설(地氣衰旺說)! '땅의 기운에도 흥망성쇠가 있다'라는 뜻이다. 땅 자체에 문제가 있는 것이 아니라 그 땅의 수용 능력이 포화 상태에 달할 때 발생하는 문제이다. 인도네시아 수도가 그 대표적인 지기쇠왕설 사례를 보여 준다. 그 결과 2022년 인도네시아 의회는 수도 이전, 즉 천도를 의결한다.

인도네시아가 수도 이전을 결정한 것은 갑작스러운 선택이 아니다. 오히려 오랫동안 누적되어 온 문제들이 더 이상 미룰 수 없는 지점에 이르렀다는 판단에 가깝다. 그 중심에는 현재 수도인 자카르타가 안고 있는 물리적·사회적 한계가 있다.

자카르타는 지형적으로 매우 낮은 땅 위에 세워진 도시다. 바다와 맞닿아 있고 강이 많으며 충적 평야 위에 자리 잡았다. 이 구조는 한때는 번영의 조건이었지만, 지금은 부담이 되었다. 도시 곳곳에서 땅이 계속 가라앉고 해수면은 조금씩 높아지고 있다. 특히 북부 지역에서는 매년

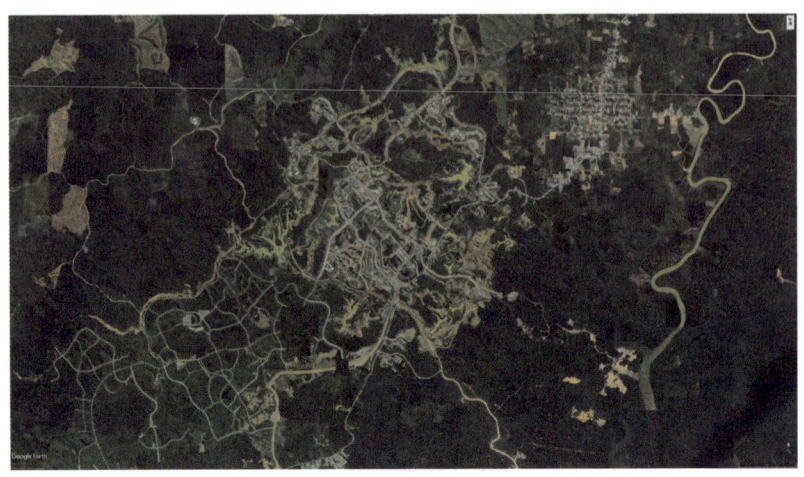

인도네시아 신수도 누산타라 위성사진. 산지에 위치해 있다. (©Google Earth)

눈에 띄게 지반이 내려앉는 현상이 반복되고 있다. 여기에 잦은 홍수까지 겹치면서, 자카르타는 더 이상 안전한 수도로 보기 어려운 상태에 이르렀다.

물리적 문제뿐만이 아니다. 자카르타는 행정 수도이자 경제 수도, 국제 교역 도시의 역할을 동시에 떠안아 왔다. 그 결과 인구와 산업, 교통이 지나치게 집중되었고 교통 체증과 대기 오염, 주거 문제는 일상이 되었다. 도시의 기능이 한계에 다다르면서 국가 운영의 효율성 자체가 흔들리기 시작했다.

이러한 문제의식 속에서 수도 이전 논의는 다시 수면 위로 떠올랐다. 사실 인도네시아에서는 과거에도 여러 차례 수도 이전 이야기가 나왔지만, 본격적으로 추진되지는 못했다. 전환점은 2019년, 당시 조코 위도도(Joko Widodo) 대통령이 수도 이전을 국가 차원의 장기 전략으로 공식 발표하면서 마련되었다. 수도 이전은 단순한 도시 계획이 아니라 인도네시아의 미래 국가 구조를 재설계하는 문제로 제시되었다. 논의는 빠르게 제도화되었다. 2022년 인도네시아 의회는 수도 이전을 법으로 확정하는 결정을 내렸다. 이른바 '국가 수도법'이다. 법에 따라 자카르타에서 새로운 수도로 행정 중심을 이전하는 계획이 공식화되었고, 이전 대상지와 추진 방식, 관리 체계까지 법적 틀이 마련되었다. 누산타라 수도 이전은 2024~2025년에 시작했으며, 2030년경 행정 수도로 자리 잡기, 2045년 완공이 목표인 장기 국가 프로젝트다.

새 수도 '누산타라'

새로운 수도의 이름은 누산타라(Nusantara)다. 이 말은 '여러 섬으로 이루어진 군도'를 뜻하며, 다도해 국가인 인도네시아의 정체성을 그대

인도네시아 신수도 누산타라에 있는 인도네시아 중앙 정부 사무실 전경(ⓒ위키피디아)

로 담고 있다. 수도의 이름부터가 특정 도시나 민족이 아니라 국가 전체를 상징하도록 선택된 셈이다. 누산타라는 자바섬이 아닌 보르네오섬, 정확히는 동칼리만탄 지역에 자리한다. 이는 단순한 입지 변경이 아니라 오랫동안 자바섬에 집중됐던 권력과 자원의 구조를 완화하고 국가 전반의 균형 발전을 도모하겠다는 정치적·공간적 선언에 가깝다. 수도 이전은 곧 국가 운영의 중심축을 재배치하는 작업이기 때문이다.

중요한 점은 누산타라가 처음부터 거대한 대도시로 계획되지 않았다는 사실이다. 이 도시는 단계적으로 성장하는 행정 중심 도시로 설계되었다. 대통령궁과 국회, 주요 정부 기관이 먼저 들어서고 이후 주거·교육·의료·교통 인프라가 차례로 확충되는 구조다. 전체 완성까지는 수십 년이 걸리는 장기 계획이며, 2045년 인도네시아 건국 100주년이 목표 시점으로 설정되어 있다. 그때까지 누산타라는 친환경·스마트 도시를 지향하며 점진적으로 모습을 갖추게 된다.

수도 이전이 의미하는 바는 분명하다. 자카르타를 버리겠다는 뜻이 아니다. 자카르타는 여전히 인도네시아의 경제와 문화 중심지로 남을 가능성이 크다. 다만 국가 운영의 핵심 기능을 분산시켜, 한 도시가 모든 부담을 떠안는 구조에서 벗어나겠다는 선택이다. 행정은 누산타라로, 경제와 상업은 자카르타로 나뉘는 이원적 구조가 자연스럽게 형성될 가능성이 크다.

이 모든 과정을 관통하는 메시지는 단순하다. 인도네시아는 더 이상 과거의 조건에만 기대어 국가를 운영할 수 없다는 현실을 받아들였다는 뜻이다. 땅이 가라앉고 물이 넘치고 도시가 숨 가빠지는 상황에서 수도 이전은 선택이 아니라 방향 전환이었다. 자카르타는 물과 함께 성장한 도시였고, 그 물은 이제 인도네시아에 새로운 질문을 던지고 있다. "이제 어디에서, 어떤 방식으로 나라의 중심을 세울 것인가." 누산타라는 그 질문에 대한 인도네시아식 대답이다.

수구(水口)로 읽는 새 수도의 방향

풍수에서 말하는 수구(水口)는 단순히 물이 빠져나가는 지점이 아니다. 기운과 재물, 사람과 교류가 밖으로 드나드는 관문이며, 수도의 수구를 보면 그 나라가 어디를 향해 열려 있는지, 또 무엇을 경계하고 무엇을 받아들이는지를 읽을 수 있다.

새 수도 누산타라는 보르네오섬 동부, 동칼리만탄의 내륙 구릉에 자리한다. 이 지역의 물은 대부분 동쪽과 북동쪽을 향해 흘러 마카사르 해협으로 빠져나간다. 즉 누산타라의 수구는 태평양과 남중국해로 이어지는 열린 해역을 향한다. 이는 기존 수도 자카르타와 비교할 때 매우 중요한 변화다.

자카르타의 수구가 자바해에 밀착되어 도시 앞에서 곧바로 물과 맞부딪히는 구조였다면, 누산타라는 내륙에서 물을 모아 한 박자 늦춰 바다로 내보내는 구조를 취한다. 풍수적으로 보면 수구가 급하지 않고 물이 흩어지지 않는 형국이다.

동칼리만탄의 대표적 물줄기인 마하캄강은 지역 전체의 생기를 책임지는 대하(大河)이지만, 누산타라 예정지는 이 강의 본류 위에 놓이지 않는다. 강은 도시의 배후 수계로 두고, 수구는 바다 쪽으로 간접 연결한다. 풍수에서는 이를 '대수불임(大水不臨)', 즉 객수(客水)를 바로 앞에 두지 않는 배치로 본다. 물의 재물성은 취하되 범람과 혼란의 기운은 피하는 장기 안정형 수도의 전형적인 수구 운용이다.

누산타라의 항만 축선 역시 자카르타와 다르다. 도시 전면에 항구를 밀착시키는 방식이 아니라, '해안 거점-중간 물류-내륙 행정'으로 이어지는 다층 구조를 지향한다. 해안에는 분산형 항만을 두고, 중간에는 물류·에너지 거점을 배치하며, 내륙에는 행정 수도를 두는 축이다. 이는 수구를 넓게 열되 한곳으로 쏠리지 않게 분산한 형국으로, 재물이 한꺼번에 몰려 혼탁해지는 것을 막고 여러 물길로 나뉘어 들어와 다시 모이게 하는 구조다.

기존 수도 자카르타가 수구를 도시 바로 앞에 두고 물의 과잉을 감당하지 못했다면, 누산타라는 수구를 한 걸음 물려 배치함으로써 인도네시아가 해양 국가로서 열려 있으면서도 안정적인 수도를 새로 설계한 사례라 할 수 있다.

새 수도와 인도네시아의 미래 운명

앞에서 살핀 대로, 자카르타가 물 위에 세워진 수도였다면 동칼리만탄은 처음부터 땅의 조건을 먼저 고려한 입지다. 이 차이가 바로 수도 이전의 본질이다.

동칼리만탄은 보르네오섬 동부에 펼쳐진 완만한 구릉과 저산지대, 그리고 그 사이를 흐르는 강들로 이루어진 지역이다. 극단적으로 높은 산도 없고 도시를 위협할 만큼 낮은 저지대도 아니다. 히말라야나 안데스 같은 거대한 산맥 대신, 해발 수백 m에서 1,000m 안팎의 완만한 산과 능선들이 지역 전체를 감싸고 있다. 보르네오섬 중앙을 관통하는 뮐리 산맥이 동쪽으로 완만하게 이어지며 동칼리만탄의 배후 지형을 이룬다.

"산이 너무 높으면 기운이 눌리고, 산이 없으면 기운이 흩어진다."

동칼리만탄의 산세는 그 중간에 있다. 도시를 위압하지 않으면서도 배후에서 기운을 지켜주는 산이다. 새 수도 예정지는 이 산맥의 급경사 아래가 아니라, 산에서 한 차례 힘이 풀린 뒤 이어지는 완만한 구릉대에 자리한다. 이는 풍수에서 말하는 박환(剝換), 즉 강한 기운이 부드러운 기운으로 바뀌는 용맥에 해당한다.

물의 흐름 역시 자카르타와 다르다. 동칼리만탄은 강이 도심을 난도질하듯 관통하지 않는다. 대신 큰 강들이 도시 바깥에서 흐르고 물길은 완만하게 바다로 이어진다. 그 중심에 마하캄강이 있다. 이 강은 동칼리만탄을 하나의 생활권으로 묶어 온 자연의 축이자 역사의 통로였다. 내륙의 자원은 이 강을 따라 바다로 나갔고, 강 유역에는 쿠타이 왕국을 비롯한 지역 세력이 자리했다. 동칼리만탄의 역사는 곧 강을 따라 형성된 역사였다.

근현대에 들어서도 마하캄강은 지역 경제의 핵심 동맥이었다. 그러나 새 수도 누산타라는 이 강의 바로 위에 놓이지 않는다. 자카르타를 반면교사로 삼아, 강의 영향권 안에 있으되 직접적인 범람과 환경 부담을 피할 수 있는 거리를 유지한다. 이는 물의 이익은 취하되 위험은 관리하겠다는 현대적 국토 운영에 따른 판단이다.

풍수에서 큰 강은 재물과 교류의 상징이지만, 수도가 강에 너무 붙어 있으면 물의 기운이 지나쳐 혼란과 소모를 부른다. 자카르타가 그러했다. 누산타라는 강과 한 걸음 물러난 자리에 앉음으로써 물의 도움은 받되, 물에 휘둘리지 않는 형국을 취한다. 이는 장기 안정에 유리한 배치다.

마지막으로 산을 보자. 풍수에서 주산은 수도의 등뼈다. 누산타라 예정지의 가장 큰 장점은 더 이상 인공 기념탑을 랜드마크로 세우지 않아도 된다는 점이다. 북서·서쪽 배후에는 형태가 분명한 구릉성 산지가 자리하며, 이 산들은 도시와 가깝고 시각적으로 인지할 수 있고, 능선이 자연스럽게 도시 방향으로 이어진다. 주산 후보지로 충분한 조건을 갖춘 셈이다.

자카르타가 산이 없어 '모나스'(1975년 완공, 높이 132m의 국립기념탑)로 중심을 대신 세웠다면, 누산타라는 자연 지형 자체가 중심을 만들어 줄 수 있는 구조다. 자카르타가 물의 힘으로 커진 수도였다면, 누산타라는 땅의 힘으로 오래 가는 수도를 지향한다. 산은 높지 않되 안정적이고, 물은 크되 멀리 있으며, 땅은 낮지도 과하지도 않다. 단기간의 번영보다는 장기적인 국운 유지에 유리한 형국이다. 풍수적으로 볼 때, 인도네시아는 이제 '빠르게 커지는 나라의 수도'에서 '오래 버티는 나라의 수도'로 이동하고 있다.

옛 수도 자카르타와 새 수도 누산타라 풍수 비교

구분	자카르타(옛 수도)	누산타라(새 수도)
입지	해안 저지대·충적 평야	내륙 완만 구릉·저산지
지세(地勢)	낮고 평평·해수면 접합	높낮이 완만·안정적 지반
주산	없음(인공주산: 모나스)	자연 구릉선 산지
배후 산세	없음	뮐러 산맥
산의 기운	없음	과하지 않음(안정)
명당수	실리웅깅 관통	미히캄강 배후 수계
명당수와의 거리	도심 관통	강과 적정 거리 유지
수구(水口)	자바해와 직접 충돌	마카사르 해협으로 개방
수구 성격	급하고 직선적	완만하고 간접적

구분	자카르타(옛 수도)	누산타라(새 수도)
항만구조	도시와 전면 밀착	해안-중간 물류- 내륙 행정의 3단 분산 축
물의 부작용	홍수·침수	수재(水災)가 적음
지반 상태	지반 침하 중	안정적
도시 성장 방식	무차별 팽창	단계적·계획적 성장
풍수 문제	물의 과잉, 산의 부재	산과 물의 균형
국운 형국	단기 팽창형	장기 안정형
총평	물로 흥하고 물로 망함	산과 물의 적절한 활용
길흉	반길반흉(半吉半凶)	길다흉소(吉多凶少)

왜·그·곳·이·수·도·가·되·었·나

3장
미국과 유럽의 수도

1. 미국

1) 정치 수도 워싱턴 D.C. : 프리메이슨의 도시

워싱턴 D.C. 지명 유래와 입지 선정

미국 수도 Washington D.C.라는 지명은 두 가지 조합이다. '워싱턴'은 미국 초대 대통령 조지 워싱턴에서 유래했고, 'District of Columbia'(D.C.: 콜롬비아 특별구역)의 '콜롬비아'는 미대륙을 발견한 크리스토퍼 콜럼버스에서 비롯되었다는 설도 있으나, 18세기 미국에서 'Columbia'는 미국을 의인화한 시적(詩的) 국가명(국가의 여성 의인화)으로 널리 쓰이고 있었다.

미국은 건국 300년이 채 되지 않았으나 오늘날 세계 최강국이다. 그러나 1789년 독립전쟁 직후 조지 워싱턴이 취임했을 당시에는 유럽 열강들이 '언제 무너질지 모르는 실험 국가'로 여길 만큼 미래가 불확실했다. 그렇지만 수도 선택 과정에서 이미 국운을 열어갈 기반이 다져지기 시작했다.

워싱턴 D.C. 풍수는 미국 국운의 거울이라 할 수 있다. 녹립 식후 수도 문제는 정치적 자존심의 대결이자 국가 정체성을 정하는 상징적 선택이었다. 독립선언의 현장이던 필라델피아는 역사성을 내세워 수도를 자기 지역에 두어야 한다고 주장했고, 뉴욕은 상업·금융의 우위를 주장했다. 남부는 버지니아와 메릴랜드 두 주 사이 포토맥강(Potomac River)

주변에 수도를 두고자 했다. 이 갈등은 결국 '빅딜(Big Deal)'로 결론 났다. 재무장관 알렉산더 해밀턴은 연방정부가 각 주의 부채를 인수하는 대신, 토머스 제퍼슨과 제임스 매디슨이 추진하던 남부 수도 입지에 동의했다. 이로써 두 주, 즉 메릴랜드와 버지니아가 토지를 내놓아 포토맥 강변에 사각형의 특별구역이 설정되었고, 훗날의 워싱턴 D.C.가 탄생했다. 특정 주에서 벗어난 중립지대를 형성해 풍수적으로도 어느 한쪽 기(氣)에 치우치지 않는 독립혈(獨立穴)을 연 셈이다.

수도로 확정되기 이전, 이 지역은 포토맥강과 지류 주변의 평야와 완만한 언덕, 습지 및 삼림이 혼재한 땅이었다. 지류인 티버 크릭(Tiber Creek)은 오늘날 내셔널 몰(National Mall: 공원) 아래를 느리게 흐르며 여름이면 악취가 날 정도였다. 풍수상 수덕불순(水德不順), 즉 물길의 흐름이 고르지 못한 지형이었다. 1790년 7월 16일, '수도확정법(Residence Act)' 통과로 조지 워싱턴은 26㎢ 이내의 부지 선택권을 얻었다. 그는 고향 인근 지형을 잘 알고 있었고, 수로 정비로 번영의 물길을 열 수 있다고 판단했다. 특히 포토맥강 동쪽 지류인 현재의 애너코스티아강(Anacostia River)와 티버 크릭(Tiber Creek)이 만나는 지점을 중시하였다. 1791년 수도건설위원회는 이 지역을 콜롬비아령(Territory of Columbia)으로 정하고, 수도를 'City of Washington'이라 명명했다.

워싱턴의 산과 물

워싱턴의 명당수 포토맥강은 웨스트버지니아 애팔래치아산맥(Fairfax Stone, Highland County)에서 발원하여 652㎞를 흐른다. 워싱턴을 지날 때 강폭은 800~1,600m, 수심은 4~8m이며, 남서쪽에서 북동쪽으로 휘감아 체서피크만(Chesapeake Bay)으로 흘러 들어간다. 체서피크만은 너비 최대 50㎞, 길이 320㎞의 미국 최대 내해(內海)로, 이 물길은 대서양으로 이어져 국가의 기운을 넓게 펼쳐준다.

도시 건설 과정에서 늪지 매립 및 수로 정비가 진행되어 티버 크릭(Tiber Creek)을 메워 조성한 긴 평탄 지대가 오늘날의 내셔널 몰(National Mall: 공원)이다. 포토맥강은 대형 화물항으로 경쟁력이 약해 무역 패권은 볼티모어와 필라델피아 주가 차지했다. 풍수적으로 워싱턴의 물은 물류보다 의제(議題)를 흘려보내는 물줄기이다. 의회가 열리는 날, 내셔널 몰의 바람은 바다의 소금기보다 문서의 잉크 냄새를 싣는다.

워싱턴은 물에 비해 산이 낮고 언덕(Hill)이 발달한 지형이다. 남쪽으로는 포토맥강이 흐르고, 북·동쪽에는 해발 50~130m 내외의 구릉이 둘러싸 도시의 시각축을 형성한다. 이른바 '워싱턴 D.C.의 일곱 언덕(Seven Hills of Washington D.C.)'으로 불렸는데, 이는 로마의 '일곱 언덕(Seven Hills)' 전통을 의식해 주요 건물들을 고지에 배치하려는 도시설계

워싱턴 D.C.의 위성사진. 포토맥강에서 시작된 물은 체서피크만으로 흐른다. (ⒸGoogle Earth)

의도가 반영된 것이다. 이 중 도시의 진산(鎭山)은 중앙 동부의 Capitol Hill(옛 이름 Jenkins Hill)이다.

군인 출신의 조지 워싱턴은 지형 판단에 능숙해 포토맥 강변을 직접 시찰하며 수도 건설에 깊이 관여했다. 1791년, 그는 젠킨스 언덕(Jenkins Hill)을 보고 국회의사당 입지로 적합하다고 결정했다. 프랑스 출신 군인 건축가 피에르 샤를 랑팡(1754~1825)은 조지 워싱턴의 의뢰로 신도시 설계에 착수했다. 랑팡은 이 언덕을 도시 중심축으로 삼고, 그 아래 백악관(White House)↔내셔널 몰(National Mall)↔포토맥강(Potomac River)으로 이어지는 기맥(氣脈)을 구축했다. "因地制宜(인지제의)", 즉 '땅의 형세에 따라 제도를 세워 백성에게 이롭게 한다'라는 동양 풍수의 원칙을 연상시키는 배치이다.

프리메이슨의 철학을 담은 도시, 워싱턴

랑팡이 설계한 워싱턴의 도심은 단순한 격자형이 아니다. 동서남북의 축선이 교차하는 그 위에, 백악관·국회의사당·링컨 기념관·워싱턴 기념탑이 별 모양과 삼각 구도의 축선을 이루며 배치됐다. 이러한 배치는 단순한 미학이 아니라, 우주의 질서(cosmos order)를 인간의 공간에 옮겨 놓으려는 의도였다. 즉, 인간의 이성이 만든 빛의 도시, 이성의 신전을 상징한 것이다. 이는 프리메이슨 철학을 전제한다.

프리메이슨은 고대 신비주의와 기하학 전통을 계승한 비밀결사다. 그들은 '신은 위대한 건축가(Grand Architect of the Universe)'라고 믿었다. 따라서 도시는 우주의 구조를 닮아야 했고, 건축은 신성한 비례와 상징으로 구성돼야 했다. 그들이 사용하는 삼각형·직선·원형·방사선 구도는 모두 질서·조화·완전함을 상징하였다. 워싱턴의 도시설계는 이러한 '신의 기하학'을 지상에 옮긴 첫 시도였다.

동양 풍수 역시 같은 꿈을 꾸었다. 중국과 조선의 수도설계는 언제나 산(山)과 물[水]을 읽는 데서 출발했다. 산의 흐름은 하늘의 기운을 담고, 물의 방향은 공동체의 운명을 결정한다고 보았다. 즉, 눈에 보이지 않는 생기(生氣)의 흐름을 찾아내 도시의 형국과 궁궐의 좌향을 정하는 것이다. 프리메이슨이 '수학적 질서'를 신의 언어로 삼았다면, 풍수는 '자연의 생기'를 우주의 숨결로 삼았다.

워싱턴의 설계도 이 점에서 풍수와 통한다. 도시 중심에는 높이 169m의 오벨리스크[방첨탑·方尖塔]인 워싱턴 기념탑(Washington Monument)이 솟아 있다. 프랑스 파리에 에펠탑이 세워지기 전까지 세계에서 가장 높았으며, 고대 이집트의 태양 상징을 계승했다. 이 탑은 포토맥강 동쪽 언덕의 용맥 위에 세워져, 도시의 기운을 하늘로 뻗어 올리는 기축점(氣軸點) 역할을 한다. 동양식으로 말하면 용의 척추 위 혈(穴)에 해당한다. 탑의 동쪽에는 국회의사당(입법부), 서쪽에는 링컨기념관(국가의 덕), 북쪽에는 백악관(집행부)이 자리한다. 동양의 사신사(四神砂)에 해당하는 사방의 기운을 건축물로 상징화한 셈이다.

풍수에서는 중앙의 혈이 바깥의 산수와 교감해야 한다고 본다. 그래서 궁궐 앞에는 반드시 넓은 명당수(明堂水)가 있어야 한다. 워싱턴에서는 그 역할을 리플렉팅 풀(Reflecting Pool, 반사하는 풀)이 대신한다. 1922~23년에 완성된 이 리플렉팅 풀은 길이 620m, 폭 51m 정도의 긴 직사각형 형태이다. 풀(Pool)의 물면은 워싱턴 기념탑과 링컨 기념관, 나무들이 어우러진 경관을 반사하며 '거울' 같은 역할을 한다. 리플렉팅 풀이라는 이름 그대로 시각적·상징적 의미가 강하다. 천·지·인(天地人)의 조화가 이곳에 구현된다. 이것은 동양의 명당수 개념과 같다. 다만 차이

미국 워싱턴 내셔널 몰 항공뷰. 입지와 구조가 프리메이슨의 영향을 받았다고 알려져있다.
(ⓒGettyImageKorea)

가 있다면, 풍수는 자연의 흐름을 따라가는 예술이고, 프리메이슨의 도시설계는 이성을 통해 자연을 재구성한 과학이라는 점이다.

풍수는 산줄기와 강의 곡선을 존중하지만, 프리메이슨은 직선과 비례 속에서 신의 질서를 찾는다. 그래서 워싱턴의 거리는 직선의 장엄함을 자랑하지만, 동양의 명당은 곡선의 온화함을 중시한다. 이는 곧 '동양의 유연함'과 '서양의 합리성'의 차이이기도 하다. 그런데도 두 사상은 궁극적으로 같은 곳을 바라본다. 도시는 단순한 행정의 중심이 아니라 우주의 질서를 상징하는 인간 문명의 무대여야 한다는 것이다. 워싱턴이 포토맥강의 물길 위에, 애팔래치아의 산맥을 등지고 앉은 것은 동양의 배산임수 원리와 다르지 않다. 다만 그 해석의 언어가 '풍수'냐 '기하학'이냐의 차이일 뿐이다. 결국, 워싱턴 D.C.는 서양의 프리메이슨과 동양의 풍수가 서로 다른 대륙에서, 서로 다른 상징으로 도시를 신의 언어로 설계한 인류의 두 실험장이라 할 만하다. 한쪽은 직선으로 신을 그렸고, 다른 한쪽은 곡선으로 하늘을 품었다. 그러나 그들이 찾은 중심은 동일하다. '인간과 자연, 그리고 우주가 하나의 질서로 숨 쉬는 공간', 결국 이 한 줄의 문장으로 귀결된다.

도시 풍수 여행 **워싱턴 D.C.**

워싱턴 D.C.를 여행하는 이들이 풍수상 좋은 기운을 받을 수 있는 명소를 소개하면 다음과 같다.

1) 미국 국회의사당(U.S. Capitol, Jenkins Hill)
워싱턴의 진산(鎭山)에 해당하는 언덕 위에 자리한 곳으로, 도시 전체의 중심 기운이 모이는 자리이다. 남쪽의 포토맥강을 내려다보며, 산 위에서 물을 바라보는 형국[산상관수·山上觀水]을 이룬다. 바람은 서쪽에서 불어오고, 기운은 동쪽으로 모이기에 지식과 결단의 에너지를 받기 좋다. 의사당 돔 아래 중앙홀은 원형 천정으로 기운이 회전하며 상승[선기상승·旋氣上昇]하는 구조이다. 맨 처음 이곳에 서서 수도를 구상하였던 조지 워싱턴 대통령의 기를 받을 수 있는 곳이다.

2) 워싱턴 기념탑(The Washington Monument)

워싱턴 중심축[국도축선·國都軸線]의 중간에 서 있는 거대한 오벨리스크(방첨탑)로, 기운을 하늘로 올리는 천기(天氣)의 첨단을 상징한다. 기념탑은 평지의 양기 부족을 보충하는 인공적 용의 봉우리[용봉·龍峰] 역할을 한다. 탑의 네 면이 정확히 동서남북을 향해 있어, 사방의 기운을 고르게 모으는 중심혈[중화지기·中和之氣]이다. 풍수상 '입주생기(立柱生氣)'라 하여, 기둥이 세워진 곳에는 생동하는 양기가 솟는다.

3) 링컨 기념관(The Lincoln Memorial)

포토맥강 서안의 완만한 언덕 위에 자리하여, 동쪽의 워싱턴 기념탑과 국회의사당을 정면으로 바라본다. 뒤로는 언덕(진산), 앞으로는 물(명당수)이 있는 길지이다. 내부의 거대한 링컨 상은 중심을 잡는 안정의 상징으로, 마음의 평정과 통합의 기운을 주는 동양의 좌불상(坐佛像)과 같은 역할을 한다. 기념관 앞의 Reflecting Pool(반사 연못)은 수면 위에 하늘과 기념탑을 비추며 음양 조화의 순환수[수환·水環]를 이룬다.

4) 타이덜 베이슨과 제퍼슨 기념관(Tidal Basin & Jefferson Memorial)

포토맥강과 연결된 인공 석호로, 달의 인력에 따라 조수(潮水)가 순환하는 활수(活水)의 대표지이다. 이 수역은 워싱턴 시내로 들어오는 물의 생기를 순화시켜, 풍수에서 말하는 유수입명(流水入明), 즉, 흐르는 물이 명당으로 들어오는 형국을 이룬다. 제퍼슨 기념관은 둥근 돔 형태로 하늘의 원[천원·天圓]을 상징하며, 물 위에 떠 있는 듯한 모습은 지기와 천기의 만남을 보여준다. 기념관 내부에서 북쪽 워싱턴 기념탑 방향을 보면 기운이 모여드는 중심 수구(水口)가 열린다. 이곳은 문학적·사상적 영감을 얻기 좋은 문창지(文昌地)이다.

5) 조지타운 강변 일대(Georgetown Waterfront & Key Bridge)

워싱턴의 서북쪽 높은 언덕과 포토맥강이 만나는 지점으로, 산과 물이 교차하는 혈(穴) 자리다. 언덕 위 조지타운 대학은 고지의 양기를 받아 지혜와 통찰을 키우는 지형[취지지지·聚智之地]이다. 아래쪽 강변은 강이 서쪽으로 휘돌아 나가며 생기를 모으는 '회룡고조(回龍顧祖)'의 수세(水勢)를 보여준다.

워싱턴 D.C.와 버지니아주를 연결하는 'Key Bridge' 위에서는 남쪽의 링컨기념관과 워싱턴 시내 전경이 이어져 기운의 순환 흐름을 한눈에 볼 수 있다. 조화로운 음양의 흐름이 강해 사람의 마음을 안정시키고 직관을 깨우는 물이 즐거움을 주는 땅, 즉 '수락지(水樂地)'이다.

2) 바다를 수구(水口)로 삼은 경제 수도 뉴욕: 삼합수(三合水)의 땅

뉴욕의 지명 유래와 기원

뉴욕의 기원은 1624년으로 거슬러 올라간다. 네덜란드 서인도회사 (Dutch West India Company)가 맨해튼 남단에 무역기지를 세우고 이름을 '뉴암스테르담(New Amsterdam)'이라 하였다. 본국 수도 암스테르담이 운하와 바다의 도시였듯, 해상 도시의 풍수 DNA가 대서양을 건너 이식된 셈이다. 그들은 항로·풍향·조류를 계산해 부두와 도로를 세웠고, 맨해튼 남단의 바위 언덕(rocky ledge, 지금의 배터리 파크 부근)을 '용의 머리[용두·龍頭]'로 삼았다. 네덜란드인들의 실용과 해양 감각은 뉴욕이 단숨에 '신대륙의 게이트웨이'로 성장하는 토대가 되었다. 이미 그 당시 뉴욕은 세계의 돈이 흐르는 곳이며, 지구상의 모든 문명과 인종이 모여 자본의 기운을 만든 거대한 '기혈(氣穴)'이 되었다.

40년 뒤인 1664년, 영국이 이 지역을 점령하면서 도시 이름은 '뉴욕 (New York)'으로 바뀌었다. 점령군 지휘관 요크 공(1633~1701, 훗날 영국 국왕 제임스 2세가 됨)을 기리기 위한 것이었다. 이때부터 뉴욕은 네덜란드식 상업 도시를 넘어 영국 제국 도시로 변모하기 시작했다. 풍수적으로는 용의 머리가 서쪽으로 방향을 트는 시점이었다. 상업의 실용에서 제국의 권력으로 에너지의 성격이 바뀐 것이다.

뉴욕의 산과 물

뉴욕의 산세는 평탄해 보이나, 맨해튼 북쪽에는 단단한 기반암 지대가 있다. 슈가힐(Sugar Hill)과 워싱턴 하이츠(Washington Heights)가 그곳

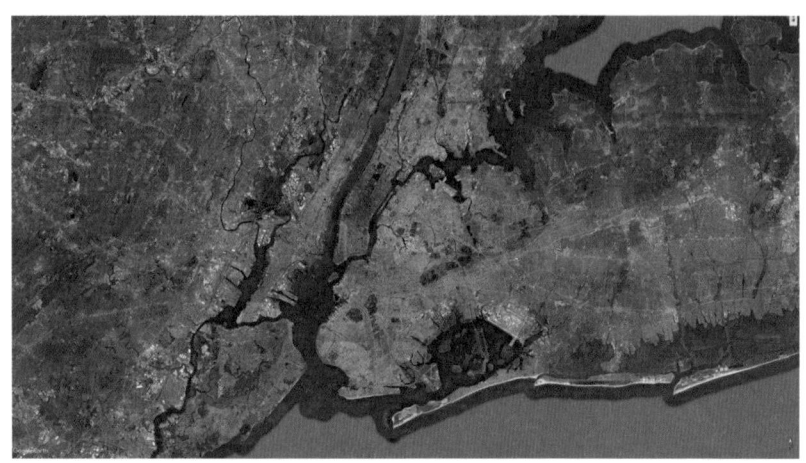

미국 뉴욕의 위성사진. 허드슨강, 이스트 리버, 대서양까지 세 물줄기가 만나고 있다.
(ⓒGoogle Earth)

이다. 이곳은 도시 전체의 지기를 북쪽에서 불어넣는 혈맥(血脈)이며, 독립전쟁 당시 조지 워싱턴이 진지를 구축한 정신적 고지였다.

동쪽의 이스트 리버(East River) 건너 롱아일랜드는 청룡, 서쪽 허드슨강 너머 뉴저지의 팰리세이드 절벽(Palisades Cliffs)은 백호에 해당한다. 뉴욕은 동서로 두 강이 흐르며 산줄기와 연결되어 있어 동양 풍수의 좌청룡·우백호 형국을 충족한다. 다만 북쪽 배후 산[진산·鎭山]이 멀고 낮다는 아쉬움이 있으나, 뉴욕은 그 약점을 고층빌딩이라는 '인공의 산'으로 보완했다. 맨해튼의 빌딩 숲은 철과 유리로 세운 용맥(龍脈), 인간의 지혜가 만든 산맥이다.

뉴욕의 지리적 중심은 세 물줄기가 만나는 곳이다. 서쪽의 허드슨강, 동쪽의 이스트 리버, 남쪽의 대서양, 이 세 물길이 형성한 삼각지에 뉴욕의 핵심, 맨해튼이 자리 잡았다. 허드슨강은 북쪽 애디론댁산맥(Adirondack Mountains)에서 발원해 500㎞를 남하하며 내려온다. 이스트 리버는 실제로는 조수의 흐름, 즉 바다의 수로로서 롱아일랜드와 맨해튼 사이를 갈라놓는다. 남쪽의 대서양은 거대한 폐처럼 들고난다. 이른바 '삼합수(三合水)'의 형국으로, 풍수에서는 '수구(水口)가 열리며 재물이 드나드는 형세[개구납재·開口納財]'라 한다.

맨해튼은 이 세 물의 중심에 박힌 비늘처럼 길게 누워 있다. 길이 21㎞, 폭 3㎞ 남짓이며, 북쪽은 완만한 구릉, 남쪽은 평탄하게 바다로 열린다. 좋은 수구를 갖춘 셈이다.

북쪽 언덕이 척추[고산·靠山]가 되어 바람을 막고, 남쪽 바다는 열려 있는 명당수(明堂水)가 되어 재물을 맞이한다. 뉴욕은 바다를 정면으로 받아들였고, 이는 뉴욕이 세계 경제의 입구가 된 첫 번째 이유다.

허드슨과 이스트 리버가 만나 남쪽에 형성한 뉴욕항은 천연의 항만이며, 그 앞에는 리버티섬(Liberty Island)과 엘리스섬(Ellis Island)이 위치한다. 리버티섬은 본래 베드로섬(Bedloe's Island)이라 불렸으나 1886년 프랑스로부터 선물 받은 자유의 여신상이 세워지며 '자유의 섬'이라 불렸다. 풍수적으로 맨해튼의 명당수 한가운데 떠 있는 보물섬으로, 대서양의 기운이 이곳에서 응축되어 맨해튼으로 흘러 들어온다. 뉴욕항은 기(氣)가 모이는 소용돌이의 중심이 되었다.

애디론댁산맥은 기의 근원(元氣), 허드슨강은 기의 통로(氣脈), 맨해튼은 기의 응결점[혈·穴]이다. 뉴욕의 바다와 강이 만드는 구조는 동양 풍수의 '입수구(入水口)' 개념과 닮았다. 물의 출입이 재물의 흥망을 좌우하는데, 뉴욕의 입수구는 남쪽으로 열리되 양쪽 강이 도시를 감싸 물이 돌되 빠져나가지 않는 구조를 이룬다. 이로써 재물을 보존하는 기틀이 마련되었다. 지리학적으로도 뉴욕항은 수심이 깊고 파도가 잔잔하여 대형 선박이 안전하게 드나든다. 네덜란드인들은 17세기 이곳을 '자연이 만

미국 뉴욕 맨해튼의 스카이라인. 단단한 기반암 위에 고층건물들을 세웠다. (ⓒGettyImageKorea)

든 완전한 항구'라 극찬했다.

뉴욕의 기운은 자연이 절반, 인간이 절반이다. 허드슨과 이스트 리버가 만든 삼수 합류의 구조가 자연의 틀이라면, 그 위에 쌓인 빌딩·금융 시스템·욕망이 뉴욕의 진짜 풍수를 완성했다. 이 도시는 '땅의 명당'이 아니라 '사람의 명당' 위에 세워졌다.

바위 위에 세운 맨해튼

특히 맨해튼을 답사하였을 때 풍수학자의 눈에 띄는 것이 바위였다.

맨해튼은 지질학적으로 고생대 변성암대(metamorphic rock belt)의 끝자락에 자리한다. 이 땅 밑에는 깊고 단단한 기반암(bedrock)이 존재하며, 그 위로는 시대에 따라 퇴적층과 인공 매립(land-fill)이 겹겹이 쌓였다. 풍수의 눈으로 보면, 단단한 기반암은 강한 기(氣)의 근원이며, 그 위에 사는 사람에게 굳건한 정신과 결단력을 심어준다.

특히 맨해튼의 중심부인 미드타운(Midtown)과 로어맨해튼(Lower Manhattan)에서는 기반암이 얕게 드러나 있어, 인간이 무엇을 세워도 기운을 제대로 받는 '천운(天運)의 터'로 작용한다. 이 단단한 바위 위에서 뉴욕이라는 도시는 단순한 경제적 중심지를 넘어, 지도자와 기회를 배출하는 '거대한 혈맥(血脈)'으로 성장했다.

맨해튼을 구성하는 주요 암석은 석영·백운모·흑운모·장석 등으로 이루어진 이 변성암은 오랜 시간 강한 압력과 열을 견뎌 단단하게 굳어, 땅 위에 서는 사람에게 흔들리지 않는 기운을 전한다. 북쪽 일부 지역에서는 포드햄 편암(Fordham Gneiss)과 인우드 대리암(Inwood Marble) 같은 다른 단단한 변성암과 대리암(marble) 지대도 노출되어 있다. 이 구간은 특히 고지대의 언덕과 맞물려, 북쪽에서 남쪽으로 이어지는 힘찬 기맥을 형성한다.

북쪽 인우드(Inwood)와 워싱턴 하이츠(Washington Heights) 부근에서는 기반암이 지표 가까이 노출되어 언덕을 이루고 있다. 풍수적으로 이 언덕은 '정신적 고지'이며, 기의 근원이자 북쪽에서 불어오는 강한 기운을 끌어들이는 혈맥이다. 중앙부로 내려올수록 기반암이 지표 가까이 얕게 노출되어 있어, 미드타운과 로어맨해튼의 높은 건물들이 튼튼히 서서 도시의 기운을 모으고, 상징적 지도력을 만들어내는 조건이 된다.

반대로 남쪽, 배터리 파크(Battery Park) 부근으로 갈수록 자연 지형은 평탄해지고, 인공 매립지와 추가 지반 조성이 많은 구간이 된다. 풍수적으로 말하면, 남쪽은 열려 있는 출구로서 기운이 흘러나가는 방향이며, 자연적인 강건함보다는 인위적 기운을 보조하는 역할을 한다. 하지만 북쪽에서 내려오는 단단한 바위의 기운이 남쪽까지 이어져, 항만과 상업의 중심지를 지탱하는 도시의 척추가 된다.

결국, 맨해튼은 단단한 기반암 위에 세워진 도시에 의해 국운이 흐르는 구조를 갖춘다. 북쪽에서 내려오는 바위의 굳건한 기운은 도시 중심을 관통하며, 그 위에서 사람들은 지도자적 기질과 결단력을 갖게 된다. 뉴욕은 단순한 금융·무역의 도시가 아니라, 땅 자체가 강인함과 지도력, 국운을 배양하는 명당임을 보여주는 사례인 셈이다.

뉴욕을 만든 사람들을 풍수적으로 분류하면 세 부류로 나뉜다.
① 기운의 길을 연 자들 — 도시 설계자와 항만 건설자.
② 기운의 매개자들 — 은행가, 상인, 투자자.
③ 기운의 해석자들 — 철학자, 예술가, 사상가.
이 세 집단이 서로 다른 에너지를 순환시켜 뉴욕이라는 거대한 유기체를 움직였다.

(1) 도시를 설계한 자들 — 길의 풍수
뉴욕의 도시 구획은 '1811년의 시정위원회 계획(Commissioner's Plan of 1811)'에서 결정되었다. 이 계획은 맨해튼 전역을 동서 155개, 남북 12개로 정연하게 가르는 '격자형 도시(grid city)'의 원형이었다. 풍수상, 이는 지기의 흐름을 직선화하는 작업이었다. 자연의 굽이와 바람의 흐름을 억누르고, 대신 인간의 논리를 세운 것이다. 이 격자형 도로체계는 기(氣)의 흐름을 일정하게 분배하고, 에너지가 특정한 한 곳에 정체되지 않도록 유도했다. 즉, 도시 전체를 거대한 바둑판 명당으로 만든 셈이다. 직선의 질서가 오늘날 뉴욕 특유의 리듬 — 빠르고, 명확하고, 계산된 움직임 — 을 탄생시켰다.

풍수적으로 가장 중심이 되는 축선은 5번가(Fifth Avenue)이다. 이 도로는 북쪽의 센트럴파크에서 맨해튼을 세로로 관통한다. 이는 동양식으로 말하면 도시의 용맥(龍脈)에 해당한다. 용이 등줄기를 펴듯, 도시의 에너지를 위에서 아래로 잇는다. 특히 59번가 이후, 5번가 좌우로 펼쳐진 록펠러센터·성 패트릭 대성당·뉴욕 공립도서관 등은 각각 '혈(穴)'의 역할을 한다. 자연이 아니라 인공의 혈이지만, 이 도시에서는 생명력의 근원이다.

(2) 재물의 혈을 연 자들 ― 은행가와 상인들

뉴욕의 진짜 기운은 강이 아니라 돈의 흐름이다. 19세기 후반부터 20세기 초까지, 뉴욕은 세계 자본주의의 실험장이었다. 그 중심에는 JP 모건(J.P. Morgan, 1837~1913)이 있었다. 그는 은행가이자, 제국적 금융의 설계자였다. 그가 세운 모건은행은 단순한 금융기관이 아니라 미국 산업의 혈관을 조율하는 심장 역할을 했다.

풍수적으로 보면, 모건은 재물혈의 명당을 짚어낸 사람이었다. 그의 본점은 월스트리트 23번지, 바로 뉴욕증권거래소 맞은편에 있다. 이 위치는 허드슨강에서 남동쪽으로 흐르는 바람이 이스트 리버 쪽으로 빠져나가기 직전, 잠시 모여드는 지점이다. 풍수의 언어로 하면 수구의 응기(應氣), 즉 돈이 빠져나가기 전의 회전점(回轉点)이다. 모건은 그곳에 은행을 세움으로써 돈의 기운이 머무는 자리를 장악한 셈이다.

이후 존 D. 록펠러(John D. Rockefeller, 1839~1937)가 등장한다. 그는 석유를 통해 미국 산업자본의 상징이 되었다. 그의 부는 '검은 황금'에서 나왔지만, 그가 남긴 흔적은 도시의 심장부, 록펠러센터(Rockefeller Center)에 남아 있다. 록펠러센터는 1930년대 대공황기에 세워졌으나,

그 건물군의 배치는 놀랍게도 풍수의 명당 구조를 따른다. 가장 높은 RCA(Radio Corporation of America) 빌딩(록펠러센터를 구성하는 19개 건물 중 가장 중심이 되는 주동·主棟 건물, 2015년 이후 Comcast Building으로 불림)을 중심으로, 양쪽에 낮은 건물들이 좌청룡·우백호처럼 둘러섰다. 중앙 광장에는 황금빛 프로메테우스 조각상이 서 있고, 그 아래에는 수경(水景) 공간이 조성되어 있다. 이는 전통 풍수에서 말하는 '종수취재(從水取財)', 즉 물을 두어 재물을 불러들이는 형식과 일치한다. 록펠러가 의도했든 아니든, 그는 무의식적으로 도시 풍수의 원리를 완성했다. 뉴욕증권거래소(NYSE)는 이 도시의 진짜 '혈'이다. 이곳은 매일 아침, 전 세계 자본의 흐름이 시작되는 자리다. 이 건물의 정면은 남동향으로, 해가 떠오르는 대서양 쪽을 바라보고 있다. 풍수에서 이는 '조양취기(朝陽取氣)'라 하여, 새로운 기운을 받아들이는 이상적인 방향이다. 아침마다 해와 함께 개장하는 거래소의 풍경은 단순한 금융 행위가 아니라, 일종의 일일제례(日日祭禮)처럼 보인다. 즉, 태양의 기운으로 재물의 흐름을 여는 의식적 구조인 셈이다.

(3) 예술과 사상의 바람 — '인기(人氣)'의 풍수

풍수의 완성은 땅과 돈만으로 이뤄지지 않는다. 그 위에서 살아 움직이는 사람들의 '기운'이 있어야 한다. 뉴욕은 19세기 말부터 예술가·철학자·과학자·이민자들이 모여든 도시였다. 이들의 집적은 단순한 인구가 아니라 기운의 밀도를 높였다. 그중에서도 예술의 중심지 그리니치빌리지(Greenwich Village, 맨해튼 서쪽 하단부)는 풍수적으로 매우 흥미로운 자리다.

이곳은 맨해튼 남쪽 끝의 삼각형 지대, 즉 이스트 리버와 허드슨강이

미국 뉴욕 자유의 여신상. 엘리스섬 초입에 자유를 상징하는 건축물을 세웠다.
(ⓒGettyImageKorea)

다시 가까워지는 '기운의 회전축'에 있다. 풍수에서 기가 회전하는 곳은 '생기혈(生氣穴)'이라 한다. 예술가들은 본능적으로 그런 자리를 찾아든다. 그리니치빌리지가 자유와 창조의 상징이 된 이유가 여기에 있다.

이민자들의 기운 또한 뉴욕의 풍수를 변화시켰다. 엘리스섬을 통해 들어온 수백만의 이민자들은 마치 새로운 물줄기처럼 도시의 혈맥을 채웠다. 그들의 언어·음식·노동이 뒤섞이면서 뉴욕은 '혼혈의 기운'을 얻었다. 풍수적으로 말하면, 이는 잡풍(雜風)이 아니라 난풍(暖風), 즉 따뜻한 순환의 바람이다. 그 덕분에 뉴욕은 언제나 새로운 아이디어가 태어나는 도시가 되었다. 풍수에서 생기는 '왕지(旺地: 돈이 되는 땅)'의 조건은 한 가지다. 끊임없이 움직이고, 변하며, 외부의 기운을 흡수하는 곳. 뉴욕은 그 정의에 가장 가까운 도시다.

뉴욕의 초고층 건물: 하늘로 솟는 용맥

20세기 들어 뉴욕의 하늘은 점점 높아졌다. 빌딩은 단순한 건축물이 아니라 기운을 모으는 첨탑이 되었다. 맨해튼의 스카이라인은 풍수의 '산맥 지도'와 같다. 북쪽으로 갈수록 낮아지고, 남쪽 금융가로 갈수록 높아지는 이유도 지형과 바람의 흐름을 고려한 결과다. 남쪽의 고층군은 대서양으로 향한 출구문(出口門) 역할을 한다. 기운이 지나치게 정체되지 않도록, 빌딩 숲이 마치 '바람의 깃대'처럼 흐름을 조율한다. 그 꼭대기에 설치된 첨탑들은 '천기(天氣)의 축'으로 작용한다. 동양의 탑(塔)이 하늘과 땅을 잇는 기둥이라면, 뉴욕의 빌딩은 그 현대판이라 할 수 있다. 특히 원 월드 트레이드 센터(One World Trade Center) 높이는 541m, 피트 단위로는 1,776피트다. 이 숫자는 미국 독립연도(1776)를 상징한다. 즉, 건축 자체가 국가의 기(氣)를 상징하는 풍수 장치다.

이 빌딩은 9·11 테러로 무너진 쌍둥이 빌딩의 자리에 세워졌는데, 이역시 풍수적으로는 '기운의 부활'이다. 무너졌던 혈 자리를 다시 일으켜 세운다는 점에서, 이는 도시 전체의 기운을 회복시키는 재혈(再穴) 작업이었다. 뉴욕은 산과 강, 사람과 빌딩이 함께 만든 복합 풍수의 도시다. 허드슨의 물길이 기의 근원이 되고, 맨해튼의 빌딩이 기의 첨탑이 되며, 인간의 욕망이 그 사이를 순환시킨다. 워싱턴 D.C.가 정치의 명당이라면, 뉴욕은 재물과 생기의 명당, 즉 지속적으로 움직이는 살아 있는 혈[활혈·活穴]이다. 이 혈이 살아 있는 한, 세상의 돈과 정보는 늘 그곳으로 흘러든다.

풍수상 좋은 기운이 있는 길지를 소개하면 다음과 같다.

1) 센트럴파크(Central Park)와 할렘 미어(Harlem Meer)

센트럴파크는 맨해튼의 중앙에 있는 거대한 진혈처(眞穴處)로 맨해튼의 심장이다. 도시의 숨결을 정화하는 생기 저장소[생기지고·生氣之庫]이다. 자연 연못과 인공 언덕이 조화롭게 배치되어 산수유곡(山水流谷)의 흐름을 이룬다.

특히 할렘 미어(Harlem Meer, 센트럴파크 북동쪽 모퉁이의 인공호수)는 물이 맨해튼 중심으로 흘러드는 득수처(得水處)로 생기의 발원점이다. 풍수상 뉴욕에서 단 한 곳을 가야 한다면 바로 이 할렘 미어 호수이다.

2) 배터리 파크(Battery Park)

맨해튼의 최남단 끝, 바위의 기운이 강하여 강기(剛氣)가 서린 곳이다. 허드슨강과 이스트강이 합류하며 바다로 흘러나가는 형국은 기운이 모였다가 풀리는 통기혈(通氣穴)의 자리이다. 도시 전체의 탁한 기운이 빠져나가는 출구이자, 새로운 생기가 들어오는 문이다. 원대한 운을 끌어 줄 기[개운지기·開運之氣]를 줄 것이다.

3) 브루클린 하이츠 전망대(Brooklyn Heights Promenade)

허드슨강 동편의 언덕 위에 자리하여, 맨해튼 스카이라인을 정면으로 바라보는 조산조수(朝山朝水)의 명당이다. 언덕과 이스트강이 산수 조화, 즉 음양 조화를 이루는 곳이다. 해 질 무렵 강 위로 비치는 햇빛은 양기(陽氣)의 회복과 재물운 상승을 돕는다. 시 전체의 용맥과 수맥의 흐름을 한눈에 볼 수 있는 관기(觀氣)의 자리이다.

4) 타임스 스퀘어(Times Square)

도심 한가운데서 사방으로 길이 뻗는 형국은 기운이 집중되어 사방으로 발산되는 교차혈[교기지지 · 交氣之地]이다. 강한 조명과 인파는 도시의 양기를 극대화하는 요소로, 사람에게 활력과 진취적 에너지를 넣어준다. 풍수상 불(火)의 기운이 강한 곳으로, 명성 · 창의 · 확장운을 촉진한다. 단, 오래 머물면 기운이 과열되므로 잠시 체험하고 나오는 것이 좋다.

5) 원 월드 전망대(One World Observatory/World Trade Center)

뉴욕의 남쪽 하늘을 찌르는 가장 높은 건물로, 천기(天氣)를 받아들이는 첨봉(尖峰)의 혈 자리이다. 이곳은 과거 9 · 11의 상처를 딛고 다시 세워져, 음기(陰氣)를 양기로 전환한 재생의 상징[化氣之地]이다. 3,000여 명의 억울하게 죽은 영혼들이 국가의 위안을 받아 미국과 인류를 지켜주는 곳이다. 전망대에서 허드슨강과 이스트강을 함께 바라보면, 두 물줄기가 감싸는 '회수포산(回水抱山)'의 형국을 확인할 수 있다. 그 물줄기들이 맨해튼 중심으로 생기를 돌려보내는 형국이므로, 도시의 순환기운[순기 · 循氣]이 완성되는 자리이다. 운의 시작과 회복의 기운을 주는 것이다.

2. 영국의 수도 런던 : 물가의 요새

'런던'의 어원으로 보는 풍수

영국의 수도 런던은 오늘날 세계인이 모여드는 글로벌 도시다. 그러
나 그 출발점은 화려하지 않았다. 템스강 하류의 습지 위에 세워진 작은
군사 요새와 교역 거점이 바로 런던의 시작이었다. 영국의 국운은 이곳
에서 시작해, 때로는 번영으로, 때로는 위기로 이어졌다. 런던이 어떻게
수도가 되었는지, 그리고 런던의 지세가 영국의 성격과 운명을 어떻게
빚어냈는지를 살펴보는 것은 흥미로운 작업이다.

영국 런던. 템스강이 서쪽에서 동쪽으로 흐르고 있다. (ⓒGoogle Earth)

지명에 풍수적 접근 실마리가 있다. 켈트어(브리튼어)로 'Lond-' 또는 'Llyn-'은 '호수' 또는 '물가'를 뜻하며, '-dun' 또는 '-din'은 '언덕 위의 성채' 또는 '요새화된 마을'을 뜻한다. 따라서 '런던'의 고어 '론디니움(Londinium)'은 '물가의 요새', 혹은 '호수를 지키는 언덕의 마을'이란 뜻이다.

로마인들이 브리튼 섬(오늘의 영국)을 정복한 후, 기원후 43년경에 템스강 하류의 전략적 요충지에 세운 식민도시(colonia)가 바로 론디니움이다. 로마인들이 처음 이곳에 도착했을 때, 템스강 주변은 지금처럼 제방이 정비되지 않아 널찍한 범람원과 늪지대가 펼쳐져 있었다. 런던은 이후 수 세기 동안 안개·습기·홍수·스모그 등 '습한 기운'의 문제를 겪게 된다. 풍수적으로 보면, '물 위의 도시'는 생기를 품되, 습기와 혼탁함을 경계해야 하는 자리이다. 물의 통제가 곧 권력이라는 사실을 도시의 이름 속에 이미 전제된다.

로마인들은 이곳을 단순 주둔지가 아니라, 제국 북단의 교통·상업 중심지로 계획했다. 그들은 템스강을 따라 항만을 만들고, 강 위에 목조 다리(후대의 런던 브리지: 런던 시티 · City of London와 남쪽 서더크 · Southwark를 연결하는 다리)를 건설했다. 론디니움의 도심은 오늘날의 런던 시티(City of London) 지역에 해당하며, 그 둘레에는 길이가 3.2㎞인 성벽(London Wall)이 둘러 있었다. 이 성벽은 오늘날까지도 일부가 남아 있고, 런던의 심장부를 상징한다.

수도의 입지로서 산을 택할 것인가, 물을 택할 것인가에 따라 그 나라 국운이 정해진다. 조선은 수도의 입지로 산을 택하여, 500년 내내 궁기(窮氣)를 면치 못한 폐쇄국이 되었다. 한양의 명당수는 청계천이었다. 산은 강하고 물이 없는 독양(獨陽)의 땅이다. 반대로 런던은 산이 약하고 물이 강한 독음(獨陰)의 땅이다. 템스강은 런던의 명당수이다. 한양의 명당수 청계천에 비할 바가 아니다. 런던을 가로지르는 생명줄이다. 이 강이 없었다면 런던도, 영국의 제국사도 존재하지 않았을 것이다.

템스강이 빚어낸 해상무역 국가

템스강은 영국 중부 글로스터셔(Gloucestershire)주 코츠월드 언덕 (Cotswold Hills) 남쪽 비탈에서 솟는다. 그중에서도 켐블(Camble) 마을 인

영국 런던 시내를 S자로 휘감아 도는 템스강의 거대한 물줄기(ⓒGettyImageKorea)

근의 템스헤드(Thames Head)라 불리는 샘이 발원지다. 언덕에서 떨어진 맑은 물이 작은 시내를 이루며 동남쪽으로 흘러, 옥스퍼드(Oxford)와 리딩(Reading)을 지나 런던에 이르러 마침내 체서피크만처럼 넓은 템스 하구(Thames Estuary)로 몸을 풀고 북해로 흘러든다. 이 흐름이 바로 영국 국운의 혈맥(血脈)이며, 템스강은 런던이라는 도시를 살린 기운의 통로[기맥·氣脈]가 되었다. 346㎞인 이 강은 유역면적이 12,900㎢, 런던 인구의 절반 이상이 이 유역에 의존한다.

런던 도시 구역 내에서 템스강의 강폭은 200~300m, 수심은 조수 간만의 영향이 크며, 평균적으로 조석 차 5~7m 내외의 조위 변화가 있다(일부 자료에서는 강의 가장 깊은 구간을 20m 정도로 보기도 하나, 이는 하구 쪽 또는 준설된 항행 수로 등에 국한된 수치). 템스강은 서쪽에서 동쪽으로 완만히 흐르는 전형적인 서출동류(西出東流)의 지세이다. 서출동류의 지세는 북서쪽이 높고 남동쪽이 낮음을 의미한다. 남향과 남서향의 쾌적한 기후조건을 확보할 수 있다. 풍수에서 서출동류를 이상으로 여기는 이유이다. 조선의 수도 한양도 명당수가 서출동류하지만 수량과 강폭에서 템스강에 비할 바가 아니었다.

강이 서쪽에서 동쪽으로 흐르며 점점 넓어지고, 마침내 북해로 흘러드는 형세는 마치 용이 머리를 들고 바다로 나아가는 형국[용두향해형·龍頭向海形]이다. 자연히 해상무역 국가의 수도로 성장할 터였다.

비교적 약한 힘을 가진 런던의 언덕

런던을 관통하는 명당수인 템스강이 이와 같다면, 런던에 소재하는 산들은 어떠할까? 도시 전체의 평균 표고는 해발 20~30m에 불과하다. 가장 높은 곳인 햄스테드 히스(Hampstead Heath)도 해발 134m에 지나지 않는다. 그렇다고 런던이 풍수에서 말하는 사신사(四神砂)를 갖추지 않는 것은 아니다.

런던의 산과 언덕을 좀 더 살펴보자. 런던은 거대한 산맥이 둘러싼 도시가 아니다. 풍수적으로 중요한 건, 높고 험한 산이 아니라 도시의 기세를 조절하는 언덕[구릉·丘陵]이다. 만약 이 작은 언덕들이 없었다면 음양교구(陰陽交媾)가 이뤄지지 않아 죽은 땅이 되었을 것이다. 프림로즈 힐(Primrose Hill)은 북쪽 캠든 구역에 있는데, 표고가 78m에 지나지 않지만, 런던 시내 전체가 한눈에 내려다보인다. 옛날에는 천문 관측지로도 쓰였다.

프림로즈 힐 북쪽에 있는 햄스테드 히스는 기가 뭉친 산맥의 끝자락으로 로마 시절부터 성스러운 숲으로 여겨졌으며, 오늘날도 '런던의 폐(肺)'로 여겨진다.

런던 남동쪽에 있는 그리니치 힐(Greenwich Hill)은 표고 47m로 템스강이 S자 형태로 굽이치며 감싸는 곳이다. 세계 표준시(본초자오선)가 지나는 천문대가 있어, 시간의 맥(脈)이 이곳에서 뻗어 나간다. 풍수로 보면 주작의 자리, 즉 도시의 앞을 지키는 '수구의 감시자' 역할을 한다.

하이게이트 힐(Highgate Hill)은 북쪽 끝에 있으며 표고 112m로 고대 로마 도로가 지나던 곳으로, 런던으로 들어오는 바람의 문이기도 하다. 이처럼 런던의 언덕들은 산맥처럼 험하지 않지만, 도시의 사신사(四神砂) 구조를 형성한다. 그러나 그 힘은 그리 크지 않으며, 이는 런던의 풍수 단점이다(이에 대해서는 뒤에서 다시 설명한다).

런던은 기본적으로 산의 도시가 아니라 물의 도시다. 템스강이 도시의 운명을 쥐고 있다. 강의 흐름이 조수간만에 따라 상·하류로 오르내린다. 이처럼 완만한 지세와 조수의 왕래는 풍수적으로 '물의 숨결이 끊이지 않는 자리', 즉 생기(生氣)가 유순하게 순환하는 형국으로 본다. 템스강은 코츠월드 언덕에서 시작해 옥스퍼드를 감싸며 지식의 도시를 낳고, 리딩에서는 상업의 기운을, 런던에 이르러서는 왕권과 재물이 모이는 국운의 중심수(中心水)가 된다. 이런 구간별 변화를 좀 더 살펴보면 풍수적으로 매우 흥미롭다.

상류의 물은 아직 젊다. 코츠월드 언덕의 부드러운 석회암 지대는 빗물을 오래 머금어 맑고 부드러운 수기를 낳는다. 이곳에서 솟는 템스강은 마치 산의 젖줄처럼 천천히 남동으로 흘러내리며, 영국의 고요한 농촌 문화를 형성했다. 풍수적으로 보면 산에서 발한 생기가 수로 이어지는 득수처(得水處)'에 해당한다. 국운의 원기(元氣)가 시작하는 곳이다.

이어서 옥스퍼드는 산보다 강이 만든 도시다. 여기서 템스강은 학문과 사색의 에너지를 품으며 '사람을 키우는 물[육인지수·育人之水]'이 된다. 언덕보다 강변의 평지에 도시가 자리 잡았고, 강이 도시의 경계를 만들며 생태적 균형을 이루었다. 풍수적으로는 완만한 명당수가 펼쳐진 구조다.

레딩(Reading) 부근에서는 강이 넓어지고 유량이 많아지면서 교역과 산업의 중심지가 형성되었다. 이 시점부터 템스강은 '재물을 부르는 수맥[재수·財水]'으로 변한다. "산은 인재를 낳고, 물은 재물을 낳는다[산출인, 수주재(山出人, 水出財)]"는 풍수 격언을 떠올린다.

이어서 런던은 템스강이 가장 넓게 굽이치는 지점에 자리한다. 서쪽 리치먼드에서 동쪽 그리니치까지 강폭은 평균 250~300m, 하구에서는 1㎞ 이상으로 벌어진다. 바다의 조수가 매일 두 번 들어오고 나가며, 그 흐름은 '재물이 드나드는 문[재문·財門]'과 같다. 풍수적으로 '수세가 강하면 권력과 재물이 모이되, 산세가 약하면 인간의 마음이 흩어진다'라고 하는데, 바로 그 단점이 런던의 흥망과도 맞닿아 있다. 18~19세기 산업 혁명기의 런던은 템스강의 수운(水運)을 통해 세계로 향하는 무역항이 되었지만, 동시에 물의 힘이 과도하게 강해지자 19세기 중엽에는 홍수와 역병이 연이어 닥쳤다. '물의 기운이 넘치면 재물은 모이나, 인심은 피폐해진다[재왕인핍·財旺人乏]'라는 풍수 경고를 실감한 시기였다.

런던의 인공풍수

런던은 자연의 산이 드문 도시다. 낮게 펼쳐진 평지 위, 사람들은 부족한 산을 대신할 '인공의 산'을 세웠다. 세인트폴 대성당(St. Paul's Cathedral)의 둥근 돔(높이 111m)은 도시 어디서나 시선을 잡아끌며, 마치

영국 세인트폴 대성당. 자연의 산을 대체할 인공의 산 역할을 하고 있다. (ⓒGettyImageKorea)

물 위에 솟은 봉우리처럼 우뚝 서 있다. 이 자리는 로마 시대 신전이 있던 언덕으로, 중세에는 성과 속의 경계였다. 하늘과 땅, 신과 인간이 교차하는 자리, 물 위의 영산(靈山)이다. 풍수적으로 둥근 돔은 '천원지방(天圓地方: 하늘은 둥글고 땅은 네모남)'의 하늘을 상징하며, 도시 전체에 영적 기운을 전한다.

버킹엄 궁전은 왕권의 중심 봉우리다. 본래 습지 위에 세워졌지만, 궁전 앞에서 템스강 쪽으로 뻗은 직선도로 '더 몰(The Mall, 길이 1.2㎞, 폭 36~40m)'은 주작도(朱雀道: 혈처 앞으로 뻗은 도로로, 열린 공간·소통·번영 등을 상징) 역할을 한다. 축선 끝에는 애드미럴티 아치와 트라팔가 광장이 이어져, 왕기가 도시를 관통하며 해군력과 제국의 상징으로 흘러 마침내 템스강을 따라 바다로 나간다. '왕기는 물을 따라 세계로 뻗는다[왕기수수출·王氣隨水出]'라는 풍수적 관념이 그대로 드러난다.

웨스트민스터 사원과 의사당은 템스강의 굽이진 안쪽, 팔짱을 끼듯 부드럽게 감싸는 안수형(安水形)에 자리한다. 물길이 포근하게 감싸는 형국은 재물과 인심을 안정시키고, 정치와 금융이 함께 뿌리내릴 수 있는 '지세의 품'을 제공한다.

템스강은 하류로 갈수록 넓어지고 흐름은 완만해진다. 상류 산과 들에서 내려오는 맑은 기운은 중심부를 지나 행정과 정치의 힘으로 응집되고, 하류에서는 상업과 부의 기운, 즉 재기(財氣)로 바뀐다. 타워 브리지 부근은 고대 성벽과 요새가 있던 곳으로, 도시의 수구(水口) 역할을 한다. 강이 열려 있어 기운과 재물이 막힘 없이 드나드는 열린 통로, 개수구(開水口)다. 런던이 세계 금융 중심지가 된 이유가 바로 여기에 있다.

구분	자연풍수	인공풍수
산세	약함(평지)	세인트폴, 웨스트민스터 탑
수세	강함(템스강)	수구조절, 교량·부두배치

19세기 런던은 '해가 지지 않는 나라' 영국 제국의 심장이었다. 템스강을 따라 수백 개의 무역선이 정박했고, 도크랜드(20세기 초반까지 주요 항만과 창고 지대)에는 전 세계 식민지에서 온 물자가 산더미처럼 쌓였다. 런던의 지세와 물길은 영국 국운을 팽창으로 이끌었지만, 동시에 그 무게가 지나치게 커지면서 결국 제국의 쇠퇴로 이어진다.

1837년, 빅토리아 여왕이 즉위하면서 런던은 세계 최대의 수도로 부상했다. 인구는 천만을 넘어섰고, 산업혁명의 성과가 강과 철로를 타고 퍼져나갔다. 런던의 템스강은 이제 영국만의 강이 아니었다. 인도에서 온 면직물, 아프리카에서 온 금과 다이아몬드, 중국에서 들어온 차와 아편이 템스강 강변 도크랜드에서 거래되었다.

런던의 명당수는 이제 전 세계의 혈맥과 연결되었다. 강의 수구가 커질수록 나라의 입이 커진다는 원리가 여기에 들어맞았다. 런던은 인류 역사상 유례없는 거대한 수구였다. 하지만 수구가 커지면 항상 그늘도 짙어진다. 템스강 동쪽 도크랜드는 한때 세계 무역의 상징이었지만, 동시에 극심한 빈곤의 현장이었다. 화물은 넘쳐났지만, 항만 노동자들의 삶은 비참했다. 런던의 강은 부를 흘려보내기도 했지만, 그 부가 골고루 쌓이지 못하고 특정 계층과 지역에만 집중되었다. 이는 훗날 노동운동과 사회주의 운동이 런던에서 활발하게 일어나는 배경이 되었다.

19세기 말, 런던은 정치적 중심지이자 세계 금융의 수도였다. '시티'에는 전 세계 자본이 몰려들었고, 영국박물관과 내셔널 갤러리에는 식민

영국 도크랜즈의 카나리워프. 과거 영국의 번영을 상징하던 물길이다. (ⒸGettyImageKorea)

지에서 가져온 유물이 진열되었다. 그러나 풍수적으로 보면, 지나치게 많은 기운이 한곳에 쏠릴 때가 흉조의 시작일 수 있다. "극함에 이르면 반전이 생기는 법"[물극필반 · 物極必反]이고(『주역』), "복이란 것은 재앙이 숨어 있다[복혜화지소복 · 福兮禍之所伏]"라는 말은 이를 두고 한 말이다(『도덕경』).

런던의 과도한 집중은 제국을 전 세계 전쟁의 무대로 몰아갔다. 남아프리카의 보어전쟁, 인도의 반란, 중국의 아편전쟁은 모두 런던이라는

'큰 명당'에서 나온 팽창의 압력과도 같았다. 이어서 1차 세계대전과 2차 세계대전으로 런던은 그 운명이 요동친다. 2차 대전이 끝난 뒤, 런던은 승전국 수도로 남았지만 더 이상 세계의 절대적 중심은 아니었다. 도크랜드는 쇠퇴하기 시작했고, 금융의 중심도 점차 뉴욕으로 이동했다. 풍수상, 수구가 다른 곳으로 옮겨간 것이다. 템스강의 기운이 약해지는 사이, 허드슨강과 뉴욕항이 새로운 명당수로 떠올랐다. 런던은 여전히 중요한 도시였지만, 패권의 주도권은 미국으로 넘어갔다.

20세기 후반, 유럽 대륙은 전쟁의 상처를 치유하며 통합으로 나아갔다. 브뤼셀은 EU의 행정 수도로, 프랑크푸르트는 유럽중앙은행의 금융 수도로 부상했다. 런던은 이들과 미묘한 긴장 관계에 놓였다. 풍수적으로 보자면, 이는 새로운 혈이 생겨난 것이다. 브뤼셀은 내륙의 작은 혈, 프랑크푸르트는 라인강의 혈, 파리는 센강의 혈. 런던은 이들보다 큰 명당수를 지니고 있었지만, 동시에 섬나라라는 고립된 지세가 발목을 잡았다.

2016년, 영국은 결국 EU 탈퇴, 즉 브렉시트를 선택했다. 많은 사람이 경제적 손해를 우려했지만, 국민 다수는 섬나라로서의 독립성을 더 중시했다. 브렉시트는 영국 국운에 있어 단기적 충격과 불확실성을 야기했으나, 장기적으로는 주권 회복과 산업별 규제 완화 기회를 제공하였다는 평가를 받는다. 그러나 EU 단일시장 접근 상실·국내 정치적 분열·노동력 문제 등은 영국 국운에 적지 않은 부담이 될 것이다.

풍수적으로 본다면, 이는 영국이 가진 '섬나라 기질'과 관련이 깊다. 섬은 바다라는 거대한 개방 수구로 둘러싸여 있다. 외부와 연결될 수 있지만, 동시에 스스로를 닫을 수도 있다. 영국은 역사적으로 필요할 때는 대륙에 깊숙이 개입했지만, 위기 때마다 바다를 사이에 두고 독자성을 지켜왔다. 나폴레옹 전쟁 때도, 2차 대전 때도 바다는 천연의 방패였다. 또한 런던의 풍수는 템스강과 더불어 영국 해협·북해·대서양까지 확장된 수세를 지니고 있다. 이 거대한 물길은 영국인들에게 '세계와 연결되면서도 언제든 단절할 수 있다'는 심리적 안정감을 준다. 브렉시트는 바로 그 풍수적 배경에서 나온 정치적 선택이라 할 수 있다.

비록 미국과 유럽에 밀리기는 하였지만, 오늘날 런던은 여전히 세계 금융의 중심지 가운데 하나다. 시티 오브 런던에는 전 세계은행과 투자 회사가 몰려 있고, 템스강 남쪽에는 문화와 예술의 중심이 자리 잡았다. 그러나 동시에 런던은 극심한 부동산 가격 상승, 사회적 불평등, 다민족 사회의 갈등이라는 도전을 안고 있다.

풍수적으로 보면, 런던의 수구가 여전히 크고 강하다는 뜻이지만, 그 기운이 고르게 분포하지 못한다는 뜻이기도 하다. 마치 큰 강물이 범람하면 논밭을 적시기도 하지만, 때로는 마을을 휩쓸어버리듯이 말이다.

영국은 이제 패권국이 아니다. 하지만 런던은 여전히 세계를 움직이는 혈 자리 가운데 하나다. 금융·문화·교육·정치가 한곳에 모여 있는 도시. 풍수적으로 본다면, 이는 명당의 조건을 여전히 충족하고 있다. 런던의 국운은 이제 단독으로 세계를 지배하는 방식이 아니라 다른 혈들과의 공존 속에서 살아남는 방식이다. 뉴욕·도쿄·상하이·싱가포르 같은 새로운 혈들이 세계 지도 위에 떠오르고 있다. 런던은 그 속에서 여전히 큰 강과 바다를 등에 업은 도시로 남아 있다.

런던

런던에서 풍수상 좋은 기운을 받을 수 있는 5곳을 동선별로 소개하면 다음과 같다.

1) 런던 타워(Tower of London)

관광은 템스강 강변에 자리한 런던 타워에서 시작한다. 강가의 요충지에 자리한 타워는 중세 왕실의 요새이자 보물창고였던 역사적 중심지로, 권력과 안정의 기운이 모이는 명당이다. 강변 산책로를 따라 걷다 보면 잔잔한 물결과 튜더 양식 석조 건물이 어우러진 장관이 펼쳐진다. 봄에는 강가 벚꽃과 초록 잔디, 여름에는 햇빛이 반짝이는 수면이 주변의 기운을 더 풍요롭게 한다. 풍수적으로 타워는 도시의 중심축을 지탱하며 재물과 권력운을 강화하는 출발점이다.

2) 세인트 폴 대성당(St. Paul's Cathedral)

템스강을 따라 조금 걸으면 세인트 폴 대성당이 시야에 들어온다. 언덕 위에 우뚝 솟은 둥근 돔은 도시 전체의 기운을 내려다보는 '진산'과 같은 존재다. 주변 광장과 정원은 잘 다듬어진 잔디와 계절마다 색을 달리하는 꽃들로 장식되어 있어, 도시의 역동성과 자연의 평온함이 조화를 이룬다. 아침 햇살이 돔 위로 비치거나 노을이 붉게 물들일 때, 세인트 폴 대성당은 하늘과 땅을 연결하는 영적 봉우리처럼 빛난다. 풍수적으로 지혜와 성공운을 받기 좋은 명소다.

3) 하이드 파크(Hyde Park)

런던 중심부에 자리한 하이드 파크는 넓은 잔디 평지와 숲, 잔잔한 호수의 조화로 이루어진 공간이다. 물가와 숲이 맞닿아 있어 도시의 복잡한 기운이 자연 속에서 정화되고, 걸음마다 흘러가는 기(氣)

를 느낄 수 있다. 봄철에는 튤립과 기타 관목화가 피어나고, 여름에는 우거진 녹음, 가을에는 단풍의 붉은 기운, 겨울에는 눈 덮인 나무 길이 이어져 사계절 내내 기운의 흐름이 멈추지 않는다. 풍수적으로는 도시 속 휴식과 치유, 재생의 기운을 북돋우는 명당이다.

4) 템스강 주변 산책로(Westminster → Tower Bridge 구간)

하이드파크를 뒤로하고 템스강을 따라 산책하면, 웨스트민스터에서 타워 브리지에 이르는 구간에 들어선다. 강이 흐르며 도시를 감싸는 '유수입명(流水入明)' 형국으로, 물의 흐름이 재물운과 인간관계의 원활함을 부드럽게 흐르게 한다. 양쪽으로 늘어선 나무와 잔디, 계절마다 피어나는 꽃들, 유람선과 햇살이 어우러져 시각적·심리적 안정감을 준다. 풍수적으로 강의 생기와 도시의 에너지가 만나는 핵심 통로다. 강변에서 바라보는 고풍스러운 건물과 다리, 반짝이는 수면은 마치 도시 전체가 살아 움직이는 듯한 장관을 만들어낸다.

5) 그리니치(Greenwich) 천문대와 언덕

산책의 마지막 코스는 런던 동쪽, 그리니치 언덕 위의 천문대다. 언덕에서 바라보면 템스강과 도시 전체가 한눈에 들어오며, 멀리 바다까지 조망할 수 있다. 아침 햇살에 반짝이는 강물, 저녁 붉은 노을 속의 수평선은 미래운과 방향 감각을 살리는 풍수적 기운을 준다. 넓은 시야와 푸른 하늘, 잔잔한 바람이 방문객의 마음을 여유롭고 명료하게 만들어, 계획과 생각을 정리하기에 최적의 자리다.

단순한 관광이 아니라, 런던의 역사적 중심축과 물길, 자연의 생기를 따라 걷는 풍수 체험이다. 도시 곳곳에 스며든 권력과 재물, 지혜와 성공의 기운을 직접 느끼며, 시각적·심리적 즐거움까지 함께 경험할 수 있다.

3. 프랑스의 수도 파리:
프리메이슨의 원조 도시

'파리' 어원과 뜻

파리(Paris)의 명칭 유래 및 위치 파악은 파리 풍수 파악의 실마리가 된다.

파리라는 이름은 '파리시이(Parisii)'에서 나왔다. 파리시이는 기원전 3세기 무렵, 지금의 프랑스 북부 지역, 특히 센강(Seine River) 유역에 정착한 켈트계 부족(Celtic tribe) 이름이다. 켈트어 Parisio 또는 Parisii에서 유

프랑스 파리의 위성사진. 파리의 중심을 센강이 흐르고 있다. (ⓒGoogle Earth)

래했는데, 'Par-'는 강·물가(water, river), '-isii/-issio'는 사람들(people)을 뜻한다. 즉, '강과 함께 사는 사람들', '강의 자식들', 확장하여 '배를 가진 사람들' 또는 '강을 건너는 사람들'이라는 뜻을 갖는다. 이들 부족이 정착한 자리가 바로 오늘날 파리의 중심인 시테섬(île de la Cité)인데, 센강 한가운데의 작은 섬이다. 22.5ha 넓이의 작은 섬으로, 평균 45~50m 표고의 낮은 땅이다. 토질은 강 퇴적물(모래·자갈 등) 위에 인공 매립·제방이 더해진 복합 지반이다.

시테섬은 풍수상 파리의 진혈(眞穴)이다. 센강이 이곳을 감싸며 완만한 곡선을 이루고, 섬의 중앙은 약간 높게 솟아 물의 범람을 피할 수 있는 곳으로 풍수에서 말하는 "중수입명당(中水入明堂)", 즉, 물 한가운데에서 기가 모이고 보호되는 자리이다. 파리시이 부족은 이 섬 위에 성채를 세우고, 주변의 강변에 마을을 넓혀갔다. 그들의 정착은 단순한 방어가 아니라 '물의 힘을 빌린 삶'이었다. 강은 식수원이자 교통로였고, 때로는 천연 해자이자 영적 상징이기도 했고, 외적의 침입을 막아주는 천혜의 땅이다.

오늘날 파리가 '강 위의 도시(city upon the river)'로 불리는 이유는 바로 여기서 유래한다. 『명산론』의 산과 물과의 관계 4분류법상 파리는 산이 작고 물이 큰 독음(獨陰)의 땅에 해당한다. 산과 물이 물리적 균형과 조화를 이룬 것도 좋지만, 어느 한쪽으로 치우친 기운도 특별한 땅이 됨은 앞에서 반복적으로 언급하였다.

기원전 52년, 로마의 장군 율리우스 카이사르(Julius Caesar)가 갈리아(오늘날의 프랑스)를 정복하면서 파리시이의 터전도 로마의 지배 아래 들어간다. 이때 카이사르는 자신의 『갈리아 전기』에서 파리시이를 "센강가의 강한 종족, 상업과 수운에 능한 자들"로 기록했음도 '파리'란 땅을 이

해하는 데 도움이 될 것이다.

이후 로마는 그들의 정착지를 'Lutetia Parisiorum'이라 불렀는데, 이 이름은 '파리시이의 늪지대'라는 뜻이다. 즉, 로마는 파리시이의 강가 정착지를 '늪지'로 인식했지만, 아이러니하게도 그 늪의 수분[토수·土水의 조화]이 훗날 파리를 비옥하게 만들었고, 풍수적으로는 습기가 머물며 기가 자라나는 땅, 즉 생명력의 자리로 기능했다.

참고로 파리의 '시테섬'과 같은 역할을 한강의 밤섬이 할 수 있다고 본다. 2022년 8월 17일 수요일, 서울시청 8층 다목적홀에서 '아주경제 국민심서 발표대회'가 있었다. 곽영길 아주경제 회장의 개회사를 시작으로 "첨단 과학과 자연, 문화가 어우러진 '서울 르네상스'"를 주제로 전문가 발표가 있었다. 그날 필자는 '자연과 첨단과학이 아울러진 글로벌 서울 재창조 전략'이란 주제를 발표하였다.

이때 내용 가운데 하나는 한강대교와 서강대교 사이 한강 가운데 있는 '밤섬'에 초고층 주상복합건물을 세워 한강이란 수구의 랜드마크(landmark)가 되게 할 것을 제안하였다. 당시 서울시장과 주무국장이 참석하였다. 반응이 없는 것이 안타깝다. 만약 그러한 제안이 수용되었다면 서울시장의 운명뿐만 아니라 대한민국 국운 향상에 도움이 되었을 것이다.

파리의 기원이 된 센강

풍수적 관점에서 '파리시이'의 터전, 즉 훗날 파리의 기원은 산(山)이 아닌 물[水]에 있었다. 이 점이 서울, 베이징, 런던과 뚜렷이 대비된다. 한양(서울)은 산간 분지형 도시, 베이징은 멀리 있는 '산의 보호'를 받는 도시, 런던은 '강의 곡류가 도시를 안는' 도시[안수형·安水形]라면, 파리는

'강이 도시를 관통하며 생기를 품는' 도시[통수형·通水形]이다. 파리시이는 바로 이 통수형 입지를 스스로 선택한 최초의 민족이었고, 이는 서양역사에서 보기 드문 수심(水心)의 도시관이다. 풍수의 시각으로 보면, 파리는 산의 기운이 약하지만 센강이 곡선을 그리며 도심을 껴안아 수기(水氣)의 혈을 만들어내었다. 이러한 '물의 중심성'은 훗날 예술·감성·철학·인문학 등 파리의 도시 정신으로 계승되었다. "어진 이는 산을 좋아하고, 지혜로운 이는 물을 좋아한다[인자요산 지자요수·仁者樂山 知者樂水]"(『논어』)라는 문장에서 후자에 해당한다. 즉, 파리시이는 단지 도시의 개척민이 아니라, 파리의 기운(氣)의 원형을 만든 사람들이다.

따라서 파리의 핵심 풍수는 시를 관통하는 센강에 있다. 센강은 프랑스 동부의 랑그르 고원(Langres Plateau) 코트 도르(Côte-d'Or) 지역에서 발원하며 길이는 775㎞, 유역 면적은 79,000㎢이다. 파리는 센강의 전체 유로 775㎞ 중 상류와 하류의 중간쯤, 즉 중류부(中流部)에 위치하는데, 강은 남동에서 북서쪽으로 파리를 지나, 북해로 흘러간다. 파리는 바로 이 유로의 한가운데, 산지에서 내려오는 생기(生氣)와 서쪽 바다로 향하는 재기(財氣)가 교차하는 수맥의 허리에 자리한다.

센강의 발원지인 랑그르 고원(Langres Plateau)은 프랑스 동부 부르고뉴-프랑슈콩테(Bourgogne–Franche-Comté) 지역의 랑그르(Langres) 시 인근으로 평균 해발 400~500m이다. 완만한 석회암 고원으로, 지하수와 샘이 풍부한데, 센강 말고도 프랑스의 주요 강들(마른강·Marne, 소운강·Saône)이 이곳에서 발원하여 프랑스 수계(水系)의 중심이 되는 산속의 수원[산중수원·山中水源]이다. 이곳은 고대 로마 시대부터 '갈리아의 분수령'이라 불리며, 프랑스 대륙의 동·서·남 수계가 갈라지는 전략적 요충지였으며, 오늘날에도 '프랑스의 물의 요람(Berceau des eaux de

France)'이라 불린다.

세계적 와인 산지 부르고뉴와 물

주변 지역 코트도르(Côte-d'Or)는 부르고뉴 와인의 중심 고장이다. 부르고뉴 와인 중 최고급으로 평가되는 '그랑 크뤼(Grand Cru)' 포도밭 대부분이 이곳에 있다. 풍부한 석회질 토양과 완만한 경사, 온화한 기후가 포도 재배에 최적이다. Côte는 '비탈' 또는 '언덕'이라는 뜻이며, d'Or는 '황금(gold)'을 뜻한다. 따라서 '황금의 비탈', 혹은 '황금 언덕'이라는 의미이다. 이 지역은 석회암 언덕이 남북으로 길게 뻗어 있고, 그 언덕의 남사면에 일조량이 풍부하여 유럽 최고급 와인(부르고뉴 와인)이 산지로 유명하다. 즉, 코트도르는 단순한 발원지가 아니라 '햇빛과 물 그리고 흙의 조화'라는 풍수적 '삼합(三合)'을 갖춘 생명의 고원이다. 물맛에 따라 술의 품격이 달라진다는 것은 전 세계적으로 통용되는 관념이다. 프랑스 와인이 유명한 이유는 바로 프랑스의 산과 물 덕분이다(평양 물냉면과 대동강 맥주가 유명한 이유도 평양의 물맛 덕분인 것과 같다).

파리는 센강의 허리 부분으로 상류의 산기운을 하류의 물기운으로 전환하는 역할을 한다. 상류(동쪽 산지)의 생기를 받아들이고, 서쪽(바다) 해양의 재기를 품에 안으며, 강이 유유히 흐르며 도시 중심을 관통하는 통수형의 중심혈에 자리한다. 파리를 통과하는 구간의 수심은 평균 9.5m 정도의 수심, 파리를 가로지르는 폭은 대략 30~200m로 서울의 청계천에 비할 바가 아니다.

파리를 관통하는 물(센강)에 비해 파리를 이고 있는 산과 언덕은 어떠할까?

높은 산이 없는 파리의 몽마르트르 언덕

  파리는 평지이기에 높은 산이 없다. 파리에서 가장 높은 언덕은 몽마르트르 언덕(Montmartre, 북부 파리 18구)으로 표고가 130m에 지나지 않는다. 그렇지만 파리의 가장 높은 언덕으로 영봉(靈峯)이다. 석회암 구릉으로 이루어져 있으며, 북쪽으로는 일드프랑스 평야가 펼쳐진다. 라틴어 Mons Martis(마르스의 언덕)에서 유래한다, Mons은 언덕(산)이란 뜻이며, Martis는 로마 신화에서 전쟁의 신 마르스(Mars)를 의미힌다. 즉, 몽마르트(Montmartre)라는 이름은 '로마 전쟁의 신 마르스에게 바쳐진 언덕'이라는 의미를 담고 있다. 역사적으로 전략적 요충지이자 종교적·군사적 중심지로 파리 북쪽의 진산(鎭山) 역할을 한다. 북방의 찬 기운을 막고,

프랑스 몽마르트르 언덕. 평지의 파리에서 가장 높은 지역이다. (ⒸShutterStock)

하늘의 생기를 받아 도시에 내려보내는 봉우리이다.

그러한 영봉의 기운을 살려 이곳 꼭대기에는 사크레쾨르(Sacré-Cœur) 대성당이 자리한다. 파리 풍수를 상징적으로 완성하는 '백색의 봉우리', 곧 도시의 정신적 제단(altar spiritualis)이다(기공 1875년, 준공 1919년). 'Sacré-Cœur'는 프랑스어로 성심(聖心, Sacred Heart)을 의미하는데, 예수 그리스도의 성심(聖心)을 상징한다. 풍수적으로 하늘의 밝은 기운[천광지기·天光之氣]이 사람의 마음(心)에 조응하는 자리이다. 중앙 돔 높이 83m, 성당 자체의 고도는 해발 213m가 되어 파리 전체를 내려다보는 도시의 눈이 되었다. 진산 몽마르트르 언덕 정상에 사크레쾨르 대성당이 세웠다는 것은, 하늘의 기운을 도시의 심장으로 끌어내리는 상징적 행위였다. 즉, 하늘과 인간의 회복, 신과 도시의 재결합이었다. 풍수에서 말하는 '영봉결혈(靈峰結穴)', 즉 영험한 봉우리의 끝자락에 하늘 기운이 응결하는 자리였다. 절묘한 풍수 응용이다. 파리 시민들은 이 성당을 '하늘과 도시를 잇는 다리'라 부르는 것은 이와 같은 연유에서이다.

사크레쾨르 앞 계단에서 남쪽을 내려다보면, 센강의 흐름과 파리 시내가 한눈에 들어온다. 루브르 박물관(12세기 필리프 2세가 건설한 요새가 기원, 프랑스 왕궁으로 사용하다가 혁명 이후 미술관으로 전환), 튀일르리 정원(1564년 카트린 드 메디치가 궁전과 정원을 조성), 개선문(1806년 나폴레옹이 전투 승리를 기념해 건립 추진 1836년 완공)까지 일직선으로 이어지는 파리의 '왕도 축선(Axe royal)'이 정확히 남쪽으로 뻗어 있다. 풍수상 '용맥(龍脈)'에 해당한다. 하늘에서 내려온 생기가 성당에서 한 번 모였다가 남쪽으로 흘러 도시 전체에 생명을 불어넣는 구조이다. 풍수로 말하자면, 센강이 도시의 수맥(水脈)이며, 루브르에서 개선문으로 이어지는 이 직선 축은 기운이 순행하는 용맥(龍脈)이다. 물은 곡선으로 흐르고, 기는 직선으로 간다.

파리는 이 두 가지가 음양으로 절묘하게 교차하는 도시다.

파리 풍수를 좀 더 크게 보려면 놓쳐서는 안 될 것이 있다.

파리의 북쪽에 위치한 사크레쾨르(Sacré-Cœur) 대성당과, 남쪽의 몽파르나스 타워(Tour Montparnasse)는 음양(陰陽)과 수화(水火)의 균형이라는 절묘한 풍수의 대칭축(對稱軸)이다. 파리라는 도시의 심장박동을 이루는 두 극점이다.

파리의 지세를 조감해보면, 북쪽은 높고 단단하며(산기운, 山氣), 남쪽은 개방적이고 불빛이 번성한 땅이다. 이 축을 따라 보면 북쪽의 몽마르트르 언덕(사크레쾨르)과 남쪽의 몽파르나스 고지(몽파르나스 타워)가 정확히 서로 마주 보고 있다. 『주역』팔괘에서 남쪽을 이괘(離卦)에 배속하며 불과 문명을 상징하는데, 몽파르나스 타워가 그 역할을 하고 있다. 음(陰)의 성당과 양(陽)의 타워가 도시 안에서 서로 응시하는 구조이다. 사크레쾨르 대성당은 하늘의 빛을 끌어내린 북쪽의 음(陰)이며, 하늘빛을 받아들이는 백색의 성전이다. 풍수상 하늘의 빛[천광·天光]이 머무는 곳, 산의 정기[산정·山精]가 응결하는 자리, 명당수(明堂水)의 원천을 품은 곳이다.

이에 비해 몽파르나스 타워(Tour Montparnasse)는 다른 정신의 산이다 (1973년 완공). 210m로서 팔괘상 남쪽에 자리하여 이괘(離卦)를 상징한다. 이괘는 인간의 문명을 의미하는데, '인간이 하늘을 향해 솟구치는 의지'를 담고 있는 타워이다. 인간의 의지와 창조력의 첨탑이라 할 수 있다. 몽파르나스 타워가 서 있는 지점은 센강 남쪽의 고지대로, 고대로부터 예술가·철학자·혁명가들이 모이던 곳이다. 이곳은 에너지가 외향적이며 상승하는 기운, 즉 양기(陽氣)가 왕성한 자리이다.

서양판 풍수 도시 파리

파리는 우연히, 자생적으로 형성되지 않았다. 서양의 풍수라 할 수 있는 프리메이슨 철학(Free Mason)이 철저하게 반영된 도시이다(미국의 수도 워싱턴도 프랑스에서 수입된 프리메이슨 철학에 입각한 도시이다). 인간의 이성(理性)과 자연의 조화(自然)가 만들어낸 '서양판 풍수 도시'라 할 수 있다. 프리메이슨의 도시 철학은 이성과 질서, 상징과 조화의 건축학적 구현으로 요약된다. 그들은 도시를 단순한 거주 공간이 아니라 '이성의 신전(Temple of Reason)'으로 보았고, 거리의 축선(軸線)과 건축의 비례 속에 우주의 질서를 반영하려 했다. 도시의 중심에는 늘 빛과 진리의 상징(예: 광장·오벨리스크·돔)을 두었으며, 각 건물과 거리의 배치는 인간과 신, 자연의 조화를 수학적·기하학적으로 표현하려는 시도였다. 결국, 프리메이슨의 도시설계는 '신이 만든 우주의 질서를 인간이 다시 도시 속에 재현한다'라는 철학적 실험이었다. 풍수설 바탕으로 동양의 수도 건설이 이뤄지는 것과 비유할 수 있다. 프리메이슨은 고대 이집트의 신비주의와 유대교의 성전 개념, 그리고 르네상스의 수학적 조형미를 결합한 도시 미학을 추구했다.

루이 14세에서 나폴레옹 3세에 이르기까지, 파리의 재건에 참여한 설계자들은 하나같이 '대칭·축·비례·빛'의 원리를 중시했다. 이는 풍수의 '산수의 조화, 기의 순환, 음양의 균형'과 같은 원리다. 프리메이슨이 '빛(Light)'을 진리의 상징으로 삼았듯, 풍수 또한 '기(氣)'를 생명의 원리로 보았다. 둘 다 눈에 보이지 않지만 도시를 살아 숨 쉬게 하는 힘이다. 파리의 핵심축은 루브르에서 시작해 튈르리 정원, 콩코르드 광장, 샹젤리제, 개선문을 거쳐 라데팡스로 이어지는 10㎞의 직선이다. 이 축은 도시를 관통하는 기맥(氣脈)이자, 프리메이슨의 상징 언어로는 '빛의 축(axis of enlightenment)'이다.

이 축이 놓인 자리에는 흥미로운 비밀이 있다. 루브르궁의 중심선은 센강의 곡선을 따라가지만, 약간 비껴있다. 강의 자연스러운 흐름과 인간의 직선이 교차하는 지점 — 바로 거기가 파리의 '명당'이다. 풍수로 말하면 '수곡기직(水曲氣直)', 즉 물은 부드럽게 감싸고, 기는 곧게 뻗는다. 이 축의 끝에 서 있는 개선문은 파리의 '용두(龍頭)'이다. 12개의 대로가 사방으로 뻗어나가며, 마치 용이 입을 벌리고 세상으로 기운을 내뿜는 형국이다. 이는 풍수에서 말하는 '용구포기(龍口布氣)', 즉 용의 입이 기를 흩어 세상을 살리는 형국과 같다. 결국 프리메이슨의 직선축은 자연의 흐름을 거스르지 않으면서도, 인간의 의지로 그것을 정렬시킨 구조다. 이성(理性)이 감성(感性)을 지배하되, 동시에 감성을 품은 형태, 파리는 그 긴장 속에서 균형을 유지한다. 파리는 인간의 손으로 빚은 '기(氣)의 도시'다. 그리고 몽마르트르의 언덕은 그 두 가지를 지탱하는 '정신의 척추[진산·鎭山]'이 되었다. 풍수로 말하면, 산(山)은 몽마르트르, 수(水)는 센강, 혈(穴)은 시테섬의 노트르담, 기맥(氣脈)은 루브르에서 라데팡스로 이어지는 도시축이다.

이 네 가지가 조화를 이룬 도시가 파리이며, 그 균형이야말로 2천 년 넘게 파리가 프랑스의 심장으로 뛰게 만든 비결이다. 즉, '파리는 물 위에 지어진 도시가 아니라, 기(氣) 위에 세워진 도시'라는 말이 정확하다. 프리메이슨의 직선과 풍수의 곡선이 만나 완성된 문명 — 그것이 바로 우리가 오늘날 '빛의 도시(La Ville Lumière)'라고 부르는 파리다.

미래 파리 국운 풍수

프랑스의 왕조는 처음부터 파리에 정착하지 않았다. 중세 초기에는 루아르강 강변(루아르강은 파리와 센강에서 남쪽으로 150~200㎞ 정도 떨어진 곳에서 발원하여 대서양으로 흘러감)의 도시들, 예를 들어 툴루즈·앙주·오를레앙 같은 곳이 정치 중심의 역할을 했다. 그러나 시간이 지나면서 센강을 끼고 발달한 파리가 점차 도읍의 자리를 차지하게 된다. 이는 단순히 교통의 편의 때문만이 아니라 풍수적으로도 의미가 있었다. 루아르강은 유유히 흐르는 남부의 강이지만, 바다와 직접 연결되는 길은 제한적이었다. 반면 센강은 파리에서 시작해 곧장 노르망디의 르아브르로 이어져 대서양과 만난다. 다시 말해 파리의 입지에는 내륙과 해양을 동시에 품는 길목이라는 힘이 숨어 있었다.

풍수적으로 본다면 센강은 도시의 수구(氣口) 구실을 했고, 파리의 북쪽과 남쪽을 감싸는 구릉들은 좌청룡·우백호의 역할을 했다. 동쪽의 평야는 내륙과 유럽 대륙의 곡창지대로 이어졌고, 서쪽은 대서양의 바다

프랑스 파리 역사축. 양옆에 오래된 건물, 가장 멀리 새로운 건물이 있어 경관을 구분한다. (ⓒShutterStock)

로 열려 있었다. 그래서 파리는 폐쇄된 도시가 아니라 늘 외부와 연결된 도시였다. 이 점에서 교토나 한양과 같은 내륙 분지형 수도들과는 대조적이다.

파리의 상징 중 하나는 파리의 지명 어원을 설명할 때 언급한 센강 한 가운데 자리 잡은 시테섬이다. 노트르담 대성당이 세워진 곳이 바로 이 시테섬인데, 풍수적으로는 '명당수 한가운데 솟은 혈처'로 읽힌다. 물길이 사방에서 몰려와 중심의 섬을 감싸는 구조는 곧 도시의 안정과 번영을 상징한다.

또 하나 중요한 것은 파리의 다리들이다. 센강에는 수십 개의 다리가 걸려 있는데, 다리는 곧 '관절'이다. 풍수에서는 물길이 흩어지지 않도록 다스리는 장치로 다리를 본다. 다리를 건너는 사람과 재화의 흐름은 곧 기운의 흐름과 직결된다. 파리가 일찍부터 다리 건설에 힘을 기울인 것도 도시의 호흡을 안정시키기 위한 풍수적 직관이었다고 볼 수 있다.

프랑스가 유럽 전체를 제패한 시기는 사실상 나폴레옹 제국 시기에 국한된다. 왜 그럴까? 풍수적으로 본다면 파리는 문화와 미학의 도시이지, 장기적인 제국 수도로는 한계가 있었다. 파리는 센강을 따라 대서양과 연결되지만, 북해·영국 해협을 거쳐야만 세계로 나갈 수 있다. 즉, 해양 패권에서 영국에 비해 불리한 입지였다. 대륙의 중심부를 향해 열려 있지만, 바다를 통한 직접적인 확장에는 제약이 있었다. 나폴레옹이 육군을 앞세워 유럽을 석권했지만 해상에서는 영국에게 늘 밀릴 수밖에 없었던 이유다.

또한, 파리의 분지 지형은 국방에 유리하지만, 광활한 대륙을 한꺼번에 품기에는 너무 좁았다. 그래서 프랑스는 늘 대륙 패권과 해양 패권 사이에서 균형을 잡아야 했고, 결국 유럽 전체의 주도권을 오래 붙잡지 못했다.

그렇다면 왜 파리는 정치적 패권보다 문화적 패권에서 빛을 발했을까? 답은 풍토에 있다. 프랑스는 유럽에서도 기후가 온화한 편이고, 비옥한 토양과 다양한 포도 재배지, 치즈와 버터 생산지대를 가지고 있다. 센강과 루아르강, 론강은 모두 농산물과 와인을 도시로 실어 나르는 수로였다. 파리의 시장은 늘 풍요로웠고, 이 풍요가 곧 미식의 토대가 되었다.

파리는 센강이라는 거대한 혈맥을 품고 동서로 길게 뻗은 도시다. 강줄기가 도시 한가운데를 관통하며 중심부의 힘을 굳건히 세웠고, 풍수적으로도 이 중심부, 즉 혈처의 기운은 매우 강력하다. 그 덕분에 사람과 사상, 예술과 상업이 한곳으로 모여들며 흐름과 교류가 끊이지 않았다. 센강의 강물이 도심을 가르며 만든 길들은 단순한 교통로가 아니라, 도시의 기운을 순환시키는 중요한 통로였다. 그러나 이 강은 바다로 곧장 이어지지 못한다. 외부 세계와 직접 연결되는 길이 제한적이었기에, 해양 무역과 패권 경쟁에서는 자연히 제약받을 수밖에 없었다. 풍수적으로, 중심의 힘이 지나치게 강하면 주변의 기운은 약해지고 균형은 쉽게 깨진다. 파리 역시 중심부가 강력한 만큼, 주변부의 활력은 늘 부족했고, 이 때문에 도시 확장과 외부 세력과의 교류는 제한될 수밖에 없었다.

역사적으로도 비슷한 맥락이 반복되었다. 2차 세계대전 이후 세계 패권은 미국과 소련(러시아) 등 신흥 강대국에 돌아갔다. 프랑스는 군사적·제국주의적 경쟁에서 제한적인 역할밖에 할 수 없었고, 해양 패권과 대규모 식민지 확보에서도 영국과 미국 등에 뒤처질 수밖에 없었다. 이는 지리적 한계와 역사적 상황이 맞물린 결과였다. 파리는 강력한 중심을 가진 내륙 도시였지만, 바다와의 직접 연결이 없다는 사실은 국가적 힘을 세계 무대에 과시하는 데 한계를 주었다.

그러나 바로 그 내향적이고 강력한 중심의 기운이, 파리를 문화와 예술, 음식의 도시로 만들었다. 센강 주변에는 역사적 건축물과 광장, 골목과 공원이 촘촘히 자리 잡았고, 이들은 예술가와 사상가, 요리사와 철학자가 모여들어 창조와 사유를 펼치는 터전이 되었다. 중심부의 강력한 기운은 외부 세계와의 직접적 경쟁에는 약점을 주었지만, 내부의 창조력과 전통을 유지하고 발전시키는 데는 오히려 유리했다. 풍수적·지리적 조건이 제한적 교류를 가져왔음에도, 그 덕분에 파리는 세계적으로 인정받는 심미적·문화적 패권을 차지할 수 있었다.

결국, 파리는 패권국의 수도가 되지는 못했지만, 센강과 도시 중심의 기운 덕분에 사상과 예술, 음식과 문화에서 세계 최고 수준의 영향력을 가지는 도시로 성장했다. 중심이 강하면 주변이 쇠약해지고, 중심이 흔들리면 도시 전체가 위태롭다는 풍수의 진리를, 파리는 역설적으로 자신의 방식으로 증명해 보인 셈이다.

도시 풍수 여행 　파리

파리를 여행할 때 풍수상 좋은 기운을 받을 수 있는 곳 5곳과 이유를 소개하면 다음과 같다.

1) 센강(Seine River)
파리의 중심을 동서로 가로지르는 센강은 도시 전체의 기운이 흐르는 용맥(龍脈)이다. 풍수에서 강은 '혈(穴)'을 살리는 생명수이며, 도시의 번영은 강의 흐름과 밀접히 연결된다. 센강의 완만한 곡선은 부드러운 음수(陰水)의 흐름으로, 파리 시민에게 정서적 안정과 예술적 감수성을 부여한다. 강변을 따라 걷다 보면 도시의 기운이 고요히 순환하는 것을 느낄 수 있다. 여행자가 강가에서 시간을 보내면 삶의 흐름이 자연과 하나로 이어지는 순운(順運)의 힘을 얻게 된다.

2) 몽마르트르 언덕(Montmartre)

파리 북서쪽에 우뚝 솟은 몽마르트르 언덕은 도시의 뒤를 지켜주는 진산, 즉 '기운을 다스리는 산'이다. 예로부터 바람과 물길이 모여드는 자리로, 풍수적으로는 생기(生氣)의 집결지로 평가된다. 이곳에 모여든 예술가들은 바로 그 기운을 감지한 사람들이다. 언덕 정상의 사크레쾨르(Sacré-Cœur) 대성당은 흰 대리석의 순백색 빛이 금(金)의 기운을 발산하며, 예술적 창의력과 명예운을 북돋는 상징물이다. 이곳에서 파리 시내를 내려다보면 단순한 전망이 아니라, 예술혼이 깨어나는 '기운의 발원점'을 체험한다. 명예와 권력의 기를 받는 곳이다.

3) 루브르 궁전 & 유리 피라미드(Musée du Louvre)

루브르 궁전은 센강 북쪽의 평탄한 지세 중심부에 자리하여, 도시의 혈(穴)이 맺히는 자리를 차지한다. 이곳은 풍수적으로 문화와 지식, 명예의 기운이 응집되는 중심축으로, 세계 예술의 중심이 된 것도 결코 우연이 아니다. 궁전 중앙의 유리 피라미드는 하늘의 빛을 땅으로 끌어내는 구조로, 양기의 에너지를 응축시키는 '천광지수(天光地水)'의 상징이다. '천광지수'에 대한 풍수 고전 『지리신서(地理新書)』의 설명이다.

"하늘은 빛을 얻어 맑아지고, 땅은 물을 얻어 생명을 이룬다[天得其光則淸明, 地得其水則生化]."

이곳이 그러한 천광지수의 이상적 조합처이다. 정삼각형의 안정된 형태는 인간의 사고력과 직관력을 깨워주는 힘을 지니며, 루브르를 찾는 이들에게 '지혜의 기운'을 선물하는 명당이다.

4) 노트르담 대성당(Cathédrale Notre-Dame de Paris)

센강의 시테섬 중앙에 자리한 노트르담 대성당은 수기(水氣) 위에 세워진 영적 중심이다. 땅의 습기를 신성한 기운으로 전환하여, 방문자에게 내면의 정화를 일으키는 자리에 해당한다. 고딕 양식의 첨탑은 하늘로 향하는 기(氣)의 상승을 만들어 영혼을 치유하고 마음을 맑히는 에너지를 방출한다. 종교를 초월해, 이곳은 자기 자신과의 화해를 돕는 성소(聖所)이다. 잠시 앉아 기도를 올리거나 종소리를 들으면, 불안했던 마음이 평온해지고 운세의 흐름을 새롭게 해준다.

특히 노트르담 대성당을 이고 있는 시테섬은 9개의 다리가 관통하여 거시적 관점에서는 지네[오공·蜈蚣] 명당 형국이다. 다리[足과 橋]가 많으면 교통·교류·복리(福利)가 많다는 뜻으로, 다산(多産), 번영, 인구·자원 유입을 상징한다. 지네가 센강을 차고 하늘로 날아오르는 이른바 오공비천(蜈蚣飛天) 형국이다. 파리에서 딱 한 곳만 방문해야 한다면, 바로 이곳이다. 재물운의 기를 받는 곳이다.

5) 베르사유 궁전(Palais de Versailles)

파리 외곽에 있는 베르사유 궁전은 프랑스 왕조의 권력과 국운을 상징하는 용혈(龍穴)이다. 평지 가운데 정연하게 배치된 궁전과 정원은, 풍수적으로 '용이 머무는 자리'로서, 강한 통치력과 부귀영화를 상징한다. 궁전 중앙의 축선은 태양왕 루이 14세의 이름처럼 태양의 기운(陽氣)을 받아들이는 구조로 설계되었다. 이는 곧 리더십·명예·성취의 에너지로 해석된다. 여행자가 이곳을 걸으면, 여행자에게 마음속 중심이 단단해지고 '자기 운명을 주도하는 힘'을 준다.

4. 독일의 수도 베를린: 열린 평야의 중심지

'베를린' 어원과 뜻

'베를린(Berlin)'이라는 이름은 고(古) 슬라브어 berl 혹은 berl-/birl-에서 유래한다. 이는 늪지(swamp) 또는 습지(wetland)를 뜻한다. 즉 '늪의 마을'이란 뜻이다. Berlin이란 지명은 '베를린시의 서문'이라는 1237년 문헌에서 처음 등장한다. 습지대와 강변을 따라 형성된 '쾰른'과 '베를린'이라는 두 개의 작은 마을에서 출발했다. 두 마을은 슈프레강(Spree River)

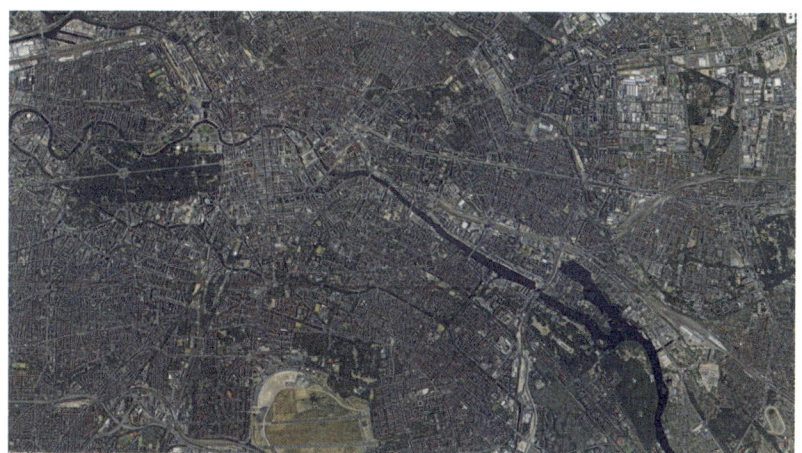

독일 베를린의 위성사진. 북해와 발트해로 이어지는 슈프레강 강줄기의 교차점에 위치해있다. (ⓒGoogle Earth)

의 양안(兩岸)에 나란히 자리했고, 이후 다리로 연결되며 하나의 도시로 성장했다. 작은 교역 마을이었다. 북해와 발트해로 이어지는 강줄기의 교차점에 자리한 덕분에, 사람과 물자가 모여드는 자연스러운 길목이 되었다. 풍수적으로 강은 도시의 혈맥과 같다. 물이 흘러 들어와 머무르며 다시 나간다는 것은 곧 재물이 드나들고 문화가 오가는 통로가 된다는 뜻이다. 그러나 베를린의 슈프레강은 곧게 뻗은 큰 강이 아니라, 구불구불 작은 지류들이 얽혀 있는 형태였다. 이는 곧 베를린이 초기에 안정된 중심보다는 다원적이고 분산된 성격을 가질 수밖에 없었음을 보여준다.

베를린이 역사 속에서 끊임없이 분열과 통합을 반복한 것은, 터의 속성과 무관하지 않다. 프로이센이 수도를 정할 때, 베를린은 군사적 방어에는 최적지가 아니었다. 알프스 자락의 빈처럼 천연의 요새가 아니었고, 라인강 유역의 쾰른처럼 풍부한 교역 항구도 아니었다. 그런데도 베를린이 선택된 이유는 바로 '열린 평야의 중심'이었기 때문이다. 사방으로 병력을 이동시키기 쉽고, 강을 따라 곡식과 자원이 들어왔다. 풍수적으로 산의 기운이 부족한 대신, 물길을 통해 외부의 기운을 받아들여 성장하는 자리였다.

17세기에 이르러 브란덴부르크 선제후(選帝侯: 신성로마제국 황제 선출권을 가진 제후 가운데 브란덴부르크 지역을 다스리던 군주)가 세력을 넓히면서, 베를린은 점차 정치적 중심으로 자리 잡는다. 당시 도시는 아직도 작고 초라했지만, 궁궐을 세우고 성벽을 두르면서 중심의 상징을 만들고자 하였다. 풍수에서 인간이 건물을 세워 부족한 기운을 보완하듯, 프로이센 지배자들도 건축을 통해 터의 약점을 보완하려 했다. 산이 없는 땅에 대신 궁전의 위용을 세워 중심성을 확보하려 했다는 것이다.

독일 베를린 브란덴부르크문. 정치를 상징하는 건축물이다. (ⒸShutterStock)

이후 베를린은 브란덴부르크 변경백국(Brandenburg Margraviate)의 중심 도시로 성장했고, 프로이센 왕국 시절(1701~1918)에 이르러서 유럽의 신흥 강국을 상징하는 수도가 되었다.

베를린의 생명선 '슈프레강'

풍수에서 도시의 기세를 결정하는 핵심 요소는 산과 물이다. 베를린의 생명선은 슈프레강이며, 이 강의 출발점은 독일과 체코 국경 인근의 루사티아(Lusatia) 고지이다. 평균 해발 300~500m의 완만한 구릉 지대로 이루어진 루사티아는 격렬한 기운을 폭발시키기보다는 '은기(隱氣)'를 천천히 발산하는 형세를 지닌다. 이런 완만한 기세가 베를린의 도시 성장을 급격한 팽창이 아닌 장기적 축적의 경로로 이끌었다고 해석할 수 있다.

루사티아는 역사적으로도 의미가 깊다. 헤르더는 이곳을 "게르만과 슬라브 정신이 만나는 경계의 언덕"이라 묘사하였고, 바그너는 오페라 《로엔그린》의 배경 일부를 여기에서 차용하였다. 이는 루사티아가 두 문화권의 기운이 교차하는 교기지지(交氣之地)임을 시사한다. 바로 그 지점에서 발원한 슈프레강이 베를린을 향해 흐른다.

베를린은 슈프레강 전체 400km 구간 중 250km 지점에 있으며, 하류의 하펠강 합류 직전에 자리한다. 남동에서 북서 방향으로 도심을 관통하는 강폭은 중심부 50~100m, 외곽에서는 200m 정도로 비교적 좁다. 큰 상업항을 갖기 어려운 물리적 규모이기 때문에 전통적 무역도시로서의 확장력이 제한되었다는 풍수적 한계도 드러난다. 따라서 베를린은 강대국의 수도이지만 거대한 강을 중심으로 형성된 도시는 아니다. 슈프레와 하펠, 이 두 강이 조용히 흐르며 형성한 기세(氣勢)는 외형적 장대함보다 내적 축적과 문화적 융합을 이끌어온 물의 기운이다.

인공의 강 '베를린의 운하'

베를린은 평탄한 지형과 산세의 부족이라는 약점을 운하망으로 보완하였다. 이는 베를린을 제국의 수도로 성장시키는 데 결정적 역할을 한 인공적 기반이었다. 슈프레강은 중심부 상당 구간이 운하화되어 박물관 섬과 정부 지구를 관통하며, 관광 유람선 운행을 통해 도시 경관과 연결성을 강화한다. 풍수 구성 핵심 2가지는 산과 물이다. 그 가운데에서도 물이 더 중요하여 풍수 고전『장서』는 "물 얻는 것을 으뜸으로 한다[득수위상·得水爲上]" 하였다. 물 얻는 행위를 베를린은 운하를 통해 실천한다.

주요 운하의 특징은 다음과 같다.

운하화된 슈프레강과 박물관 섬(©ShutterStock)

(1) 란트베어 운하(Landwehr kanal, 10.7㎞)

1845~1850년에 건설되었으며 교통 분산과 치수를 주목적으로 하였다. 폭 22~25m, 수심 2.5m로 양안이 산책로와 자전거도로로 꾸며져 시민들의 녹지 휴식 공간으로 기능한다. '베를린의 정원형 운하'로 불린다.

(2) 텔토브 운하(Teltow kanal)

1900~1906년에 건설되었고 하펠강과 슈프레강 남부를 연결하여 남부 산업지대 물류 수송을 담당하였다. 길이 37㎞, 폭 40~50m, 수심 4m로 현재까지 화물 운송이 활발하며 산업 성장의 중추적 기반이 되었다.

(3) 호엔촐레른 운하(Hohenzollern kanal)

1848~1859년에 건설된 12㎞ 길이의 운하로, 베를린 중심(슈프레강)과 스판다우 지역(하펠강)을 북측으로 연결한다. 통일 이후에도 서베를린과 서유럽을 잇는 핵심 수로로 유지되었다.

(4) 미텔란트 운하(Mittelland kanal)

1906년 착공, 1938년 준공된 독일 최대 내륙 운하 중 하나로 총연장 325㎞에 달한다. 독일 중부를 횡단하며 베를린을 중심으로 유럽 내륙 수운 네트워크를 완성하는 대동맥 역할을 한다.

베를린의 운하들은 단순한 수로를 넘어 도시의 경제와 공간 구조를 조직하는 혈맥이다. 자연이 만든 길지가 아니라 오랜 시간 축적된 인공적 인프라가 도시의 기운을 형성한 사례로 평가할 수 있다. 이러한 운하 체계가 베를린을 유럽의 중심 도시로 자리매김하게 한 원동력이다.

뚜렷한 모습이 없는 베를린의 산(언덕)

베를린 풍수의 2가지 요소 가운데 산은 어떠할까?

베를린의 자연 하천과 마찬가지로 베를린의 산 역시 그리 뚜렷한 모습을 보여주지 못한다. 베를린은 대체로 평평한 저지대에 속하여, 가장 높은 산이 '악마의 산(토이펠스베르크 · Teufelsberg)'으로 표고 120.1m이다. 자연의 산이 아닌 인공으로 조성된 언덕이다. 원래 이곳은 나치 시절 미완성된 기술대학(Technische Hochschule)의 거대 건물이 있었다. 알베르트 슈페어(Albert Speer, 1905~1981, 나치 독일 건축가)가 설계한 나치의 세계 수도 게르마니아(Germania, 베를린 대개조 프로젝트) 계획 일부였다. 1945년

연합군이 점령하여 폭파하려 하였으나 콘크리트가 너무 단단해 폭파할 수 없었다. 이에 연합군은 베를린의 초토화된 잔해 250만 트럭 분량을 이곳에 옮겨 쌓았다. 즉, 악마의 산은 나치 제국의 폐허 위에 쌓인 잿더미 언덕이다. '나치란 악마를 묻었다는 의미의 산'이다.

자연적으로 생겨난 산은 크로이츠베르크(Kreuzberg, 66m)이다. 베를린 중심 남쪽에 있는 언덕으로, 이곳이 오늘날 베를린의 혼(魂)이라 불리는 예술지구의 이름이기도 하다. 베를린의 진산(鎭山)이라 할 수 있다. 동쪽 구릉지인 바이센제(Weißensee)와 리히텐베르크(Lichtenberg) 지역에는 고대 빙하가 남긴 잔구(殘丘)가 있어 미세하지만 '기맥'의 흐름을 보여줄 뿐이다. 산맥의 힘찬 흐름을 보여주지 못하는 곳이다. 풍수적 관점에서 본다면, 산은 기운을 모아주고 터를 지켜주는 척추 역할을 한다. 그런 의미에서 베를린은 늘 외부의 바람에 노출된 자리라 할 수 있다. 그러나 동시에 평야는 사방으로 열려 있어 교류와 확장의 기운을 품는다. 이 두 가지, 개방성과 취약성이 베를린의 운명을 동시에 규정해 왔다.

인공 명당을 만들어낸 독일 국민

자연 지형의 힘은 약했으나, 인간의 의지와 건축이 그 결핍을 보완하였다. 베를린은 자연미로 유명한 도시가 아니었다. 대신 정원을 조성하고 운하를 파서 물길을 다스렸으며, 곳곳에 상징적 건축물을 세워 힘을 드러냈다. 이는 풍수에서 말하는 형국의 보완, 곧 인위적 조율이었다.

그러나 땅의 본래 성질은 쉽게 변하지 않는다. 산세의 보호가 없는 평야의 도시는 외세 침입에 취약하다. 베를린은 30년 전쟁과 나폴레옹 전쟁 등 수차례 점령과 파괴를 경험했다. 그럼에도 평지의 터는 무너지면 다시 일어서기 쉬운 유연성을 지녔고, 베를린은 그러한 회복력을 통해 점차 독일의 중심으로 부상했다.

베를린의 도시 형세는 자연의 흐름이 아닌 인간이 재구성한 선과 면으로 이루어진 인공적 구조이다. 전통적 명당이 자연 형세를 따르며 기운을 모은 자리라면, 인공 명당은 제도와 권력이 기운을 만드는 공간이다. 베를린이 근대 독일의 수도가 되었다는 사실은 독일이라는 국가가 자연적 통합보다 행정력과 군사력, 법제에 기반한 인위적 통합으로 형성되었음을 시사한다. 독일인의 3대 미덕인 근면·성실·정직도 땅의 주는 부족함을 인간의 의지와 노력으로 극복하고자 하는 집단 무의식 속에서 형성되었다.

앞에서 언급한 대로, 초기 베를린은 풍수적으로 모순된 도시였다. 안정적 명당의 조건은 부족했지만, 새로운 질서를 세우려는 강한 의지가 작동했다. 물길은 열린 흐름을 제공했고, 평야는 사방의 길을 연결했다. 태생적으로 불안정 속의 기회를 품은 도시였다. 이 점이 프로이센이 작은 영지에서 독일 통일의 주역으로 성장하는 과정과 맞물린다.

19세기 산업혁명은 베를린을 급격히 확장하였다. 철도는 도시를 방사형으로 묶으며 베를린을 거대한 분기점으로 만들었다. 풍수에서 길과 철로는 기운을 전달하는 혈관이다. 베를린은 이 네트워크를 통해 사람과 자본, 지식이 집중되는 심장으로 거듭났다. 그러나 혈관이 과도하면 기운이 외부로 흩어질 위험도 커진다. 급성장은 독일 내부 지역 간 긴장을 승쏙시키는 원인이 되었다. 비스마르크의 철혈정책(鐵血政策: 강력한 군사력·鐵과 과감한 전쟁·血을 통해 국가 통일과 국익을 달성하려는 국가 정책)은 베를린의 성격과 맞아떨어졌다. 그는 군사력과 행정으로 독일 각 주를 결속시켰고, 베를린은 제국의 수도로 격상되며 기념비적 건축물들이 중심을 형성하였다. 중요한 건물이 중심에 위치하면 기운이 모이기 쉬우나, 인공적 중심은 외부 충격에 흔들릴 수 있다.

제국의 팽창은 번영과 함께 내부 균열을 심화시켰다. 독일 각지의 가치관과 계층 간 갈등은 베를린이 감당해야 할 숙제가 되었다. 세계대전은 그 균열을 폭발시켰다. 제1차 대전의 혼란과 제국 붕괴, 이어진 제2차 대전의 파괴는 기운의 흐름을 무력화하였다. 도시의 중심이 붕괴하고 혈맥이 끊어지며, 베를린은 기가 막힌 상태에 놓였다. 그러나 평원 도시는 재구축이 용이하다. 자연 제약이 적어 사람의 손으로 빠르게 형국을 새로 짤 수 있었다. 베를린은 폐허 위에서 다시 도시 구조를 정비하며 또 한 번 변신했다.

전후 베를린은 분할과 분단이라는 특수한 운명을 맞았다. 원래도 방어력이 약한 터였는데, 분단으로 기의 흐름이 절단되었다. 길과 강은 이어져 있으나 장벽이 혈맥을 막았다. 베를린 장벽은 거대한 동맥을 차단한 형국이었고, 도시는 체제 경쟁의 전초기지가 되었다. 기운이 막히자 오히려 상징적 기운이 응축되어 전 세계의 시선을 끌었다.

1989년 장벽 붕괴는 응축된 기운이 분출되는 순간이었다. 막힌 혈맥이 열리며 도시 전체가 다시 유기체처럼 움직였고, 독일 통일은 완결을 향해 나아갔다. 통일 후 수도 이전은 나라의 혈맥을 다시 심장에 연결하는 과정이었다. 임시수도 본(Bonn)이 안정과 균형의 기운을 가졌다면, 베를린은 분단과 통합의 기억을 품은 중심으로 국운을 상징적 통로에 올려놓았다. 오늘의 베를린은 산의 보호가 없는 평원 수도라는 점에서 다른 유럽 수도들과 구별된다. 이는 방어와 안정의 조건은 약하지만, 개방과 확장을 가능케 한다는 풍수적 형세이다. 베를린은 유연성과 재생능력을 통해 끊임없이 새로운 기운을 받아들이며, 독일의 심장으로 뛰고 있다.

독일 베를린 전승기념탑과 티어가르텐(ⓒShutterStock)

물을 대체하는 아우토반

운하와 함께 베를린을 제국의 도시로 견인한 또 하나의 인공물은 속도제한이 없는 고속도로 '아우토반'이다. 이 역시 물[水]의 대체물이다. 풍수에서는 도로[路]를 물의 대체란 뜻의 '가수(假水)'로 본다. 강과 운하는 조운(漕運)의 통로인데, 도로 역시 물류의 통로이기에 도로를 물[水]의 대체로 보는 것이다.

1932년에 구축이 시작된 아우토반은 지속적 확장을 거쳐 총 13,200㎞에 이르는 대규모 기반 시설로 성장하였다. 높은 포장 품질과 안전 기준을 갖춘 아우토반은 국가 경제성과 물류 효율을 극대화하는 핵심 인프라이며, 방사형으로 뻗어나가 베를린을 유럽 대륙교통의 중심축으로 만든다. 런던이 해상을 지배한 제국의 수도라면, 베를린은 육상 교통망이 거미줄처럼 응집된 대륙 제국의 수도라 할 수 있다. 풍수에서 길은 혈맥이니, 베를린은 혈맥으로 유럽의 기운을 끌어당긴다. 동쪽으로 바르샤바와 모스크바, 서쪽으로 파리와 브뤼셀, 남쪽으로 프라하와 빈을 잇는 축선이 모두 베를린에서 교차한다. 이는 독일이 유럽 중심 강국으로 발돋움한 풍수적 토대이다.

통일 이후 독일은 수도를 베를린으로 환원했지만, 권력과 에너지를 한 곳에 집중하지 않았다. 금융은 프랑크푸르트, 문화산업은 뮌헨, 일부 행정기능은 본에 남겨 두었다. 풍수 관점에서, 이는 기운을 여러 명당에 분산시켜 국운의 안정성을 도모한 행위이다. 베를린은 그 분산 체계 속에서 상징적·정치적 심장으로 기능하며, 기운의 중심지이자 네트워크를 매개하는 결절점이라는 독특한 위상을 가진다.

오늘의 베를린은 과거 제국의 수도가 지녔던 장중하고 무거운 기운만을 품고 있지 않다. 다양성·개방·재생·화합이라는 새로운 기운을 흡수하고 있다. 냉전 분단의 경험은 베를린을 다양한 흐름을 용납하는 도시로 만들었고, 이는 풍수적으로 흩어진 물길이 다시 합류하는 형국과 닮아있다. 베를린의 광장과 가로수길, 운하와 호수는 도시 기운을 순환시키는 통로이며, 산이 적은 대신 네트워크형 혈맥이 도시 전체를 지탱한다. 파리나 런던이 단일 중심을 향해 집중하는 형국이라면, 베를린은 다중의 길과 기운이 끊임없이 뻗어가는 확장형 형국이다.

베를린은 완벽한 명당은 아니다. 그러나 바로 그 불완전성이 변화를 촉발하고 새로운 기운을 생성한다. 폐허에서 재생하고, 분단에서 통합을 이루어낸 도시. 오늘도 베를린은 유럽의 심장으로, 강대한 기운을 생성하고 순환시킨다.

베를린

풍수적으로 좋은 기운을 받을 수 있는 곳을 소개하면 다음과 같다.

1) 브란덴부르크 문(Brandenburger Tor)

베를린의 중심가에 우뚝 선 브란덴부르크 문은 도시의 하늘과 대지가 만나는 장엄한 관문이다. 황금빛 석조 기둥 위로 석양이 내릴 때, 하늘의 빛이 도시로 흘러드는 듯한 장면은 그 자체로 풍수의 기(氣)가 열리는 순간을 보여준다. 고대 성문을 통과하듯 이곳을 걸으면, 베를린의 활력과 새로운 시작의 에너지가 자연스레 몸에 스며든다. 풍수에서는 '기의 문[기문·氣門]'이라 하여, 여행의 첫발을 내딛기 가장 좋은 자리로 여긴다.

2) 박물관 섬(Museumsinsel, 슈프레강 중앙의 섬)

베를린의 박물관 섬은 슈프레강 중앙 해발 30~35m의 평탄한 하중도(河中島)에 있다. 전체 면적은 0.3~0.4㎢(30~40ha) 정도이며, 남북 길이는 1㎞, 동서 폭은 최대 500m 내외이지만 베를린 핵심적 역사적 중심(core historic center)이다. 독일 5대 박물관(보데 박물관·페르가몬 박물관·구 국립미술관·구박물관·신 박물관)이 집약된 세계적 문화유산 공간이다. 강물이 사방에서 감싸 안은 박물관 섬은, 도시 속의 고요한 문화의 호수 같다. 물결이 반사하는 햇빛과 고전 건축의 조화가 만들어내는 풍경은 마치 예술이 숨 쉬는 정원처럼 느껴진다. 풍수에서는 물이 생명을 품고 기운을 모은다고 보는데, 이 섬은 바로 그 중심에서 지적 에너지와 창의력의 물결이 도는 곳이다. 예술과 영감을 찾는 여행자에게, 이곳은 자연과 인간의 아름다움이 하나로 어우러진 명당이다. 베를린에서 단 한 곳만 가야 한다면 바로 이곳이다.

3) 티어가르텐 공원(Tiergarten)

도심 한복판에 펼쳐진 티어가르텐은 베를린의 푸른 심장이라 불린다. 고목들이 빽빽한 숲길, 잔잔히 흐르는 개울, 햇살이 비치는 연못의 풍경은 그 자체로 자연의 조화로움을 보여준다. 풍수적으로는 나무와 물이 만나는 '생기 보존지[양기지지·養氣之地]'로, 도시의 복잡한 기운을 정화하고 순환시키는 역할을 한다. 이곳을 거닐다 보면 공기의 무게가 가벼워지고, 마음이 맑아지며 자연과 하나가 되는 회복의 기운을 느낄 수 있다.

4) 샬로텐부르크 궁전 정원(Schloss Charlottenburg)

우아한 바로크식 궁전과 그 뒤로 이어지는 넓은 정원은, 물과 나무, 하늘이 완벽히 균형을 이룬 풍경의 명작이다. 하펠강 수계가 궁전을 부드럽게 감싸고, 정원 중앙의 연못은 거울처럼 하늘을 비춘다. 풍수에서는 뒤로 물이 흐르고 앞이 열려 있는 지형을 길지라 하는데, 이곳은 바로 그런 조화와 번영의 기운이 흐르는 장소다. 고요한 정원길을 걷다 보면, 자연의 질서 속에서 오는 평온과 여유가 마음을 채운다.

5) 템펠호프 공원(Tempelhofer Feld, 옛 공항 부지)

한때 비행기가 날아오르던 활주로가 지금은 사람들의 산책길이 된 이곳은, 끝없이 펼쳐진 하늘과 바람의 공간이다. 시야를 가로막는 것이 없는 드넓은 평원 위로 구름이 흘러가며 만들어내는 빛의 그림자는 그 자체로 자유와 확장의 상징처럼 느껴진다. 풍수적으로는 탁 트인 지형이 막힌 운을 풀고, 새로운 생기를 불러온다. 이곳에서 바람을 맞으며 걷다 보면, 누구나 삶의 숨통이 트이고, 새로운 영감이 피어나는 기운을 체험할 수 있다.

6) 크로이츠베르크(Kreuzberg)

크로이츠베르크는 베를린 남쪽에 자리한 완만한 언덕(66m)으로, 이름 그대로 '십자가 언덕'을 뜻한다. 언덕 위의 전쟁 기념탑(National-denkmal)은 도시 전역에서 한눈에 들어오며, 그 아래로 펼쳐지는 베를린 시가지와 슈프레강의 흐름이 한 폭의 풍경화를 이룬다.

풍수적으로 베를린의 남쪽 진산(鎭山)이다. 도시의 남쪽을 받쳐주는 듯한 위치에 있어, 도심의 기운이 흩어지지 않고 안정되도록 지탱하는 곳이다. 언덕에서 내려다보면, 북쪽으로 펼쳐진 베를린 시내의 형태가 마치 용이 몸을 틀며 흐르는 '와룡형(臥龍形)'의 지세처럼 느껴진다. 언덕은 그 용의 등마루, 즉 에너지가 응집되는 지점에 해당한다. 크로이츠베르크의 공기 흐름은 도시 전체의 공기 흐름과 다르다. 나무와 바람이 교차하고, 하늘과 지면의 기운이 만나는 자리이기 때문이다. 풍수에서는 이런 곳을 '생기(生氣)의 회랑(回廊)'이라 하여, 막혔던 생각이 트이고, 새로운 영감과 결단의 기운이 깨어나는 자리로 본다. 또한, 크로이츠베르크는 단지 조망의 언덕이 아니라 베를린 시민의 자유와 저항정신이 깃든 상징적 장소이기도 하다. 풍수적으로는 하늘의 기운[천기·天氣]이 인간의 의지[인기·人氣]와 만나는 곳으로, 과거와 미래가 이어지는 베를린의 혼(魂)이 서린 영산이다.

5. 네덜란드의 수도 암스테르담: 운하의 도시

'암스테르담' 어원과 뜻

암스테르담의 어원은 '암스텔강 위의 댐(Amstel+dam)'에서 비롯되었다. 13세기경, 암스텔강 하구에 사람들이 강을 막아 마을을 이루었는데, 그것이 훗날 도시의 시초가 되었다. 암스텔강은 아이셀 호(오늘날은 바다와 연결된 내해)로 흘러드는 물줄기였고, 바닷물과 민물이 섞이는 불안정한 지형이었다. 풍수 고전『명산론』4분류법에 따르면, "물이 고요하지

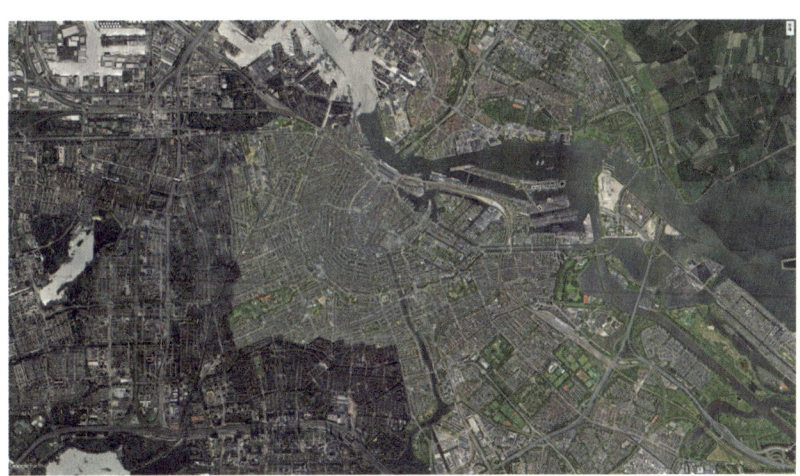

네덜란드 암스테르담 위성사진. 암스텔 강 하구를 막아 만든 간척도시이다. (ⓒGoogle Earth)

않은 것을 고양(孤陽)이라 하는데, 산과 물이 조화롭지 않은 것은 흉지가 된다."라는 땅에 해당한다.

네덜란드 원주민은 저지(低地) 게르만족(Low Germanic peoples)이다. 이들이 북해 연안에 정착한 것은 예로부터 물고기와 소금, 해조류가 풍부했기 때문이다. 또한 라인강·마스강·스헬더강 하구가 연결되는 삼각주 지역이었기 때문에, 내륙과 해상을 잇는 교역의 이점이 많았다. 이들은 바다와 맞닿은 저지대에 살면서, 끊임없는 범람과 싸우는 과정에서 둑쌓기와 간척기술이 발달했다. 그들은 제방을 쌓고 댐을 만들어 바닷물의 역류를 막았다. 다른 나라들이 산을 등지고 강을 앞세워 터를 잡은 것과는 달리, 네덜란드 사람들은 산이 거의 없는 땅에서 바다와 싸워야 했다. 이 싸움의 결과물이 바로 '폴더(polder)'라 불리는 간척지다. 댐과 제방을 쌓고 물을 퍼내어 얻은 이 땅은, 마치 바다와의 전쟁에서 빼앗아 온 전리품 같았다.

풍수의 관점에서 보면, 산이 등 뒤를 지켜주지 못하는 나라는 기운이 쉽게 흩어진다. 그러나 네덜란드 사람들은 흩어지는 기운을 '집단 협동'이라는 인공적 장치로 묶었다. 물길을 막고 땅을 지키기 위해서는 마을 사람들의 공동 노력이 필수였다. 이 경험은 훗날 네덜란드 사회에 합의와 협동의 문화를 깊게 뿌리내리게 했다.

암스테르담을 세계적인 도시로 만든 '운하'

암스테르담이 세계적으로 독특한 도시로 자리 잡은 데에는 운하의 역할이 결정적이다. 도시는 17세기 '황금시대'에 이르러 대규모 운하 건설 계획을 추진했다. 인구가 늘고 무역이 활발해지면서 도시가 확장되자, 단순한 방어용 수로를 넘어 체계적인 교통·주거·상업의 기반이 필요해

네덜란드 암스테르담 운하. 수로가 도심지를 촘촘히 흐르고 있다. (ⓒShutterStock)

졌다. 이때 만들어진 것이 오늘날 유명한 '운하지구(Grachtengordel)'다.

세 개의 주요 운하—헤렌흐라흐트(Herengracht, 귀족의 운하), 카이저르흐라흐트(Keizersgracht, 황제의 운하), 프린센흐라흐트(Prinsengracht, 왕자의 운하)—는 도심을 반원 형태로 감싸며 바깥쪽으로 뻗어나갔다. 안쪽에 있는 광장과 왕궁, 교회 등 중심 시설에서 바깥쪽으로 갈수록 주택과 상업시설, 물류 창고가 배치되었다.

풍수에서 말하는 '환포(環抱)' 형국과 유사하다. 원래 산이 도시를 감싸안아 기운을 보존해야 하지만, 산이 없는 암스테르담은 물길을 둥글게 돌려 기운을 붙잡았다. 물이 도시를 보호하는 '인공의 산'이 된 셈이다. 그리하여 『명산론』의 4분류법 가운데 '산이 작고 물이 큰 것을 독음(獨陰)'에 해당하는 특수 길지를 만들었다.

풍수에서 물은 곧 재물을 상징한다. 물길이 모이고 흘러나가는 곳에는 반드시 부가 쌓인다. 암스테르담 운하는 단순히 교통만을 위해 지어지지 않았다. 운하는 곧 교역의 길이었다. 작은 보트가 도시 곳곳을 오가며 물자와 상품을 실어 날랐고, 운하를 따라 물류 창고와 상점이 줄지어 들어섰다. 세계 각지에서 몰려온 향신료, 곡물, 직물, 목재가 이 물길을 통해 쌓였고, 그 부는 다시 금융과 무역의 힘으로 바뀌었다. 특히 운하는 곧장 바다로 이어졌다. 암스텔강은 아이셀호를 거쳐 북해로 흘러들었는데, 이 바다는 네덜란드를 세계와 잇는 대문이었다. 도시의 혈맥이 곧 세계와 연결된 셈이다. 암스테르담이 곧 세계 무역의 수도로 성장할 수 있었던 것은 이 바다로 열리는 물길 덕분이었다.

운하 위에 놓인 다리와 직선 도로들은 또 다른 특징을 만들어냈다. 도시는 방사형과 원형이 결합한 구조를 띠었는데, 중심에서 사방으로 뻗어간 길이 외부와의 연결성을 강화했다. 풍수에서 사방이 열려 있는 형국은 기운이 흩어져 불안정할 수 있다. 그러나 암스테르담은 오히려 그 열림을 활용해 외부와 교류를 확대했다. 기운을 한곳에 모아 안정을 추구하기보다는, 흩어지는 기운을 교역과 무역의 힘으로 전환한 것이다.

물길과 도로망 덕분에 암스테르담은 끊임없이 외부의 새로운 기운을 흡수할 수 있었다. 산에 둘러싸인 고립된 명당이 아닌, 언제든 외부와 통하는 열린 명당이었다. 홍수와 침수라는 불안정성을 안고 있었지만, 바로 그 불안정이 새로운 발명과 제도를 낳았다. 풍차와 배수 장치, 공동 제방 관리 제도 등이 그 예다.

이렇듯 암스테르담은 바다와 강, 운하와 도로라는 독특한 풍수 구조 속에서 태어났다. 이 구조는 17세기 이후 네덜란드를 세계적인 해상 제국으로 이끄는 인프라가 된다. 이러한 인프라 덕분에 17세기, 유럽의 패권은 스페인과 포르투갈에서 네덜란드로 넘어왔다. 그 중심에는 암스테르담이 있었다. 불과 몇 세기 전까지만 해도 바닷물을 막아 세운 작은 마을이었으나, 운하와 항만을 기반으로 세계의 교역과 금융을 주도하는 도시로 성장한 것이다.

네덜란드 동인도회사

1602년, 암스테르담에서 네덜란드 동인도회사(VOC: Vereenigde Oostindische Compagnie)가 설립되었다. 이는 세계 최초의 주식회사이자 다국적 기업이었다. VOC는 암스테르담을 본부로 삼고, 아시아로 향하는 무역 항로를 개척했다. 인도네시아·인도·일본·중국에서 향신료·비단·차·도자기를 가져와 유럽에 공급했다. 이는 암스테르담의 수구(水口)가 단순히 유럽 내부가 아니라 세계의 바다와 연결되었음을 보여준다. 기운은 바다를 타고 들어왔고, 그 물길이 곧 부의 혈맥이 되었다. VOC 주주들은 단순한 상인이 아니었다. 이들은 도시의 지배층이었고, 정치·금융·군사를 주도했다. 암스테르담 시청은 회사의 가장 큰 후원자였고, 운하를 따라 들어선 창고들은 회사의 물류 거점이 되었다. 곧 도시는 회사와 함께 숨 쉬며 번영했다.

암스테르담이 황금기를 누린 또 하나의 이유는 금융 혁명이다. 세계 최초의 주식거래소가 세워지고, 은행 시스템이 발달했다. 이들 중 핵심 인물로는 초기 금융가인 요하네스 위트세(Johannes Witteveen)와 디리크 판 오스(Dirck van Os) 같은 네덜란드 동인도회사(VOC)의 창립 주주가 있었다. 돈의 흐름이 물의 흐름을 따라간 도시를 만든 주역들이었다. 이들은 단순히 상인이 아니라, 도시의 재물을 불러들이는 '재신(財神)' 역할을 했다. 운하와 도로망은 이 금융 활동을 도왔다. 물길을 따라 빠르게 물자가 이동하고, 도로를 통해 정보와 사람의 왕래가 촘촘히 이어졌다. 금융의 심장으로서, 혈관을 통해 유럽 전체에 자본을 공급했다.

해상 제국으로의 힘을 발휘한 암스테르담의 조선업

현재 미국의 조선업은 몰락의 길을 걷고 있다. 심지어 한국의 조선업에까지 도움을 요청하는 상황이다. 조선업이 그 나라의 흥망성쇠와 어떤 상관관계가 있는지를 당시 네덜란드의 조선업을 통해 엿볼 수 있다.

암스테르담이 해상 제국으로 성장할 수 있었던 또 하나의 힘은 조선업이었다. 자브라켄(자안담, Zaandam) 조선소가 그 주역이었다. 네덜란드 북부 잔강(Zaan River) 하류, 암스테르담에서 북쪽으로 15㎞ 떨어진 지점에 있는 자안담(자브리켄)은 17세기, 네덜란드가 '바다의 공화국(Republic of the Sea)'으로 불리던 황금기에 접어들면서, 세계적인 조선 산업의 중심지가 되었다.

당시 이곳에는 100여 개의 조선소와 선박 공장이 있었으며, 네덜란

네덜란드 암스테르담의 옛 조선소 터. 네덜란드의 호황을 상징하던 곳이다. 지금 이 곳은 네덜란드 예술의 상징이 되었다. (ⓒGettyImageKorea)

드 상선, 어선, 군함의 상당수가 이곳에서 만들어졌다. 선박 건조 속도는 유럽 최고 수준이었는데, 1640년대에는 하루에 배 한 척을 완성했을 정도였다. 자안담(자브라켄) 조선소에서는 값싸고 빠르게 건조할 수 있는 '플뤼트(Fluyt)'선이 대량으로 만들어졌다. 이 배는 적은 인력으로도 먼바다를 항해할 수 있었고, 더 많은 화물을 실을 수 있었다. 플뤼트선의 발명은 마치 풍수에서 물길의 흐름을 넓히는 행위와 같았다. 좁은 물길도 크게 열리고, 기운이 더 많이 흘러들어오는 구조가 된 것이다.

탐험가 헨리 허드슨(Henry Hudson) 역시 암스테르담 황금기에 중요한 인물이었다. 그는 VOC의 후원을 받아 신항로 탐험에 나섰고, 그의 이름을 딴 미국 뉴욕의 허드슨강과 허드슨만은 오늘날까지도 그 흔적을 남기고 있다. 헨리 허드슨은 17세기 초 북극해와 북미를 탐험하며 북서항로를 찾고자 했던 영국 출신 항해자로, 탐험 과정에서 허드슨강·허드슨만 등 북미의 주요 지형을 서양 세계에 알렸다. 풍수적으로는 새로운 수구(水口)를 찾았으며, 이는 곧 도시의 기운을 외부로 확장하는 계기가 되었다.

암스테르담 시의회는 이 모든 흐름을 정치적으로 뒷받침했다. 대표적인 인물로 얀 피에터스존 코엔(Jan Pieterszoon Coen, 1587~1629)을 들 수 있다. 그는 VOC의 총독으로 인도네시아 바타비아(오늘날 자카르타)를 식민지 본부로 세웠다. 그의 정책은 때로는 잔혹했지만, 네덜란드 제국을 실질적으로 확장한 원동력이 되었다. 코엔은 암스테르담이라는 수도의 기운을 동남아시아까지 연결한 인물이었다. 또한 유대인 금융가와 상인들도 중요한 역할을 했다. 스페인과 포르투갈에서 종교 박해를 피해 온 유대인들은 암스테르담에서 자유롭게 활동하며 무역과 금융을 주도했다. 이들의 존재는 도시의 '열린 풍수'를 상징한다. 산이 없는 대신 열린 평야와 물길은 언제든 외부의 기운을 받아들일 수 있었고, 그것이 다문화적 번영을 낳았다.

17세기의 암스테르담은 풍수적으로 '물의 환포(環抱)'가 극대화된 시기였다. 앞에서 언급한 세 개의 운하가 도심을 감싸며 부를 붙잡았고, 도로망은 사방으로 뻗어나가 외부와의 교류를 확대했다. 바다로 열린 수구는 세계와 연결되었고, 그곳을 통해 부와 인재, 사상이 몰려들었다.

그러나 동시에 한계도 드러났다. 물길은 기운을 불러들이지만, 지나치게 넓게 퍼지면 기운이 집중되지 못한다. 네덜란드가 영국과 프랑스의 도전을 받으며 패권을 잃은 것은, 풍수적으로 보면 '산의 부재'와 관련이 있다. 산은 국가의 척추로 지속성을 보장하는데, 네덜란드에는 그런 지리적 기반이 없었다.

암스테르담의 황금기는 화려했지만 짧았다. 그러나 그 짧은 시간 동안, 도시는 인류 최초의 세계도시라 불릴 만한 위상을 누렸다. 풍수적 결핍을 인공과 지혜로 보완하며, 흩어지는 기운을 끌어안아 세계의 중심이 되었다. 패권의 기간은 짧았으나 그렇다고 해서 네덜란드의 운이 다한 것은 아니었다. 이 나라는 바다에서 물러난 대신 땅을 향해 눈을 돌렸다. 그 결과, 오늘날 네덜란드는 세계에서 가장 앞선 농업 국가이자, 씨앗과 원예 산업의 강자로 자리매김했다. 네덜란드의 국토는 삼각주와 평야로 이루어져 있다. 바다와 강이 끊임없이 넘나드는 땅이다. 풍수적으로 보면, 이는 산 기운이 부족한 대신 물기운이 강한 땅이다. 물은 곧 변화와 유통, 그리고 생명의 근원이 된다. 네덜란드가 해상 제국으로 성장한 것도 물 덕분이었지만, 시간이 지나면서 그 물길은 새로운 방향으로 쓰였다.

17세기 황금기 이후, 영국과 프랑스가 패권을 차지하면서 네덜란드는 더 이상 해양에서 주도권을 잡지 못했다. 그러나 물을 다루는 기술은 여전히 남아 있었다. 방조제를 세우고, 운하를 만들고, 바다를 땅으로 메우는 간척 사업은 풍수적으로 '수구를 틀어 땅을 만드는' 행위였다. 이렇게 생긴 새로운 땅, 즉 폴더(polder)지역은 곧 비옥한 농지로 변했다.

식탁을 지배하는 암스테르담의 농업

바다를 막아 얻은 토지는 풍수적으로 특별한 의미가 있다. 원래 바다는 흘러가는 기운이 지배하는 공간인데, 그 기운을 붙잡아 땅으로 바꾸면, 마치 용이 잠든 혈맥을 억세게 움켜쥔 것과 같다. 네덜란드의 농업 기적은 단순한 기술의 결과가 아니라, 이런 지형적 변화로 얻은 풍수적 전환이었다.

암스테르담은 국제 금융과 연구의 중심지다. 네덜란드 농업이 세계 최고 수준에 오를 수 있었던 배경에는 바로 이 금융과 연구가 있다. 씨앗 회사·온실 농업 기업·농업 연구소가 모두 암스테르담과 그 주변에 자리한다. 운하로 연결된 이 네트워크는 곧 농업 기운의 혈관이다. 오늘날 전 세계에서 재배되는 채소와 꽃, 곡물의 상당수는 네덜란드에서 개발된 씨앗에서 비롯된다. 특히 세계 씨앗 시장의 40% 이상을 네덜란드 기업이 장악하고 있다. 대표적인 기업으로 라이크 즈완(Rijk Zwaan)·누넴스(Nunhems, 현재 바이엘 소속)·엔자 자덴(Enza Zaden) 등이 있다.

네덜란드가 씨앗을 지배할 수 있었던 이유는 크게 세 가지다.

온난한 해양성 기후는 온실 재배에 이상적이었다. 강과 운하에서 공급되는 물은 언제나 풍부했고, 간척지의 토양은 질소와 영양분이 많았다. 네덜란드는 19세기부터 유리 온실을 발전시켰고, 오늘날에는 자동화된 첨단 온실을 보유하고 있다. 빛과 물, 온도를 정밀하게 조절하는 시스템은 씨앗의 품질을 획기적으로 높였다. 이는 풍수적으로 말하면 '인위적 조산(造山)', 즉 사람이 산과 기후를 만들어 기운을 모으는 행위였다.

과거 해상 제국 시절의 경험이 농업에도 이어졌다. 세계 각지에서 씨앗을 모아 개량하고, 그것을 다시 세계로 판매하는 구조가 자리 잡았다. 마치 예전 동인도회사가 향신료를 독점했던 것처럼, 현대의 네덜란드는 씨앗을 독점하게 된 것이다. 씨앗을 지배한다는 것은 곧 식탁을 지배한다는 의미다. 네덜란드가 만든 토마토·오이·피망·상추 품종은 세계 어디서나 볼 수 있다. 특히 네덜란드산 토마토 품종은 생산성·맛·보존력에서 독보적이어서, 미국·중국·한국을 포함한 전 세계 농장에서 재배된다. 풍수적으로 볼 때, 네덜란드가 더 이상 군사적 제국은 아니지만, 여전히 세계인의 삶을 지배하는 '식탁의 제국'이 되었음을 의미한다. 바다에서 출발한 기운이 이제는 씨앗을 통해 다시 세계로 퍼져나가고 있다.

그러나 모든 기운에는 명과 암이 있다. 네덜란드 농업은 지나치게 기술과 자본에 의존한다. 첨단 온실과 씨앗 산업은 에너지와 자원의 대량 소비를 전제로 한다. 씨앗 독점은 윤리적 논란을 불러온다. 풍수적으로도, 기운이 한 곳에만 집중되면 언젠가는 막히거나 고갈될 위험이 있다. 또한, 국토가 낮은 지형 탓에 기후 위기의 영향을 가장 크게 받는 나라 중 하나다. 해수면 상승은 곧 네덜란드의 존망을 위협한다.

그런데도 네덜란드는 여전히 유럽의 '작은 거인'으로 불린다. 인구와 면적은 작지만, 금융·농업·물류에서 세계를 이끄는 힘을 가지고 있다. 암스테르담은 여전히 이 모든 기운이 모이는 수도다. 네덜란드의 국운은 물에서 시작해 물로 완성된다. 바다를 정복했던 나라가 이제는 물길을 이용해 씨앗을 키우고, 그 씨앗을 다시 세계로 퍼뜨린다. 암스테르담은 그 모든 흐름의 심장이며, 네덜란드의 풍수적 원형을 보여주는 도시이다.

암스테르담

암스테르담을 방문하는 여행객들이 풍수상 좋은 기운을 받을 곳을 소개하면 다음과 같다.

1) 담 광장(Dam Square)

암스테르담의 심장부, 모든 길이 모이고 모든 사람의 발길이 닿는 곳이 바로 담 광장이다. 새벽에는 이른 햇살이 얇게 광장 위를 비추며 도시의 하루를 열고, 해 질 무렵에는 붉은 노을이 왕궁의 석벽에 반사되어 장엄한 빛의 장면을 만든다. 사방으로 열려 있는 공간이 도시의 숨결을 모으고 흩으며, 사람들의 만남과 이별, 다짐과 약속이 이곳을 중심으로 이어진다. 광장은 도시가 가진 사회적 활력과 인간적 온기를 전해준다. 암스테르담의 '현재'를 가장 생생히 느낄 수 있는 곳이다.

2) 헤렝그라흐트 운하(Herengracht Canal, '귀족의 운하')

운하의 물길이 반달처럼 도시를 감싸 안은 이곳은 암스테르담의 가장 품격 있는 풍경이다. 물결 위로 부드럽게 스치는 바람, 오래된 벽돌 저택의 반사된 빛, 나무 그림자가 수면 위에서 춤추는 모습이 한 폭의 고요한 회화 같다. 아침에는 햇살이 물 위에서 반짝이며 생기를 띠고, 저녁에는 유리창에 비친 불빛들이 물결 따라 번진다. 사람들은 운하를 따라 천천히 걷거나 자전거를 타며, 도시가 지닌 정제된 평화와 여유의 리듬을 느낀다. 물의 흐름이 안정된 곳에 삶의 안정도 깃든다는 옛말처럼, 이곳은 암스테르담의 품격과 조화가 가장 잘 드러나는 공간이다.

3) 본델파크(Vondelpark)

도심 속에 자리한 이 넓은 공원은 암스테르담의 폐(肺)와 같다. 아침이면 안개가 잔잔히 연못 위를 감싸고, 오후에는 햇빛이 나뭇잎 사이로 흩어져 부드러운 그림자를 만든다. 산책하는 사람들의 걸음과 새들의 노래가 어우러져 공원의 공기가 살아 움직이는 듯하다. 평탄한 지면 위에 물과 숲이 조화를 이루며, 인간과 자연의 경계가 사라지는 곳. 오래된 도시의 속도에서 벗어나 잠시 호흡을 고르고, 내면을 맑히기에 더없이 좋은 쉼터다.

4) 라이크스 미술관(Rijksmuseum) 정원

웅장한 건축물 뒤편으로 펼쳐진 정원은, 예술이 대지를 만나는 장소다. 남쪽에서 들어오는 햇빛이 조각상과 분수에 반사되어, 하루의 시간대마다 다른 색의 풍경을 만들어낸다. 정원을 거닐다 보면 건물의 붉은 벽돌, 푸른 하늘, 흰 구름이 자연스럽게 어우러져, 마치 한 폭의 인상파 그림 속을 걷는 듯한 기분이 든다. 물소리와 예술의 향기가 공기 속에 섞이며, 보는 이의 마음을 한결 깊고 맑게 해준다. 암스테르담의 문화적 정신이 가장 섬세하게 드러나는 곳이다.

5) 자위더르 해안(IJsselmeer 및 IJ 강변 일대)

도시의 북쪽 끝, 하늘과 바다가 맞닿은 이곳은 암스테르담의 끝이자 시작이다. 수평선이 끝없이 펼쳐져 있어, 해가 떠오를 때는 은빛 물결이 눈부시고, 해 질 녘에는 하늘 전체가 붉게 물든다. 바람은 먼바다에서 불어와 도시의 무거운 공기를 씻어내고, 여행자에게는 새로운 마음의 공간을 열어준다. 강변을 따라 서면 하늘과 물, 도시가 한 선으로 이어지며, 자연과 인간의 조화가 만들어내는 거대한 평온이 느껴진다. 암스테르담의 삶과 예술, 그리고 개방의 정신이 이 수평선 위에 녹아 있다.

6. 그리스 수도 아테네: 올리브의 도시

'아테네' 어원과 뜻

그리스의 수도 '아테네'는 여신 아테나(Athēnā, Ἀθηνᾶ)의 이름에서 나왔다. '아테나의 도시(the city of Athena)'라는 뜻이다. 바다의 신 포세이돈과 지혜의 여신 아테나가 이 땅을 차지하기 위해 경쟁을 벌였다는 신화가 전해 내려온다. 포세이돈은 삼지창을 땅에 꽂아 바닷물을 솟구치게 하며 '이 도시는 바다의 힘으로 번영할 것'이라 주장했다. 반면 아테나는 올리브 나무를 심어 지혜와 평화를 상징했다. 사람들은 결국 올리브를 선택했고, 그 덕분에 도시의 이름은 '아테나의 도시', 곧 아테네가 된 것이다. 이는 신화지만, 동시에 도시의 정체성을 드러낸다. 아테네는 군사적 힘보다는 지혜와 교역, 문화의 에너지를 기초로 성장한 도시였다. 풍수적으로도 이 신화는 의미가 있다. 즉, 무력의 포세이돈보다 풍요와 지혜를 상징하는 아테나의 선물이 더 오래가는 '좋은 기운'을 가진다는 믿음이 자리한 것이다.

아테네의 풍수 구성 인자인 산과 물은 어떠할까? 산보다 물이 중요하다. 풍수 고전 『지리신법』을 다시 한번 인용하여 독자들께 물을 먼저 소개하는 이유를 환기한다.

"산은 본래 그 성질이 고요한 것이어서 음(陰)에 속하고,

물의 성질은 움직임이어서 양(陽)에 속한다.

음[물]은 본체를 담당하고, 양[산]은 변화를 관장한다.

그러므로 길흉화복은 물에서 더 빠르게 나타난다."

철학을 탄생시킨 아테네의 강

특히 아테네에서 물의 중요성은 각별하다. 오늘날 아테네는 사막처럼 건조한 도시로 알려져 있으나, 고대 아테네는 두 줄기의 맑은 물이 도시를 감싸던, 물의 도시였다. 바로 케피소스(Kifisos)강과 일리소스(Ilissos)강이다. 두 하천은 규모는 지금의 눈으로 보면 그리 크지는 않다. 토사 유출과 퇴적으로 시간이 흐르면서 수량·수심·강폭 모두 줄어들기 때문이다.

케피소스강은 아테네 북쪽의 파르네스산(Mount Parnitha, 해발 1,400m) 남쪽 기슭에서 발원한다. 길이는 27㎞, 폭은 계절에 따라 10~25m, 수심은 평균 0.5~1.5m 정도로 깊지 않다. 그러나 겨울철 비가 내리면 일시적으로 유량이 세져, 고대에는 제방과 돌다리를 놓아야 했다. 강물은 도시 서쪽을 따라 남쪽으로 흘러, 파라이오스항(Piraeus) 인근의 사로나만(Saronic Gulf)으로 흘러들었다. 즉, 케피소스는 아테네를 내륙과 바다로 연결하는 자연의 통로, 생명의 척추였다. 고대인들은 이 강을 단순한 하천이 아니라 '시간의 강'으로 여겼다. 봄의 눈 녹은 물이 흘러와 여름의 가뭄을 버티게 해주었고, 농부들은 이 강의 수로를 따라 보리를 재배했다.

철학자 플라톤은 이 강변의 수목이 우거진 평지에 '아카데미아'를 세웠다. 그곳은 단순한 학교가 아니라 물소리가 사유의 배경음이 된 정원이었다. 플라톤은 흐르는 물을 '로고스의 비유'로 삼았고, 그 제자 아리

스토텔레스는 '자연의 운동'을 관찰하며 물의 변화를 논했다. 케피소스 강은 곧 이성적 사유의 원천, 물로서 철학의 근원이었다. 오늘날 이 강은 대부분 복개되어, 고속도로와 도시의 철로 아래를 따라 흐른다. 그러나 여전히 우기에는 지하에서 맑은 물이 솟구치며, 아테네 시민들은 그 흐름을 "보이지 않는 생명선"이라 부른다. 풍수적으로 본다면, 케피소스 강은 도시의 서쪽 허리[요·腰]를 감싸며 음양의 균형을 이루는 좌청룡의 물줄기였다. 물이 곧 기(氣)를 불러 모았다. 풍수 고전 『장서(금낭경)』는 물과 기와의 관계를 말한다.

"기란 물의 어머니여서, 기가 있으면 물이 있게 된다."

아테네의 문명과 철학은 바로 이와 같은 기(氣)를 모태로 탄생하였다. 일리소스강은 사유와 예술의 강, 아테네의 동쪽 숨결이었다. 일리소

그리스 아테네의 위성사진. 산과 강, 바다가 어우러져있다. (ⓒGoogle Earth)

스강은 훨씬 짧은 강이다. 길이는 10㎞, 폭은 5~15m 정도이며, 평상시 수심은 0.3~0.6m에 불과하다. 그러나 이 작은 하천이 흘러내리는 자리는 아크로폴리스의 동쪽 자락 — 즉, 신전과 인간의 도시가 만나는 성스러운 경계였다. 강의 발원지는 히메토스산(Mount Hymettus, 해발 1,026m) 북서 사면이다. 이 산은 꿀과 대리석으로 유명하며, 그 빗물이 일리소스강으로 스며든다. 일리소스강은 남서쪽으로 천천히 흘러, 케피소스와 합류하기 전에 도심의 신전 지대를 굽이돌며 지나간다. 물길은 바람의 방향과 일치해, 도시 동쪽에서 불어오는 바람이 강을 따라 서쪽으로 기운을 흘려보낸다. 즉, 일리소스강은 정신적 에너지의 통로, 동쪽 생기(生氣)를 불러오는 길이었다.

플라톤의 대화편 『파이드로스』에는 소크라테스가 제자 파이드로스와 함께 이 강변을 거닐며 사랑과 영혼에 대해 토론하는 장면이 있다. 그들은 시냇가에 앉아 발을 물에 담그고, 플라타너스 아래서 '혼의 날개'에 대해 이야기했다. 그 장면은 곧 물의 사색, 흐름 위의 철학이다. 소크라테스에게 일리소스강은 단순한 자연이 아니라 '이성이 태어나는 장소'였다. 물은 고요하지만 끊임없이 흘러, 사유의 지속을 상징했고, 그의 대화는 강물처럼 끝없이 이어졌다. 오늘날 일리소스강은 대부분 지하 배수로로 흘러가며, 지상에서는 흔적만 남았다. 그러나 파나티나이코 경기장 근처, 도심 남동쪽 일부에서는 우기 때 여전히 물소리가 들린다. 아테네 시민들은 그곳을 '숨은 강(Ilissos Riverbed)'이라 부르며, 그 위에 작은 산책로와 벤치를 만들었다. 기(氣)는 물을 낳고, 물은 다시 철학을 낳고, 철학이 도시를 만들었다.

케피소스강이 서쪽에서 도시의 육체를 지탱했다면, 일리소스강은 동쪽에서 도시의 정신을 일깨웠다. 한쪽은 물리적 생명의 강, 다른 한쪽은 영적 사유의 강이었다. 아테네는 이 두 물길 사이의 완만한 평지에 세워졌고, 그 지형은 풍수로 보면 산세와 수세가 부드럽게 감싸는 포태(包胎) 형국이다. 즉, '지혜가 태어나는 땅'이었다.

오늘의 아테네는 콘크리트 위의 도시가 되었지만, 그 아래로 여전히 케피소스강과 일리소스강의 물줄기가 보이지 않게 흐르고 있다. 그 물의 숨결이야말로 플라톤의 '이데아'를 떠올리게 한다. 보이지 않지만 존재하고, 사라진 듯하나 여전히 작동하는 것. 그것이 바로 아테네의 물이며, 철학의 원형이다. 물은 고요하되, 끊임없이 흘러간다. 아테네의 두 강은 오늘도 지하에서 흐르며, 인간의 사유가 멈추지 않음을 증언하고 있다.

내륙과의 연결을 돕는 아테네의 언덕

물에 이어서 풍수의 2가지 구성요소 가운데 하나인 아테네의 산을 풍수적으로 살펴보자. 아테네는 아티카 반도의 중심부에 자리 잡고 있다. 이 반도는 에게해의 바다를 세 면으로 접하고 있으며, 북쪽으로는 육지와 이어져 있다. 도시를 둘러싼 자연 지형은 마치 거대한 병풍처럼 도시를 보호하는 구조를 이룬다. 북쪽에는 파르네스산(Mt. Parnitha, 1,413m)이 우뚝 솟아 있고, 동쪽에는 이메토스산(Mt. Hymettus, 1,026m)이 길게 뻗어 있다. 서쪽에는 아이갈레오산(Mt. Aigaleo, 468m)이 자리한다. 남쪽은 사로닉만(灣)으로 열려 있어 도시가 바다로 나아가는 길을 열어준다.

특히 파르네스산은 아테네 북쪽의 거대한 방패와 같다. 1,400m가 넘는 이 산은 아티카 지역에서 가장 높은 산으로, 겨울철에는 눈이 덮여 하얗게 빛난다. 파르네스산은 도시로 내려오는 찬 바람을 막아주었고, 숲과 계곡에서 흘러내리는 물은 아테네의 생활수에 중요한 역할을 했다. 아테네가 단순한 해양 도시가 아닌 내륙과의 연결망을 유지하는 데 중요한 에너지를 제공한다.

동쪽의 이메토스산은 길게 이어진 산맥으로, 아테네 사람들은 이곳에서 꿀을 얻고 대리석을 캐냈다. 이메토스의 꿀은 고대에는 신에게 바치는 제물로 쓰였으며, 지금도 명성이 있다. 산의 길이는 23㎞에 달하며, 바람이 산을 넘어 아테네로 불어올 때 도시의 기후를 온화하게 조절해주었다. 아테네의 청룡(靑龍)에 해당하는 역할을 하며, 도시 동쪽 날개로서 기운을 보완했다.

서쪽의 아이갈레오산은 비교적 낮지만, 전략적으로 중요한 위치였다. 고대 '그리스-페르시아 전쟁' 당시 살라미스 해전이 이 산에서 바라보이는 바다에서 벌어졌으며, 크세르크세스 왕이 이 산 위에 자리를 잡고 전황을 지켜봤다는 이야기가 전해진다. 풍수적으로는 도시의 백호(白虎)로, 도시의 서쪽을 붙들어주는 받침돌이었다.

이 세 산이 병풍처럼 둘러싸고 남쪽으로는 사로닉만이 열려 있는 구조는 아테네의 기운을 안정시키고 바다로 흘려보내는 역할을 했다. 사로닉만은 에게해의 한 부분으로, 그 너머로는 수많은 섬과 무역로가 연결된다. 도시와 항구 피레우스를 이어주는 길은 불과 12㎞ 정도로, 고대에는 이 구간을 '롱 월(Long Walls)'이라 불리는 장벽으로 잇기도 했다. 이는 풍수적으로 볼 때 물길을 끌어안아 도시와 직접 연결하는 수로를 인공적으로 만든 것과 같은 효과였다.

아테네에 들어서면, 도시 전체를 지배하는 두 개의 언덕이 눈에 들어온다.

아테네의 진산 아크로폴리스

하나는 신의 언덕인 아크로폴리스(Acropolis, 156m), 다른 하나는 인간

그리스 아테네 아크로폴리스. 하늘과 땅, 신과 인간의 관계가 층층이 배치되어 아테네의 힘을 상징하는 건축물이다. (ⓒShutterStock)

의 언덕인 리카비토스(Lycabettus, 277m)이다. 이 두 언덕은 서로 마주 보며, 도시의 영혼을 구성하는 쌍봉(雙峯) 형국을 이룬다. 아크로폴리스는 말 그대로 '높은 도시'를 뜻한다. 고대 그리스어 ἄκρος(ákros: 가장 높은, 꼭대기)와 πόλις (pólis: 도시, 도시국가)가 합성된 단어이다. 지질은 암반이다. 암반이 주는 강력한 기운을 준다(한국의 무당들이 큰 바위 밑에 가서 굿하는 것과 같은 이유이다). 아크로폴리스는 단순히 지리적으로 높은 도시 또는 지형만 뜻하지는 않는다. 풍수적 관점에서 보면 다음과 같은 힘을 준다.

첫째, 고지(高地)의 힘이다. 높은 지형은 바람이 통하고 시야가 넓으며 위기 시 피난처가 되기 좋은 조건이다. 국가가 위기에 대응할 수 있는 중심축이 된다. 둘째, 도시의 중심이 높은 지점에 있다는 것은 곧 그 도시의 정신적·정치적 중심이 그 위에 있다는 의미이다. 셋째, 도시 아래와 주변으로 흐르는 강·길·사람의 흐름이 '아크로폴리스'라는 중심을 향하거나 그로부터 퍼져간다는 구조는 이곳이 아테네의 진산 역할을 한다고 해석할 수 있다. 이곳에 신들의 거처인 파르테논 신전이 세워진 것은 당연한 일이다. 그 아래에는 인간의 삶이 펼쳐졌다. 하늘과 땅, 신과 인간의 관계가 층층이 배치된 이 구조는 서양 도시계획의 원형이자, 풍수적으로는 천인합일(天人合一)의 상징이다. 이 언덕은 단순한 신전의 터가 아니라, 정신이 솟는 자리, 곧 도시의 '기운의 심장'이었다. 지하로부터 올라오는 지맥은 아테네 평야의 중심에서 맺히고, 그 혈 자리에 파르테논이 세워져, 도시 전체에 정신적 구심력을 부여했다. 풍수에서 혈은 단순히 땅의 좋은 자리라는 뜻을 넘어선다. 그곳은 하늘의 기운과 인간의 뜻이 서로 통하는 공간이다. 아크로폴리스의 바위층은 대지의 뼈대를 드러내며, 그 위의 신전은 마치 지구와 하늘을 연결하는 축(軸)처럼 솟아 있다. 그리하여 이 언덕은 신성한 질서의 중심, 즉 '하늘의 질서를 인간 세계에 내려놓은 곳'이 되었다.

이에 비해 리카비토스 언덕은 아테네 어디에서나 보인다. 높이 277m인 봉우리는 마치 거대한 수호신처럼 도시를 굽어본다. 전설에 따르면 여신 아테나가 한밤중에 거대한 바위를 들고 와 도시를 보호하기 위해 이곳에 내려놓았다. 그 바위가 바로 리카비토스 언덕이 되었다. 전설은 풍수적으로도 상징적이다.

아크로폴리스가 도시의 영적 중심이라면, 리카비토스는 도시의 보호막이다. 전자가 '집중'이라면, 후자는 '포용'이다. 이 두 산이 서로 대칭을 이루며 존재할 때, 도시는 '깊이와 높이'를 동시에 얻는다. 하나는 내면의 사유를, 다른 하나는 하늘로 향한 비상을 상징한다. 이 구조 속에서 아테네는 사유와 신앙, 예술과 정치가 함께 피어날 수 있었다. 리카비토스 언덕에 오르면, 도시의 모든 길이 아크로폴리스로 향하는 것을 볼 수 있다.

길의 방향이 곧 사상의 방향이다. 고대 아테네인에게 도시의 구조는 단순한 지형이 아니라, 인간의 정신이 하늘을 향해 올라가는 사다리였다. 그들의 철학, 곧 '이데아'의 사상은 물리적 구조에서 태어난 것이다. 아크로폴리스의 신전이 하늘을 향해 솟을 때, 인간의 사유도 그와 함께 위로 향했다. 풍수적으로 보면, 아크로폴리스는 불[火]과 양(陽)의 기운을 품고, 리카비토스는 그 기운을 조절하는 물[水]과 음(陰)의 형세를 띤다. 즉 두 언덕이 서로의 기운을 완충하며, 도시 전체의 균형을 이루는 음양쌍산(陰陽雙山)의 구도이다. 이 균형이 깨지면, 도시는 지나치게 신성하거나, 반대로 지나치게 세속화된다. 오늘날 아테네가 관광의 도시로만 남은 이유는, 바로 이 두 산의 정신적 조화가 흐려졌기 때문이다.

근대화로 묻힌 정신의 흐름

오늘의 아테네는 세계 유산의 박물관이 되었다. 파르테논 신전은 그 찬란한 폐허로 사람들을 불러들이고, 플라톤과 아리스토텔레스의 이름은 관광상품이 되었다. 빛나는 철학의 땅은 지금 물의 숨결을 잃은 도시다. 도시를 적신 두 강-케피소스강과 일리소스강-은 이미 도로 아래로 묻혀, 땅속의 그림자가 되었다. 풍수는 산과 물의 조화를 중시한다.

산은 사람의 정신을 세우고, 물은 그 정신을 움직이게 한다. 고대 아테네는 바로 이 조화 위에 세워졌다. 서쪽의 케피소스는 도시의 생명을, 동쪽의 일리소스는 도시의 영혼을 담당했다. 그 물길이 도시의 허리를 감싸며 흐를 때, 그 속에서 사유는 자라나고, 논쟁은 생기를 얻었다. 플라톤의 아카데미아는 케피소스 강변에 있었고, 소크라테스는 일리소스의 물소리 아래서 제자들과 토론을 나누었다. 그때의 아테네는 물 위의 철학 도시였다.

그러나 근대화는 그 물을 땅속으로 묻었다. 도로와 하수로, 자동차의 매연과 인구 밀집 속에서 아테네는 물 없는 도시, 정신의 건조한 도시가 되었다. 플라톤의 '이데아'가 대지 위에 다시 피어나기 위해서는 눈에 보이지 않는 이 흐름을 되살려야 한다. 풍수적으로 볼 때, 도시의 기(氣)는 물을 따라 흐른다. 물이 막히면, 기운도 막힌다. 케피소스의 물길이 막힌 것은 단지 지형의 문제만이 아니라, 사유의 통로가 단절된 상징적 사건이었다.

서울이 청계천을 복원했을 때, 서울이란 도시는 달라졌다. 도심의 열기가 식고, 미세먼지가 줄었으며, 사람들의 마음이 강변으로 돌아왔다. 도시의 수맥이 다시 살아난 것이다. 아테네 역시 그와 같다. 지하에 갇힌 두 강을 다시 열어, 물의 흐름을 공기 속으로, 인간의 시야 속으로 돌려야 한다. 그것은 단순한 환경 복원이 아니라, 문명의 생명 복원이다.

케피소스강이 다시 흐르면 도시의 서쪽은 건강한 기운을 되찾고, 일리소스강이 다시 드러나면 동쪽은 지혜의 바람을 맞이한다. 서쪽의 물은 삶을, 동쪽의 물은 사유를 불러온다. 풍수로 말하자면 이는 쌍수쌍산(雙水雙山)의 형국의 길지이다. 물은 단순한 자연이 아니라 '생각의 통로'다. 흐름이 있을 때만 새로운 사상이 태어난다. 고여 있는 도시는 이미 늙은 도시다. 따라서 아테네의 두 강을 복원하는 일은 단순한 과거의 재현이 아니라, 철학의 재개를 뜻한다. 그 물 위에서 다시 젊은이들이 걷고, 대화하고, 논쟁하는 날이 온다면, 아테네는 더 이상 유적의 도시가 아니라, 다시금 지혜의 도시로 부활할 것이다. 서양 철학의 원천이 물 위에서 다시 솟는 순간, 유럽 문명이 자기의 근본을 회복하는 날일 것이다.

아테네를 여행하는 이들에게 풍수적 관점에서 좋은 기를 받을 수 있는 곳을 소개하면 다음과 같다.

1) 아크로폴리스(Acropolis)

아테네 시내 한복판에 70m 높이로 솟은 암반 위에 자리한다. 고대 아테네인들에게 도시의 심장부이자 신성한 공간으로 여겨졌으며, 그리스 고전 문명 전체를 상징하는 유산으로 발전했던 곳이다. 오늘날에는 "아크로폴리스"라는 말이 단지 아테네의 한 지명을 넘어, 고대 그리스 도시에서 '높은 언덕 위의 요새화된 도시의 중심'이라는 일반 개념으로 사용될 정도로 지기가 진혈처이다. 아테네의 지기(地氣)가 오롯이 뭉친 진혈처이다. 아테네를 방문하는 관광객이 단 한 곳만 가야 한다면 바로 이곳을 가야 한다.

2) 올림피아 제우스 신전(Temple of Olympian Zeus)

평지 한복판에 자리한 제우스 신전은 대지의 심장 위에 세워진 듯한 지기(地氣)의 결절점이다. 15m가 넘는 석주가 하늘로 곧게 솟아올라 천지의 기운을 연결하며, 마치 우주의 기둥이 되어 생명력을 전달한다. 봄에는 부드러운 초록의 물결이 석주 아래를 감싸며 땅의 기운이 차오르고, 여름에는 태양의 열기가 대지와 하늘을 융합시켜 강력한 양기(陽氣)를 만든다. 가을의 노을이 기둥 사이로 비칠 때는 천지의 음양이 교차하며 균형의 기운이 흐르고, 겨울의 서늘한 공기 속에서는 마음을 다잡고 새로운 출발을 다짐하게 된다. 이곳은 목표를 세우고 의지를 북돋우는 천지 교합의 땅[천지교합지지·天地交合之地]으로, 도전과 결단의 힘을 얻는 장소이다.

3) 플라카 지구(Plaka District)

아크로폴리스의 품 아래 자리한 플라카는 부드러운 언덕과 미로 같은 골목이 어우러진, 기운이 유순하게 흐르는 땅이다. 흰 벽과 붉은 지붕, 담장을 따라 흐르는 덩굴 꽃이 사계절의 변화를 고스란히 담는다. 봄에는 제비꽃 향기가 골목마다 퍼지고, 여름에는 흰빛 햇살이 건물 벽에 부딪혀 따뜻한 양기를 만들어낸다. 가을엔 포도 잎이 붉게 물들며, 겨울에도 작은 카페의 불빛이 사람의 온기를 이어준다. 풍수적으로는 산에서 내려온 양기와 사람들의 활력이 만나는 인기(人氣)와 생기(生氣)의 교차점으로, 관계운과 교류운을 북돋운다. 여행자는 이곳에서 사람 사이의 기운이 가장 아름답게 순환하는 도시의 숨결을 느낄 수 있다.

4) 리카비토스 언덕(Lycabettus Hill)

아테네 시내에서는 가장 높은 언덕(277m)으로 도시 전체와 아크로폴리스, 그리고 멀리 에게해까지 한눈에 내려다볼 수 있는 아테네의 최고 전망처이자 도시의 '용두(龍頭)'에 해당한다. 아테네에서 2곳만 방문해야 한다면 아크로폴리스와 이곳이다. 정상에 오르면 하얀 교회가 구름과 맞닿아 있고, 봄에는 들꽃이 산비탈을 수놓으며 생동감을 불어넣고, 여름 저녁에는 붉은 석양이 도시를 감싸며 하늘과 땅의 경계가 사라진다. 가을의 바람은 서늘하면서도 명징하여 사유를 깊게 만들고, 겨울의 맑은 공기는 결단의 힘을 준다. 풍수적으로 이 언덕은 상승의 기운이 강한 곳으로, 성취·명예·비전의 에너지를 받아들이기에 적합하다. 정상에 서면, 마치 자신의 기운이 하늘로 이어지는 듯한 감응을 느낄 수 있다.

5) 시그루 해안(Syngrou Coast)

남쪽으로 펼쳐진 시그루 해안은 아테네의 양기가 바다의 음기와 만나는 기운의 조화지다. 부드러운 해풍이 도시의 탁기(濁氣)를 걷어내며, 바닷빛은 시간과 계절에 따라 변화한다. 봄에는 에메랄드 빛으로 투명하게 빛나고, 여름에는 은빛 파도가 생기를 일으킨다. 가을에는 붉은 노을이 수면 위에 내려앉아 마음을 평온하게 만들고, 겨울에도 잔잔한 파도는 생명의 순환을 일깨운다. 풍수적으로 물은 재물과 생명의 상징이기에, 이 해안은 정화와 재생의 터로 작용한다. 여행자는 이곳에서 삶의 무거움을 내려놓고, 새로운 시작을 위한 맑은 기운을 받을 수 있다.

7. 이탈리아 수도 로마: 늑대(야생과 자연)의 도시

'로마' 어원

로마라는 이름은 단순한 지명이 아니라, 도시와 문명의 운명을 상징한다. 로마(Roma)는 고대 라틴어 'ruma'에서 기원한다. 동물의 젖, 특히 암양이나 암소의 젖가슴을 뜻했다. 고고학 자료에 따르면 기원전 8세기경 테베레(Tevere)강 주변에 이미 작은 정착지들이 형성되어 있었으며, 이 지역에는 라틴족과 사빈족 등 다양한 민족이 살고 있었다. 로물루스와 레무스 신화는 이러한 초기 공동체를 상징화한 것이다. 신화에 따르면, 로물루스와 레무스는 왕정 시대 알바 롱가(Alba Longa)의 왕자였으나, 정치적 음모로 테베레강 근처에 버려진다. 이때 암늑대가 쌍둥이를 발견하고 젖을 먹이며 키웠다고 전해진다. 이후 형제는 성장하여 로마를 건설하는데, 로물루스가 레무스를 죽이고 도시 이름을 '로마(Roma)'라 붙였다.

흥미로운 것은 신화에서 '늑대'의 등장이다. 늑대는 야생과 자연의 힘을 상징한다. 버려진 인간(쌍둥이)을 키움으로써, 자연이 인간 문명을 돕고, 강과 평야 위에서 도시가 성장하도록 하는 은유적 장치이다. 쌍둥이 형제가 자란 곳은 테베레강가였다. 강이 이탈리아 민족의 출발점임을 말해주는 대목이다.

로마의 강 테베레

테베레강은 현재 이탈리아 중부 라치오(Lazio)주와 움브리아(Umbria) 주 경계 부근 아펜니노산맥에서 발원한다. 발원지는 해발 1,200m 전후로, 작은 샘과 계류가 합쳐 하나의 강줄기를 형성한다. 상류 구간의 폭은 10~15m 정도이며 수심은 1~2m로 얕다. 초기 인류는 이 구간의 습지와 평야를 농업과 목축에 활용하며 정착했다. 풍수적으로 상류는 강의 기운이 은기(隱氣)로 흘러 내려와 주변 땅에 생기를 서서히 공급하는 곳이다. 로마의 시조 전설에서 쌍둥이 로물루스와 레무스가 태어난 장소와 상류의 평야가 겹치며, 도시의 탄생을 암시한다.

이 시기 초기 왕정 로마(Roman Kingdom, 기원전 753년~기원전 509년)의 왕들은 강의 상류를 포함한 자연적 기운을 토대로 왕궁과 신전을 배치했다. 팔라티노 언덕과 테베레강 상류 주변은 농업 기반을 제공하며, 초기 로마인의 생존과 정치적 권력 형성에 결정적 역할을 했다.

강이 중류에 들어서면서 폭이 30~50m, 수심 3~6m로 넓어지고, 팔라티노, 아벤티노, 카피톨리노 언덕을 감싸며 굽이친다. 풍수적 관점에서 굽이진 흐름은 도시의 기운을 모으고, 언덕 위 신전과 광장·포럼·왕궁 등 도시 중심 시설이 기운을 안정적으로 순환시키는 역할을 했다.

공화정 로마(Roman Republic, 기원전 509~기원전 27년)는 중류 구간의 강과 언덕을 활용해 행정·군사·상업 중심지를 강화했다. 테베레강 주변 평야는 군사 훈련과 곡물 공급에 활용되었고, 교역과 교통이 집중되는 지점은 로마의 경제적 안정을 뒷받침했다. 강의 굽이진 형태는 방어적 장점도 제공했다. 중류 구간의 물길과 언덕은 외적의 공격을 완충하며, 도시를 지키는 자연적 장벽 역할을 했다. 이 시기 로마는 강변의 교역을 활용해 지중해와 내륙을 연결했다. 테베레강 중류는 내륙 수로와 도로망의 기준점이 되었고, 신전과 광장은 도시의 중심 기운을 흡수·확산하는 풍수적 기능을 수행했다. 강의 굽이진 흐름이 도시를 감싸는 구조는 도시 기운을 보호하고, 외부로의 유출을 조절하며, 정치적·경제적 안정성을 유지했다.

테베레강 하류는 로마 남쪽 25㎞ 지점에서 폭이 넓어지고 수심이 깊어지며, 이 구간은 초기부터 로마 항구(Portus Romanus)가 자리 잡는다. 제정 초기에는 단순한 하류 부두였지만, 이후 클라우디우스 황제와 네로, 트라야누스 시기에 항구가 확장되며 로마를 지중해 무역의 중심지로 만들었다. 항구는 풍수상 도시 기운이 외부와 연결되는 수구(水口) 역할을 한다. 하류의 넓고 깊은 물길은 강의 기운이 도심에서 외부로 빠르게 순환하게 하고, 동시에 외부 문물과 상업적 활력을 끌어들였다. 항구 주변은 상인과 선박, 창고와 시장이 집중되며 도시의 경제적 심장부가 되었다.

이탈리아 로마 위성사진. 도심 한가운데를 테베레강이 지나간다. (ⓒGoogle Earth)

테베레강. 흔히 로마의 젖줄이라 부른다. (ⓒGettyImageKorea)

초기 항구는 자연만(灣)을 이용한 작은 부두였지만, 로마 제정 시기에는 인공 방파제·창고·조선소가 건설되어 대형 선박과 상선이 정박할 수 있도록 설계되었다. 이는 단순한 물리적 구조를 넘어 풍수적으로도 중요한 의미가 있다. 강이 도시 중심부를 지나 항구로 흘러가는 경로는 재물과 활력이 도시 안팎으로 순환하도록 돕는 혈맥 역할을 했다. 테베레강 하류와 항구는 로마를 지중해 무역 중심지로 만들었다. 곡물·올리브유·포도주·향신료·금속·직물 등 다양한 물자가 지중해와 북아프리카·동지중해·갈리아·브리타니아 등으로 운송되었다. 강과 항구는 도로망과 연결되어 내륙무역이 가능했으며, 이는 로마의 경제적 안정과 부흥을 가능하게 했다.

로마의 무역은 단순히 상품 교환에 머무르지 않았다. 항구 주변은 상업·금융·창고·조선소·행정 건물이 배치되며 도시계획의 중심이 되었다. 항구에서 팔라티노 언덕과 포럼, 카피톨리노 언덕으로 이어지는 도로망은 물류와 군사 이동을 동시에 고려해 설계되었다. 클라우디우스 황제(기원후 41~54년)와 트라야누스 황제 (기원후 98~117년) 시기에는 항구를 인공적으로 확장하고 방파제를 설치해 대형 상선과 군함이 정박할 수 있도록 했다. 이 시기에는 로마의 곡물 수송이 안정화되고, 북아프리카와 이집트에서의 곡물 수입량이 급증했다. 항구를 중심으로 한 교역망은 단순한 상업적 활동을 넘어 제국의 군사·행정적 안정을 뒷받침했다. 물자 이동과 상업적 교류가 원활해야 제국 전역의 군사 작전과 행정적 명령이 효율적으로 작동할 수 있었기 때문이다.

로마의 7언덕

로마의 탄생과 성장에서 테베레강은 도시의 혈맥으로, 물과 교역, 기운의 흐름을 제공하며 경제적·생활 기반을 책임졌다. 강은 재물과 사람을 모으고, 상류와 하류를 연결하는 교통로이자 도시 생명선이었다.

이에 반해 로마의 7언덕은 로마의 척추로, 도시 기운을 집중하고 보호하며 정치·종교·군사적 권위를 상징했다. 테베레강보다 7언덕이 더 압도적이다.

로마를 지탱하는 7언덕과 각 언덕들의 기능을 소개하면 다음과 같다.

(1) 팔라티노 언덕(Palatine Hill)

로마의 중심이자 기원전 8세기경 로물루스가 건국했다고 전해지는 언덕이다. 해발 40~50m로 높지는 않지만, 도시의 심장부를 보호하고

로마 7언덕 중 하나인 팔라티노 언덕. 로물루스가 건국했다고 알려져있다. 다양한 유적들이 남아있는 중심지다. (ⒸShutterStock)

기운을 집중시키는 역할을 한다. 초기 왕정 시기의 궁전이 자리했고, 공화정과 제정 시대에는 황제의 궁전(Imperial Palaces)과 사원들이 들어서며 정치적·종교적 중심이 되었다. 아우구스투스 황제의 주거지, 티베리우스 궁전, 로마 초기 왕의 궁전 유적 등이 포함된다.

(2) 카피톨리노 언덕(Capitoline Hill)

해발 50~60m로 팔라티노 언덕과 맞닿아 있으며, 테베레강을 내려다보는 전략적 요새이자 종교 중심지이다. 외적 침입을 막는 방어와 도시

기운을 안정시키는 척추 역할을 한다. 공화정 시대에는 유피테르 신전이 자리했고, 르네상스 이후 미켈란젤로가 설계한 카피톨리노 광장과 시청 건물이 세워졌다.

(3) 아벤티노 언덕(Aventine Hill)

해발 40m로 테베레강 남쪽에 위치하며, 남쪽 출입구를 보호하고 남부 지역의 기운을 도심으로 흡수하는 기능을 수행한다. 성 사바(Santa Sabina) 교회, 오르텐세 궁전(Palazzo dei Cavalieri di Malta) 등이 자리하며, 후대 교황청 관련 건물들이 들어서기도 했다.

(4) 카에레올리 언덕(Caelian Hill)

해발 40~45m로 로마 동남부에 위치하며 군사와 귀족 주거지로 사용되었다. 팔라티노 언덕과 연결되며 외곽 방어와 도심 확장의 균형을 담당한다. 고대에는 귀족 가문의 빌라, 공화정 후기에는 군사 기지, 제정 시기에는 성직자와 병사의 거주지로 활용되었다.

(5) 에스퀼리노 언덕(Esquiline Hill)

로마 북동부에 위치하며 해발 40~50m이다. 원래 늪지와 묘지가 있었지만, 점차 도시화되었다. 특히 동쪽에서 오는 바람과 물길을 안정시키는 기능을 맡는다. 네로 황제의 골든 하우스(Domus Aurea)와 후대 로마 귀족의 저택이 건립되었다.

(6) 비미날리 언덕(Viminal Hill)

해발 30~35m로 7언덕 중 가장 작은 언덕이며 로마 북부에 있다. 도시 북부의 방어와 도시 기운의 균형을 담당하며, 외부에서 유입되는 상업과 사람의 흐름을 조절한다. 로마 공화정 후기에는 관청과 공공건물이 들어섰고, 현대에는 이탈리아 재무부 건물이 위치한다.

(7) 퀴리날리 언덕(Quirinal Hill)

해발 40~50m로 북동쪽 끝에 위치하며, 7언덕 중 권력과 종교의 중심 역할을 했다. 도시 기운의 최종 집결지로, 행정과 정치적 권위가 집중되는 장소이다. 로마 공화정과 제정 시대에는 귀족의 저택, 후대에는 교황청과 대통령궁(Palazzo del Quirinale)이 세워졌다.

7언덕은 로마 도시 중심을 감싸면서 외부 공격과 자연재해로부터 도시를 보호한다. 팔라티노와 카피톨리노 언덕이 핵심 척추 역할을 하고, 나머지 언덕들이 순환하는 기운을 안정시키는 구조이다.

테베레강과 7언덕의 변화와 이탈리아의 국운

최근 로마는 경제 성장 정체와 관광 의존도로 어려움을 겪고 있다. 2007년부터 2020년까지 로마의 경제 생산량은 1,380억 유로로 정체되어 있으며, 이는 밀라노 등 다른 주요 도시와 비교했을 때 상대적으로 낮은 수준이다. 도시 경제의 정체는 관광 산업에 대한 과도한 의존과 맞물려 있다.

테베레강과 7언덕은 관광객들에게는 로마의 상징적 명소로 인식되지만, 정작 지역 주민들에게는 주거지 기능이 약화하면서 도시의 정체성과 문화에도 영향을 미치고 있다. 테베레강은 로마의 역사와 문화를 관통하는 중심축이었다. 그러나 현재 강은 오염과 관리 부족으로 인해 본래의 기능을 충분히 발휘하지 못하고 있다. 로마 시장은 향후 5년 안에 테베레강을 수영할 수 있는 수준으로 정화하겠다는 계획을 발표했다. 그러나 환경 전문가들은 오염 문제와 예산 부족으로 인해 실현 가능성에 의문을 제기하고 있다. 강 주변의 공원화와 자전거도로 확장 등 시민 접근성을 높이는 계획 역시 병행되어야 한다.

7언덕은 로마의 역사적 심장부로서 고대 로마의 정치·종교·주거 기능을 담당했다. 그러나 오늘날 이곳은 관광지 기능이 강조되면서, 지역 주민들의 생활 공간으로서 역할이 약화하고 있다. 일부 언덕 지역은 상업화로 인해 전통적인 로마의 정취가 사라지고 있으며, 문화재 보호와 주민 중심의 재생이 시급한 상태이다. 전통 시장 활성화, 지역 예술가를 위한 작업 공간 제공, 역사적 건물 보존 등의 노력이 필요하다.

로마가 향후 지속 가능한 도시로 나아가기 위해서는 관광 산업의 의존도를 줄이고, 지역 주민과 관광객이 상생할 수 있는 환경을 조성해야 한다. 이를 위해 관광객 수를 조절하고, 주민 참여형 프로그램을 운영하며, 역사와 문화를 보존하는 정책이 필수적이다. 테베레강과 7언덕은 단순한 관광 명소를 넘어 로마의 정체성을 상징하는 공간으로서, 그 활용과 관리가 도시의 미래 국운과 직결된다.

결국, 테베레강과 7언덕은 로마라는 도시의 역사적·문화적·경제적 흐름을 동시에 담는 핵심 요소다. 강은 도시의 혈맥이자 교역과 교류의 중심축이며, 7언덕은 정치적·종교적 안정과 문화적 정체성을 지켜주는 기반이었다. 이 두 요소를 어떻게 관리하고 활용하느냐가 로마의 미래 경쟁력과 국운 회복에 중요한 열쇠가 된다.

풍수상 좋은 기를 받을 수 있는 곳을 소개하면 다음과 같다.

1) 콜로세움(Colosseo)

고대 제국의 권위를 상징하는 거대한 원형 경기장은 땅의 기운이 집중되는 중심적 혈(六)의 성격을 지닌다. 개방된 원형 구조는 기의 흐름을 원활하게 하여 관람객에게 활력과 기백을 북돋는다. 로마 문명의 장대한 기를 받는 곳이다.

2) 포로 로마노(Foro Romano)

과거 제정 로마의 정치·경제 중심지로서 왕성한 생기(生氣)가 모여 있던 자리이다. 고대 신전과 개선문의 잔해를 사이로 걷는 행위는 과거의 융성한 기운과 직접 연결되는 체험을 제공한다. 낮에는 채광이 생기 흡수를 촉진한다.

3) 판테온(Pantheon)

정교한 원형 구조와 돔 중앙의 오큘러스(Oculus·정원창)는 하늘 기운을 실내로 끌어들이는 천원지방(天圓地方)의 조화 원리가 구현된 사례이다. 신성성과 안정감이 공존하며 방문객에게 정신적 균형을 선사한다. 햇빛이 내리꽂히는 순간 기의 수직적 흐름이 더욱 뚜렷해진다.

4) 트레비 분수(Fontana di Trevi)

풍수에서 물은 재물과 생동성을 상징한다. 이곳의 풍부한 물줄기는 도시 한복판에서 생기 넘치는 수기(水氣)를 방출한다.

5) 스페인 계단(Scalinata di Trinità dei Monti)

상승하는 계단의 선형 구조는 기의 상승과 발전을 상징한다. 계단 상단에서 내려다보는 풍경은 시야를 트이게 하여 미래지향적 기운을 제공한다. 사람들의 흐름 자체가 동기(動氣)를 만들어 활발한 생명감을 전달한다.

6) 성 베드로 대성당(Basilica di San Pietro)

바티칸 언덕에 자리한 이 대성당은 높은 지위의 지형에서 종교적 권위의 기운이 크게 발산된다. 트랜셉트 구조(본당을 가로지르는 날개 공간)가 사방으로 기를 안정적으로 분산시킨다. 내부의 웅장한 첨탑과 광장 구도는 신성한 보호 기운을 체험하게 한다.

7) 바티칸 박물관과 시스티나 성당

예술적 상징들이 모여 있는 공간은 정신적 기운을 극대화한다. 작품 감상은 심리적 균형과 영감을 부여하는 정기(精氣)의 경험으로 이어진다. 관람 동선 전체가 기를 흡수하며 정화하는 과정이다.

8) 전망대 지아니콜로 언덕(Gianicolo Hill)

서쪽에 있는 이 언덕은 로마 시가지 전역을 조망할 수 있는 천심(天心)의 자리이다. 높은 지형은 맑고 청량한 기운을 받아들이며 시야가 트여 심신이 확장된다. 해 질 무렵 방문하면 일몰의 화기(火氣)가 정서적 안정과 감흥을 높인다.

9) 카피톨리노 언덕(Capitoline Hill)

로마의 역사적 진산으로서 도시 기운의 뿌리를 상징한다. 미켈란젤로의 광장 설계가 기의 균형과 질서를 시각적으로 체현한다. 언덕 정상에서 도시 중심부를 향하면 권력의 기운을 흡수할 수 있다.

10) 카라칼라 온천(Le Terme di Caracalla)

풍수에서 온천과 목욕 공간은 기순환을 촉진하는 재생의 장소이다. 웅대한 유적 공간을 산책하면 신체적 피로와 탁기를 없애준다. 자연광과 폐허의 조화는 과거의 생기를 현재로 이관해 준다.

8. 스페인 수도 마드리드: 독양(獨陽)의 땅

고지대 도시 '마드리드'의 어원

유럽의 다른 주요 국가의 수도들이 평지에 있으나, 마드리드(Madrid)는 해발 650m의 고지대 도시이다. 마드리드의 어원에 대해서는 기독교 문화와 이슬람 문화가 중복된 까닭에 몇 가지 설이 있다. 어원 속에서 마드리드 땅의 성격 유추가 가능하기 때문이다.

Maǧrīṭ (مجريط) → 마즈리트 또는 마즈리트(아랍어: 마드리드의 옛 이름)

Magerit → 마헤리트 또는 마게리트 (라틴식 표기에서 유래)

maǧrā (مجرى) → 마즈라 또는 마즈라아 (아랍어: 흐름·수로)

matrix → 매트릭스 (라틴어: 물줄기·어머니·모체·기초 구조)

마드리드라는 이름 자체가 '물이 흐르는 곳' 또는 '물이 풍부한 장소'라는 뜻을 내포하며, 이 때문에 물의 존재가 초기 도읍지 선정이나 생활 기반에서 중요하게 작용했음을 암시한다. '물이 풍부하다'라는 어원과 달리 마드리드를 관통하는 명당수 만사나레스강(Manzanares River)은 작은 냇물에 지나지 않는다. 마드리드 시내에서의 강폭은 15~30m이며, 수심은 0.5~2m이다. 마드리드는 만사나레스강 중류에 해당하며,

도시 한복판을 살짝 감싸듯 관통한다. 강의 발원지는 스페인 중앙의 과다라마산맥(Sierra de Guadarrama) 남쪽 사면의 라 페니야(La Peñota, 해발 1,945m) 부근의 샘이다. 총길이는 92㎞로 북서쪽 산악지대에서 남동쪽으로 흘러 마드리드를 관통한 뒤, 하라마강(Río Jarama)과 합류하고, 그 물은 다시 타호강(Tajo River)을 거쳐 대서양으로 흘러간다.

풍수에서는 물이 시작하는 지점을 득수처(得水處)라 한다. 득수처는 대개 산이다. 물을 낳은 어머니이다. 산과 물은 그래서 모자 관계이다. 산을 보면 그 자식[물·水]을 알 수 있다. 이 강물을 탄생시킨 과다라마산맥은 고대 로마 시대부터 히스파니아 내륙과 북부를 가르는 경계산으로 여겨졌다. 아랍 통치기(8~15세기)에는 이슬람 남부와 기독교 북부의 경계선으로 문명의 분기선(分岐線), 정신적 경계선의 상징이기도 하였다.

오늘날 과다라마산맥은 마드리드 시민들에게 '영혼의 피난처', '자연 속의 안식처'로 여겨져 등산과 사색, 예술가들의 휴식처로 사랑받는다. 스페인 철학자·소설가 미겔 데 우나무노(Miguel de Unamuno, 1864~1936)는 이 산맥을 "이성(理性)의 도시 마드리드를 감싸는 신성(神性)의 산맥"으로, 인상주의 화가 소로야(Joaquín Sorolla y Bastida, 1863~1923)는 "스페인의 정신적 척추"로 묘사하였다. 일종의 영산이자 진산인 셈이다

그러나 영산이 흘려보내는 마드리드의 명당수는 위에서 살펴본 것처럼 수량이 적고 건기에 자주 마르는 탓에 '기운의 흐름이 끊어지는 듯한 허기(虛氣)' 현상이 나타나 풍수상 길지라고 평하기 어렵다. 그러한 까닭에 스페인 왕들은 궁전(팔라시오 레알)과 정원(카사 데 캄포)을 강변에 배치해, 인공적으로 수기(水氣)를 끌어들이려 하였다.

크고 높은 마드리드의 산

　마드리드의 물[水]이 빈약함에 반해 마드리드를 이고 있는 산이나 언덕들은 비교적 크고 높은 편이다. 프린시페 피오 언덕(Cerro de Príncipe Pío, 612m)이 왕궁 서쪽, 만사나레스강 강변 바로 위에 있는데 여기에는 이집트에서 기증받은 고대 신전이 언덕 꼭대기에 자리한다. 왕궁과 거의 마주한 위치에서 강을 내려다보는 형세이므로, 왕궁의 좌청룡 역할을 한다. 특히 '이집트 신전'이 세워진 것은 우연이 아니라, 태양 숭배와 서방(西方)의 빛을 상징하는 자리에 신전의 상징을 세움으로써 도시의 음양 균형을 맞추고 있다.

　마드리드 도심 북부 고속철도역 근처에 있는. 차마르틴 구릉지(Chamartín Plateau, 680m)는 과다라마산맥에서 뻗어 내려온 기맥(氣脈)이 머무는 곳으로 금융지구(쿠아트로 토레스, 250m 초고층 빌딩들)가 자리한다. 과거의 왕권 중심이 왕궁에 있었다면, 오늘날의 재정·금융권 중심은 이

스페인 수도 마드리드의 위성사진. 산은 보이지만 큰 강이 흐르는 것은 보이지 않는다. 물이 빈약한 지형이다. (ⓒGoogle Earth)

언덕 위로 이동한 셈이다.

마드리드 도심 동쪽에 있는 라스 벤타스(Las Ventas) 언덕(650m)은 일명 '바람 부는 언덕'으로 유명한 투우장(Plaza de Toros de Las Ventas)이 있다. 동쪽에서 불어오는 바람(풍수에서 '청룡의 기운')을 받아들이는 자리로, 기(氣)의 입구[기문·氣門] 역할을 한다. 투우장이 자리한 것도 인상적이다. 바람과 힘, 생명력의 회전(순환)을 상징하는 원형 공간이 동쪽 기운의 통로를 지키고 있어, 풍수상 기구(氣口), 즉 도시로 생기가 유입되는 문이다.

풍수 구성요소인 산과 물 가운데 수기가 약하고 산기가 강하여, 『명산론』의 4분류법에 따르면 '산이 크고 물이 적은 독양(獨陽)'의 땅이다. 그러나 수기가 지나치게 약하여 일국의 수도로서 앞으로도 지속적 발전이 이루어질지는 의문이다. 실제로 역사상 마드리드는 큰 도시로 주목받지 못했다. 카스티야 왕국의 여러 성채 중 하나에 불과했고, 정치적 중심은 언제나 톨레도였다.

수도 이전과 함께 찾아온 제국의 몰락

1561년, 펠리페 2세(Felipe II, 재위 1556~1598)가 갑작스럽게 수도를 톨레도에서 마드리드로 옮겼다. 이 결정에는 여러 요인이 있었다. 첫째, 마드리드는 반도의 거의 중앙에 위치한다. 어디로 가든 거리가 비슷하다는 점은 행정적 장점이었다. 둘째, 톨레도는 종교 권력이 너무 강해 왕권이 제약받았다. 새로운 수도는 왕권을 직접적으로 드러낼 공간이 필요했다. 셋째, 세비야는 바다와의 연결에는 뛰어났지만, 내륙 통치의 상징으로는 적합하지 않았다.

펠리페 2세는 마드리드를 수도로 정한 뒤, 도심 인근에 거대한 수도원

스페인의 수도 마드리드의 왕국. 수도 이전으로 인해 다양한 풍파를 겪었다. (ⓒShutterStock)

겸 궁전, 에스코리알(El Escorial)을 세웠다. 이는 단순한 건축물이 아니라 제국의 권위와 신앙을 상징하는 중심축이었다. 풍수적으로 보면, 이는 중앙 고원의 기운을 붙잡아 제국의 맥을 잇는 '봉인석'과도 같았다. 에스코리알 궁은 당시 유럽에서 가장 웅장한 건축물 중 하나로, 제국의 심장을 고원 위에 새겨 넣었다.

펠리페 2세가 이곳으로 수도를 옮긴 뒤 불행은 시작된다. 1588년 무적함대(아르마다)의 영국 원정은 대참패로 끝난다. 전술·전략의 실패가 패인이었지만, 악천후라는 불운이 제국의 몰락을 재촉하였다. 재정 파탄과 민심 이반을 가져왔다. 그가 세운 옮겨 세운 수도 마드리드와 에스코리알 궁전은 왕권과 신앙의 통합을 상징했으나 스페인 몰락의 출발점이 된 것이다. 이후 스페인 제국은 쇠퇴한다. 네덜란드와의 전쟁, 영국과의 해상 경쟁, 그리고 무적함대의 패배는 스페인의 국운이 바다에서 멀어지고 있음을 보여주었다. 마드리드는 바다와 단절된 중앙의 혈 자리였다. 중앙의 힘을 모으는 데는 적합했지만, 외부로 뻗어가는 데는 제약이 있었다. 제국을 쇠퇴의 길로 이끄는 수도였다. 수도와 국운이 어떤 상관관계를 갖는지를 보여주는 대표적 사례이다.

수도가 풍수상 길지가 아닌 탓에 여러 불운한 사건들이 중복된다. 19세기, 나폴레옹 전쟁과 함께 마드리드는 점령과 해방을 반복했다. 푸에르타 델 솔(Puerta del Sol, 태양의 문) 광장은 민중 봉기의 상징이 되었다. 20세기 스페인 내전에서는 마드리드가 좌파 공화파(공산주의)의 마지막 보루로 싸우다 결국 우파 프랑코 세력에 함락되면서, 수십만의 민간인 학살과 문화적 파괴가 자행된 비극의 장소가 되었다.

마드리드의 미래

마드리드의 가장 큰 특징은 바다와 큰 강에서 멀다는 점이다. 파리는 센강을 따라 학문과 문화의 기운을 흘려보냈다. 런던은 템스강을 통해 해상무역의 세계적 중심이 되었다. 로마는 테베레강과 지중해를 배경으로 고대 제국을 세웠다.

마드리드는 제국의 황금과 은을 모으는 항구가 아닌 내륙의 기구(氣口)이다. 중앙에 자리한 수도로서, 스페인의 정치적 통합과 유럽 속 위상을 지탱하는 심장 역할을 하고 있다. '내부를 단단히 다지는 혈 자리'에 해당하지만, 언젠가는 톨레도나 세비야와 같은 주요 도시에 수도의 자리를 내줄지 모른다.

풍수상 좋은 곳 5곳을 소개하면 다음과 같다.

1) 마드리드 왕궁(Palacio Real de Madrid)

왕궁은 만사나레스강을 굽어보는 서쪽 언덕 위에 자리하여 전형적인 배산임수(背山臨水) 지세로, 군주의 위엄과 장구한 국운을 상징한다. 동쪽으로 플라자 데 오리엔테(Plaza de Oriente)의 평지가 열리고, 서쪽 아래로는 사바티니 정원과 강이 흐른다. 지세의 높낮이가 완만하게 이어져, 기운이 고여 안정된 명당의 자리이다.

2) 프라도 미술관(Museo del Prado)

프라도는 만사나레스강 동쪽의 평지에 있으며, 마드리드 중심축(리트레로 거리) 상의 완만한 경사 위에 자리한다. '중화지세(中和之勢)'의 지기를 갖춘 곳으로, 예술과 지성이 조화를 이루는 땅이다. 남쪽의 보타니컬 가든(왕립식물원)이 생기(生氣)를 불어넣고, 북쪽의 레티로 공원이 좌청룡 역할을 하여 기운이 순환하는 공간이다.

3) 레티로 공원(Parque del Retiro)

도심의 동쪽에 넓게 펼쳐진 '기(氣)의 저수지'이다. 원래 왕실의 별궁 정원으로 설계되었으며, 도심의 인공 구조 속에서 자연의 흐름을 회복시키는 '수기집지(水氣集地)'이다. 공원 중앙의 인공 호수(Estanque Grande)는 물의 순환을 상징하며, 사방의 나무와 숲이 바람을 막아주는 안정된 '내명당(內明堂)'을 이룬다. 시민들의 산책, 예술 행사, 휴식의 땅이다.

4) 데보드 신전(Templo de Debod)

이집트에서 옮겨온 신전이지만, 마드리드 서쪽 언덕의 끝자락(까사 데 캄포 방향)에 자리하여 서산낙일(西山落日, 서쪽에 해가 질 때의 기운), 즉 금 (金)의 기운을 받는 자리이다. 오행상 금(金)은 권력과 재물의 기운 을 촉진한다. 석조 구조물과 물이 어우러진 곳으로, 사색과 명상에 적합한 음양 조화의 명소이다. 왕궁과 만사나레스강 사이에 있어 '수맥이 모이는 언덕 끝자리'이다. 마드리드의 일몰 명소로도 유명 하다.

5) 시벨레스 광장(Plaza de Cibeles)

마드리드의 교통과 에너지의 중심으로, 동서남북으로 기운이 교 차하는 '기혈의 결절점[기혈·氣穴]'이다. 중심의 여신상(시벨레스 분수)은 물을 끊임없이 순환시켜 도시의 생동감을 유지한다. 사방으로 주 요 대로(그란비아, 알칼라 거리 등)가 뻗으며, 공기와 사람, 기운이 흐르는 도시의 심장부 역할을 한다. 현대적 에너지와 전통의 상징이 만나 는 곳으로, 방문객이 도시의 맥박을 느낄 수 있다.

9. 러시아의 수도 모스크바: 독음(獨陰)의 냉토(冷土)

모스크바의 어원

모스크바(Москва)의 어원은 모스크바강(Moskva River)에서 비롯되었다. 강 이름의 어원은 여러 설이 있으나, 슬라브어로 습지 혹은 어두운 물을 뜻하는 고어에서 유래했다는 설이 유력하다. 이는 곧 강 주변이 늪과 숲으로 둘러싸인 지형임을 암시한다.

모스크바의 강

모스크바를 관통하는 모스크바강은 총길이 503㎞로, 도심부 강폭은 120~200m, 평균 수심 3~6m로 서울의 한강에 비하면 현격히 약하다. 모스크바강의 수원은 스몰렌스크-모스크바 고원(Smolensk-Moscow Upland)의 스타로코노발로보(Строконовалово) 마을 근처(모스크바 서쪽 140㎞) 산림지대로서 표고 약 310~320m의 완만한 구릉 지대이다. 이 고원은 유럽 러시아의 척추라 불리는 발트-흑해 분수령의 일부로, 모스크바강은 낮은 협곡을 따라 남동쪽으로 흐르다가 최종적으로 오카강(Oka River)으로 합류하고, 이는 다시 볼가강으로 이어져 카스피해로 흘러간다. 모스크바 도심은 발원지에서 200㎞ 정도 흘러온 지점에 자리한다. 강은 도시 중심을 부드럽게 감싸며 반원(半圓) 형태를 이루고, 그

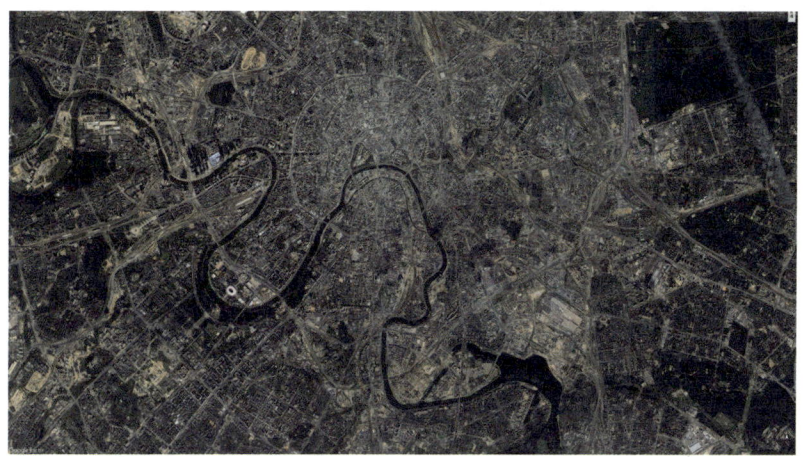

모스크바 강이 관통해 흐르는 러시아의 수도 모스크바의 위성사진. 주변에 언덕들도 보인다. (ⓒGoogle Earth)

중심에 크렘린(Kremlin)과 붉은광장(Red Square)이 자리한다. 풍수에서 말하는 '반포형(蟠抱形: 반달형으로 포위됨)'으로 물길이 도시를 감싸 안는 형세이다.

수도로서는 안정적이고 '기운을 모으는 터[취기지지·聚氣之地]'이다. 역사적으로 모스크바강은 교통로이자 수자원 공급원, 방어선의 역할을 겸했다. 강 위에 다리들이 걸리며 도시의 주요 축선을 형성했고, 19세기 이후 운하와 연결되어 볼가-돈-카스피해까지 이어지는 거대한 수로망을 완성했다. 풍수적으로 늪은 음습한 기운을 품지만, 강은 그 기운을 정화하고 흐르게 만든다. 따라서 모스크바라는 도시는 습지의 음기를 물길이 뚫고 나가며 양의 기운을 만들어낸 자리다.

기맥의 흐림이 응축된 모스크바의 언덕

모스크바는 평탄한 대지 위에 세워진 도시로 알려져 있으나, 실제로

모스크바의 중심인 크렘린궁 전경. 모스크바 강가에 붙어 세워져있다. 이 위치는 모스크바 북안에 형성된 레믈료프스키 언덕이다. (ⒸGettyImageKorea)

는 완만한 구릉으로 기맥(氣脈)의 흐름이 응축된 언덕들이다. 언덕들은 도시를 '산이 머리를 들고, 물이 허리를 감싸는 형국[산앙수포형·山昂水抱形]'을 만든다. 대표적인 산과 언덕에 대한 풍수적 분석이다.

(1) 보로비요비 언덕

모스크바 남서부, 모스크바강이 크게 굽이치는 지점, 220m. 모스크바 시내에서 가장 높은 언덕 중 하나로, 이 위에 모스크바 국립대학교 본관 (1953)이 세워져 있다. 이 언덕은 강이 크게 돌아나가는 포곡(抱曲) 자리로, 물이 언덕을 감싸며 생기를 모으는 길지이다.

(2) 레믈료프스키 언덕

모스크바시 중심, 크렘린 궁전이 자리한 곳, 145~150m. 모스크바강 북안에 형성된 자연 구릉으로, 모스크바강이 이 언덕의 발아래를 감싸고 돈다. 고대에는 방어에 유리한 위치였기에 이곳에 처음 목조 요새가 세워졌고, 이후 러시아 제정의 심장부가 되었다. 크렘린의 교회 첨탑들이 용의 비늘처럼 솟아올라 하늘 기운을 받는 형국이다.

(3) 타간스키 언덕

크렘린의 동남쪽, 160m. 과거 모스크바강의 범람원을 내려다보는 고지로, 중세 시기에는 외곽 방어와 시장 기능을 담당하던 구역이다. 활발한 상권과 교통의 중심지로 발전했다.

(4) 스콜니키 언덕

도심 북동쪽, 스콜니키 공원 일대, 170m. 모스크바의 가장 오래된 숲 지형으로, '매 사냥터(Sokol)'라는 이름을 가졌다. 풍수적으로 생기(生氣)가 들어오는 방향으로, 숲과 언덕이 결합해 생명력의 터[생기지·生氣地]를 이룬다. 오늘날에도 이 지역은 대기가 좋아 시민들의 휴식처로 기능하며, 풍수적으로 도시의 폐(肺)에 해당한다.

(5) 포크로프스키 언덕

도심 북쪽 외곽, 모스크바강의 지류인 야우자강을 내려다보는 구릉. 북방의 수기(水氣)가 모여드는 자리로, 도시의 수맥(水脈)이 이 언덕을 통해 모스크바강으로 흘러든다. 언덕 위의 교회들은 수문(水門)을 지키는 상징으로, 도시의 기운이 흩어지지 않게 막는 역할을 한다.

이렇듯, 모스크바는 그리 크지 않은 강과 그리 높지 않은 언덕이 서로 조화를 이루는 땅이다. 풍수 고전『명산론』의 다음 문장을 연상시키는 땅이다.

"무릇, 음양 두 가지 기가 맺히면 산이 되고 녹으면 물이 된다.
산과 물이라는 것은 음양의 일컬음이다.
산과 물이 서로 균형을 이루면, 음양으로 조화를 이루고,
조화를 이루면 하늘과 땅 사이에 조화로운 기운이 가득 찬다.
산과 물이 서로 만나면, 음양으로 모이게 되고,
음양이 모이면 생기가 되는데, 이것을 사람들은 좋은 땅이라고 하는 것이다."

동토의 나라 러시아(구소련)가 세계 강국으로 여전히 존속하는 이유는 모스크바를 관통하는 강과 산의 조화 덕분임은 분명하다. 러시아에 존속했던 여러 수도의 수명을 비교해보아도 모스크바가 어떤 땅인지 알 수 있을 것이다.

러시아 수도 이전 역사
러시아의 1100년 역사에서 수도 분포지를 보면 다음과 같다.

시기	도시명	기간
9~13세기	키예프	350년
12~13세기	블라디미르	100년
13~18세기	모스크바	430년

시기	도시명	기간
1712~1918	상트페테르부르크	206년
1918~현재	모스크바	100년 이상

모스크바는 역사 전체로 보면 530년 이상 러시아의 실질적 수도로 기능했다. 이는 러시아 역사 1,100여 년 중 절반 이상을 차지하며, 모스크바는 러시아의 정치 중심을 넘어 정신적·상징적 수도로서 위상을 확립한 셈이다. 모스크바는 북위 55도에 자리한다. 이 위도는 캐나다, 알래스카와 맞먹는 혹독한 겨울을 선사한다. 겨울은 여섯 달 이상 이어지고, 대지는 얼음과 눈으로 뒤덮인다. 풍수적 관점에서 보자면, 이곳은 음기(陰氣)가 강하게 깔린 땅이다. 따뜻하고 포용적인 흐름보다는 차갑고 응집된 기운이 지배한다.

이러한 환경은 주민들의 생활 습관과 정치 문화에 깊이 스며들었다. 추위 속에서 살아남으려면 가족과 공동체가 한 몸처럼 움직여야 했다. 개인의 자유보다 집단적 질서, 지도자의 권위가 더 중시되었다. 정치적으로 러시아가 반복해서 강력한 중앙집권 체제를 지향한 것도 바로 이런 풍토의 산물이었다.

또한, 모스크바 주변은 끝없는 숲으로 둘러싸여 있다. 숲은 외부 침략을 막아주는 울타리였지만 동시에 고립을 강화했다. 숲의 음기는 사람들에게 의심과 경계심을 심어주었다. 외세를 의심하고 닫힌 정치 문화를 고집하는 성향은 이런 자연환경과 무관하지 않다.

추위는 러시아의 방패였다. 나폴레옹도 히틀러도 모스크바 앞까지 도달했지만 겨울의 장벽을 뚫지 못했다. 얼어붙은 대지와 끝없는 눈보라는 풍수적 보호막으로 작용했다. 그러나 같은 추위가 경제 발전과 교류를 막았다. 농업 생산력은 낮고, 겨울 동안 이동과 교역이 거의 불가능했기 때문이다. 결국, 러시아는 강력한 군사력과 중앙집권적 국가 구조로만 버틸 수밖에 없었다. 이는 스탈린의 배급 경제, 냉전 체제의 통제 시스템으로 이어졌다. 풍수적으로 말하자면, 차가운 음기가 국가 구조 전체에 스며든 결과였다.

러시아의 위안, 보드카

혹독한 추위 속에서 러시아인들은 생존 도구로 술을 찾았다. 바로 보드카다. 보드카는 14세기 이후 곡물과 감자를 증류해 만들었다. 추운 기후에서는 와인처럼 포도를 재배하기 어렵고, 맥주는 쉽게 얼어붙는다. 대신 값싼 곡물을 증류해 높은 도수의 술을 만들었고, 이는 체온을 급격히 올려주는 '불의 음료' 역할을 했다. 풍수적으로 차가운 음지에서 뜨거운 양기를 보충하려는 자연스러운 대응이라 할 수 있다. 보드카는 단순한 음료가 아니라 러시아인들의 생활 습관, 나아가 정치 문화에도 깊이 스며들었다. 겨울마다 얼어붙는 대지 위에서, 뜨겁게 몸을 데워주는 술 없이는 버티기 힘들었기 때문이다.

보드카는 일반 백성뿐 아니라 지도자들에게도 큰 영향을 주었다. 차가운 풍수는 지도자에게 냉혹한 기질을 심어주었지만, 동시에 끝없는 긴장과 불안도 주었다. 술은 불안을 달래는 도구였다. 러시아를 서구식 개혁을 통해 러시아를 근대화하고 제국으로 성장시킨 군주 표트르 대제 (Пётр I, 재위 1682~1725)조차도 보드카를 좋아해 대신들과 술자리를 벌이며 국가 정책을 논했다. 술은 정치적 연대의 매개체이기도 했다. 스탈린은 종종 술로 사람을 시험했다. 술자리를 통해 충성심을 가늠했고, 때로는 술김에 정책을 결정하기도 했다. 현대에 이르기까지 러시아 정치의 뒤편에는 늘 보드카가 있었다. 풍수적으로는 차가운 기운이 강한 수도가 지도자들에게도 술로 불을 보완하도록 요구한 셈이다.

그러나 이 습관은 때로 국가 발전의 발목을 잡기도 했다. 알코올 중독은 러시아 사회의 고질병이 되었고, 지도자들의 정치적 판단에도 영향을 미쳤다. 차가운 풍수 속에서 만들어진 양기의 보완책이 오히려 음기의 그림자를 키운 셈이다.

현대 러시아는 여전히 내륙에 있는 수도 모스크바에 갇혀 있다. 바다로 직접 나아갈 수 없는 구조, 얼어붙는 강, 음기가 지배하는 기후는 경제 발전을 어렵게 한다. 그 결과 지도자들은 늘 외부로 팽창할 길을 찾는다. 따뜻한 바다로 나아가려는 욕망은 풍수적 제약에서 비롯된 필연이다.

러시아와 우크라이나 전쟁의 풍수적 이유와 승자

사방이 막혀 바다와 접하지 못한 폐쇄성은 역사적으로 심리적 고립감과 외부 위협에 대한 과잉 경계심을 낳았다. 풍수적으로는 음기(陰氣)가 강한 자리이기 때문에 지도자는 늘 '열고 싶은 욕망', 즉 확장의 충동을 느끼며, 이 불안은 단순한 전략적 계산을 넘어 존재적 강박으로 이어진다. 한결같이 '주변을 장악해야 안전하다'라는 논리로 작동해왔다. 냉전 해체 후 나토(NATO)의 동진이 가속화되자, 러시아는 자신을 '포위된 제국의 잔재'로 느꼈고, 우크라이나는 그 불안의 중심에 놓였다. 우크라이나는 단지 국경이 아니라 '러시아의 정체성 경계선'이 된 셈이다. 나토 확장을 막고 자국 안보를 확보하는 것이라고 러시아는 주장하나, 이면에는 심층적 욕망이 잠재한다. 러시아 제국의 영광 회복, 즉 '슬라브 세계의 중심'으로 복귀, 흑해와 유럽 사이의 완충지대 확보란 욕망이다. 그러나 풍수적 관점에서 보면 보드카로도 어찌할 수 없는 모스크바의 음기를 따뜻한 남쪽(크림·오데사 지역 등)의 양기(陽氣)로 보완하려는 무의식적 충동이 이번 우크라이나 침공이었다.

풍수학인의 관점에서 보자면 최종 승자는 누구일까?

러시아는 일정 지역(크림·돈바스 지역)을 영구 점령하더라도 경제·외교적으로 고립된 불안한 제국으로 남을 것이고, 우크라이나는 서방의 지원 속에서 재건될 수 있지만 국토의 상처와 인구 유출이라는 깊은 대가를 치르게 될 것이다. 지금까지 살펴본 주요 국가 수도 풍수론적 관점에서 보자면, 개방과 연대의 원리를 지키는 쪽이 승리할 것이다. 역사적으로 그러했다. 모스크바가 수도인 러시아의 한계이다.

보드카가 개인의 몸을 덥히듯, 영토 확장은 국가의 불안을 덮으려는 시도로 보인다. 풍수적으로 본다면, 모스크바의 기운은 앞으로도 러시아 지도자들에게 강압적 통치와 외부 팽창을 요구할 것이다. 차가운 음기를 불로 다스리려는 보드카처럼, 러시아는 언제나 불안한 균형 속에서 국운을 이어갈 것이다.

'변화를 통한 생존'의 길이 될 상트페테르부르크?

1703년, 표트르 대제는 러시아 북서부의 늪지대를 개간하여 새로운 수도 상트페테르부르크(Saint Petersburg)를 세웠다. 도시는 발트해의 끝자락, 네바강 하구에 자리 잡고 있으며, 내륙의 모스크바와 달리 바다로 열린 도시였다. 표트르는 유럽식 항구도시를 건설함으로써 러시아를 해양 문명과 직접 접속하려는 지정학적·풍수적 혁명을 단행한 것이다. 이는 단순한 도시 이전이 아니라, 러시아 제국의 '기운'을 전환하려는 시도였다.

이전 러시아의 수도였던 상트페테르부르크. 모스크바에 비해 교류가 원활한 지역이다.
(ⒸGoogle Earth)

  풍수적으로 볼 때, 이 선택은 지극히 현명했다. 상트페테르부르크는
북유럽의 찬 바람이 불어오는 평야 지대에 있지만, 네바강의 풍부한 수
기(水氣)가 그 차가운 기운을 완충해 주었다. 강물이 발트해로 흘러드는
구조는 기운이 정체되지 않고 흐르는 크나큰 수구(水口)를 만들어주었
다. 또한, 도시 전체가 운하와 하천을 따라 계획되어 있어 물의 순환이
자연스럽게 이어지며, 이는 곧 생동과 교류의 상징이 되었다. 닫힌 대륙
의 음기를 품었던 모스크바와 달리, 상트페테르부르크는 열린 물의 도
시, 움직이는 양기의 도시였다.

  산세 또한 모스크바와 다르다. 모스크바는 완만한 구릉지에 자리해
사방이 평평한 접시형 대지를 이룬다. 이는 방어에는 유리하지만, 바깥
의 에너지를 흡수하기 어렵다. 반면 상트페테르부르크는 북쪽의 라도가
호(Lake Ladoga)와 핀란드만(Finland Gulf), 서쪽의 낮은 구릉이 자연스러
운 포옹형[포형·抱形]을 이루어, 풍수에서 말하는 '산이 감싸고 물이 흐르

는 생혈(生穴)'의 형국을 갖추었다. 즉, 산은 멀리서 감싸주고, 물은 가까이서 순환하는 자리, 문명과 문화가 피어날 수 있는 천혜의 지세였다.

지정학적으로도 상트페테르부르크는 유럽과 직접 연결된 러시아의 관문이었다. 발트해를 통해 영국·독일·스웨덴·네덜란드 등과 교류가 가능해졌고, 이로써 러시아는 폐쇄된 대륙국에서 유럽의 일원으로 도약하는 해양 국가로 거듭났다. 음지(陰地)에서 양지(陽地)로의 이동, 즉 '기운의 개방'이었다. 그 변화는 곧 문화와 예술의 개화로 이어져, 18~19세기 러시아는 군사력뿐 아니라 문학·음악·미술의 황금기를 맞이한다. 표트르 대제의 수도 이전은 단순한 행정 개편이 아니라, 러시아 국운의 방향축을 '대륙→해양', '폐쇄→개방', '보존→창조'로 돌린 근본적 전환이었다.

그러나 1918년, 볼세비키 혁명 이후 수도는 다시 모스크바로 옮겨졌다. 레닌과 스탈린은 전쟁과 혼란 속에서 외세의 침입에 취약한 상트페테르부르크(당시 레닌그라드)를 버리고, 내륙 깊숙한 안전지대인 모스크바를 택했다. 이 결정은 지정학적으로는 '방어의 이성', 그러나 풍수적으로는 '기운의 응결과 퇴행'이었다.

그 결과, 러시아(소련)의 국운은 다시 안전을 위해 자기자신을 가두고, 고립을 느낄수록 외부로 확장하려는 순환 구조에 빠진다. 냉전기의 군사 팽창, 중앙집권적 체제, 그리고 오늘날의 우크라이나 침공까지 모두 이 모스크바형 체질, 즉 '닫힌 내륙의 기운'에서 비롯된 것이다. 러시아의 풍수는 다시 '응혈(凝穴)의 제국'으로 되돌아간 셈이다.

만약 러시아가 미래에 수도를 다시 상트페테르부르크로 옮긴다면, 그 의미는 단순한 행정적 변화가 아닐 것이다. 지정학적으로 러시아는 다시 해양 교류권에 복귀하여 유럽과의 관계를 '대립'에서 '접속'으로 바꿀

대륙과 해양을 잇는 문명 교차점이었던 옛 수도 상트페테르부르크(ⓒShutterStock)

수 있다. 풍수적으로는 오랫동안 응결된 음기가 풀리며 정치적 긴장이 완화되고, 문화·예술·관광·무역 중심의 양기(陽氣)가 활성화될 것이다. 도시의 물길이 상징하듯, 막혀 있던 기운이 흐르고, 세계와의 순환이 회복된다. 물론 이 변화는 새로운 위험도 동반한다.

발트해를 통해 서방 세력의 영향이 커지고, 러시아 내부의 중심력이 약화하면 다민족 연방의 균형이 흔들릴 수도 있다. 즉, 국운은 단단함에서 유연함으로 이동하지만, 그만큼 불안정과 변화의 파도를 감수해야 한다. 그러나 문명사적 관점에서 볼 때, 변화 속에 살아남는 것이 곧 생존이며, '흐르는 물이 썩지 않는다[유수불부·流水不腐]'라는 풍수의 원리는 국가에도 예외가 아니다.

결국, 모스크바형 제국은 '안정을 위한 폐쇄'의 길을 걷고, 상트페테르부르크형 제국은 '변화를 통한 생존'의 길을 걸을 것이다. 지정학적으로는 모스크바가 '유라시아 심장부의 방어 거점'이라면, 상트페테르부르크는 '대륙과 해양을 잇는 문명 교차점'이다. 풍수적으로 모스크바는 흙[土]의 제국, 상트페테르부르크는 물[水]의 제국이다. 흙[土]은 제국을 지탱하지만 굳어가고, 물[水]은 제국을 흔들지만 다시 살린다.

러시아가 어느 길을 선택할지는 결국 러시아인의 몫이다. 그러나 풍수와 지정학이 함께 말하는 바는 분명하다. 닫힌 대지에 머무르면 힘은 모이되 기운은 막히고, 열린 물가로 나아가면 불안은 따르되 새로운 생명이 깃든다. 그것이 러시아의 과거이자, 미래일 것이다.

모스크바의 주요 명소들은 모두 '강과 언덕, 열린 평지'라는 풍수적 3요소 위에 자리하며, 도시의 에너지를 순환시키는 축 역할을 한다. 따라서 관광객은 단순히 역사 유적을 볼 뿐만이 아니라, 러시아 제국의 기운이 어떻게 땅의 형세와 함께 호흡해왔는가를 체험하게 된다.

도시 풍수 여행 **모스크바**

모스크바의 풍수 명소를 소개하면 다음과 같다.

1) 크렘린 궁전(Kremlin)
모스크바의 중심에 자리한 크렘린은 모스크바강이 굽이쳐 흐르며 만든 완만한 언덕 위에 있다. 물(강)과 산(언덕)의 교합이 이루어진 이곳은 천지의 기운이 만나는 천지교합지(天地交合地)로, 풍수에서 제왕의 혈(穴)에 해당한다. 성벽으로 둘러싸인 내부는 토(土)의 안정과 금(金)의 권위를 품어, 리더십과 조직력의 기운을 강화한다. 방문객은 궁전의 견고한 축성과 강변 경관 속에서 러시아 국가 중심의 힘과 균형감을 체감할 수 있다.

2) 붉은 광장(Red Square)

크렘린 앞에 펼쳐진 붉은 광장은 사방이 개방된 넓은 평지로, 성(城) 앞의 넓은 마당 즉 혈전(穴前) 역할을 한다. 이는 좋은 기운이 머물다 퍼져나가는 공간으로, 성취·명예·대외 교류운을 높이는 터다. 아침 햇살이 광장을 비출 때 도시 전체의 에너지가 이곳을 통해 흘러나가며, 사람들의 활동이 많을수록 그 생기가 더욱 커진다. 관광객은 이곳에서 도시의 중심기(氣)와 대중적 활력을 직접 느낄 수 있다.

3) 바실리 성당(St. Basil's Cathedral)

붉은 광장의 남쪽 끝에 있는 바실리 성당은 다채로운 양파형 돔이 하늘로 솟아오르는 집양형(集陽形) 구조다. 이는 하늘의 양기(陽氣)를 모아 올리고, 불(火)과 토(土)의 조화로 창조적 기운을 만들어낸다. 성당은 예술·창의·신념의 기운을 상징하며, 관람자는 그 형태적 조화 속에서 러시아 예술정신과 영감의 근원을 느낄 수 있다. 풍수적으로는 인간 내면의 창조력을 깨우는 '영감(靈感)의 혈'이다.

4) 고르키 공원(Gorky Park)

모스크바강을 따라 조성된 고르키 공원은 평탄한 지형 위에 물과 나무, 공기가 순환하는 평지형 수명당(水明堂)이다. 도시 중심에서 드물게 기운의 흐름이 막히지 않는 공간으로, 피로와 긴장을 풀고 몸과 마음의 기운을 정화하기 좋다. 강변 산책로를 걷다 보면 강의 수기(水氣)가 폐와 심신을 맑게 하고, 흙과 나무의 토·목 기운이 재생력을 높인다. 관광객은 이곳에서 휴식·회복·균형의 기운을 얻는다.

5) 참새 언덕(Vorobyovy Gory, Sparrow Hills)

모스크바 남서쪽의 200m 언덕은 도시를 내려다보는 조망혈(眺望穴)에 해당한다. 풍수적으로 높은 지세에서 하류(도시 전체)를 바라보는 행위는 운기(運氣)를 넓히고 사고를 확장하는 작용을 한다. 강이 굽이치는 형세와 숲이 어우러진 지형은 목(木)과 수(水)의 조화로 생명력과 자유의 기운을 품는다. 참새들이 모여든다는 이름처럼, 이곳은 자유로운 기운·확장의 상징이다. 방문객은 도시의 전경과 흐름을 바라보며 내면의 시야와 미래 비전을 함께 열 수 있다.

도시 풍수 여행 상트페테르부르크

1) 겨울 궁전(Winter Palace)

네바강 강변에 자리한 겨울 궁전은 물과 대지가 맞닿는 완벽한 수토교합지(水土交合地)에 세워졌다. 강을 등지지 않고 마주 보는 구조는 외세와의 교류 의지를 상징하며, 물의 흐름이 궁전의 앞을 지나가면서 재물과 기운을 순환시킨다. 풍수적으로 궁전은 '제국의 중심혈'로, 토(土)의 안정 위에 수(水)의 생동을 얹은 형국이다 이곳을 찾는 관광객은 장엄한 외관 속에서 러시아 제정의 권위와 유연함이 만나는 기운을 체험할 수 있다.

2) 궁전 광장(Palace Square)

겨울 궁전 앞에 펼쳐진 궁전 광장은 완만한 타원형 평지로, 대규모

인파가 모여도 기운이 흩어지지 않는 대명당(大明堂) 형세다. 중앙의 알렉산드르 기둥은 '하늘과 땅을 잇는 축'(天柱) 역할을 하며, 주변 건물들이 이를 감싸 안듯 배치되어 있어 기운이 모이고 응축된다. 이곳은 러시아 역사에서 수많은 정치적 전환이 일어난 장소이다. 그만큼 변화의 기운을 담은 혈 자리이다. 방문객은 넓은 공간과 균형 잡힌 구조 속에서 리더십, 사회적 도약, 변화의 에너지를 느낄 수 있다.

3) 성 이삭 대성당(St. Isaac's Cathedral)

성 이삭 대성당은 상트페테르부르크의 중심부 언덕에 세워진 고지혈(高地穴)이다. 100m에 달하는 황금 돔은 태양광을 받아 도시 전역으로 반사하며, 풍수적으로 하늘의 양기(陽氣)를 끌어내려 땅으로 내려보내는 역할을 한다. 성당 내부의 원형 구조는 중심 기(氣)를 응축시키는 '기둥 없는 전당형[무주전형·無柱殿形]'으로, 방문자는 돔 아래에서 자연스럽게 심신의 중심이 정렬되는 느낌을 받는다. 이곳은 정신적 명상과 내면의 조화를 얻는 풍수 명소다.

4) 피의 구세주 성당(Church of the Savior on Spilled Blood)

'피의 구세주 성당'이라는 이름은 러시아 황제 알렉산드르 2세가 1881년 상트페테르부르크 한 도로에서 암살되었고, 그가 흘린 피가 떨어진 자리 위에 세워진 데서 유래한 이름이다. 네바강의 지류 '그리보예도프 운하'(Griboedov Canal)를 따라 세워진 이 성당은 물길 위의 제단처럼 떠 있다. 표면적으로는 비극(황제의 암살 현장) 위에 세워졌으나, 풍수적으로는 '죽음 위의 생명', 즉 수(水)의 정화력과 재생력을 상징한다. 운하를 따라 흐르는 물은 슬픔의 기운을 흘려보내고, 화려한 모자이크와 돔은 양기(陽氣)를 모아 상승시킨다. 이곳을 찾는 이들은 예술적 감동과 함께 정화·회복의 기운을 받을 수 있다.

5) 페테르호프 궁(Peterhof Palace)

발트해를 바라보는 페테르호프 궁은 표트르 대제가 건설한 해상별궁으로, 풍수적으로는 '바다를 향한 제왕의 자리'다. 계단식 정원과 분수는 바다에서 들어오는 수기(水氣)를 끌어올려 위로 분출시키며, 상승하는 기운[승기·升氣]을 형성한다.

산과 바다가 만나고, 인공의 분수와 자연의 바람이 조화를 이루는 이곳은 성공·명예·번영의 터로 여겨진다. 관광객은 물줄기와 정원길을 걸으며 기운이 순환하고 높아지는 상승감을 경험하게 된다.

4장
중동

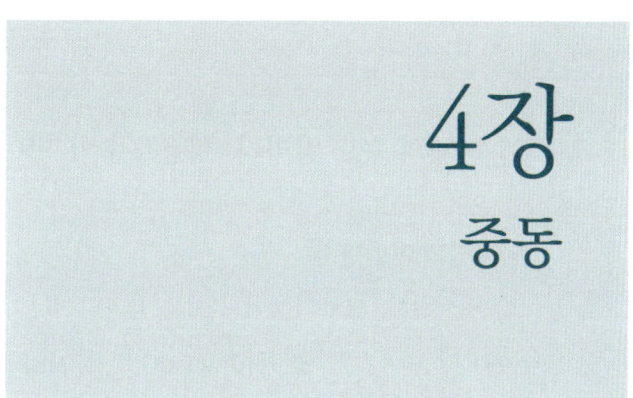

1. 튀르키예(터키)의 현재 수도와 옛 수도

1) 현재의 수도 앙카라: 형용모순의 '닻' 도시

앙카라의 어원과 뜻

2025년 현재, 튀르키예의 수도는 앙카라이다. '앙카라(Ankara)'라는 이름은 고대 그리스어 앙키라(Άγκυρα), 즉 '닻(Anchor)'에서 비롯되었다. 기원전 3세기, 켈트계 부족인 갈라티아인들이 이 지역에 정착하면서 붙여진 이름이다(후에 갈라티아인들은 사라지고 중앙아시아의 돌궐·오구즈계 유목민들이 11세기 이후 서쪽으로 이동하여 이곳에 정착한다). 이곳이 내륙 한가운데인데도 '닻'이라는 이름이 붙은 것은 상징적이다. 마치 튀르키예의 중심을 단단히 붙드는 닻처럼, 땅속 깊은 기운이 안정적으로 고여 있는 자리라는 의미로 해석할 수 있다.

이곳은 아나톨리아(Anatolia)고원의 중심부, 해발 938m 내외의 넓은 고원과 완만한 구릉지 사이에 자리한 내륙형 분지 도시이다. 로마 제국 시절에도 앙카라는 중요한 군사·행정 도시였다. 아우구스투스 황제는 이곳에 앙카라 석비(Res Gestae Divi Augusti)를 세워 자신의 업적을 기록하게 했다. 오늘날에도 튀르키예 국립박물관에서 그 흔적을 볼 수 있다. 이처럼 앙카라는 이미 2천 년 전부터 제국의 기억이 새겨진 땅이다.

20세기 초, 오스만 제국은 '유럽의 병자'라 불리며 쇠퇴했다. 제1차 세계대전에서 패배하자 연합국은 제국을 해체하려 했고, 수도 이스탄불은 외국군에 점령당했다. 바로 이때 등장한 인물이 무스타파 케말 아타튀르크(Mustafa Kemal Atatürk, 1881~1938)였다. 그는 내륙의 앙카라를 거점으로 독립전쟁을 이끌었다. 1923년 10월 29일, 튀르키에 공화국이 탄생하면서 아타튀르크는 수도를 공식적으로 앙카라로 옮겼다. 이는 단순한 행정적 결정이 아니라, 제국에서 국민국가로의 전환을 상징하는 역사적 사건이었다. 2025년 현재 앙카라는 수도로서 100년이 채 안 되었다.

풍수로 본 앙카라의 강

풍수적 관점에서 앙카라를 살펴보자. 우선 앙카라시를 관통하는 앙카라강이다. 전체 길이 125㎞로 앙카라 북부에서 시작해 도심을 남서에서 북동으로 관통한 뒤 외곽의 추북강, 하팁강) 등과 합류하여 사카리아강 본류로 들어가 흑해로 유입된다. 강폭은 도시 중심부에서 25~40m, 외곽으로 갈수록 넓어져 60m 내외이며, 평균 수심은 1~2m이다. 강이라기보다는 냇물에 지나지 않는다. 강은 규모로는 크지 않으나, 강이 도심을 감싸듯 흐르며 북쪽으로 빠져나가는 형태로 풍수에서 이상적으로 여기는 환포 형국이다. 앙카라 강의 발원지는 추북고원(Çubuk Ovas)으로 앙카라 중심부에서 북쪽으로 30㎞ 떨어져 있다. 수원이 짧다. 수원이 짧다는 것은 샘이 깊지 않다는 뜻이기도 하다. 수량이 적은 이유이다. '물은 재물을 주관한다[수주재 · 水主財]'라는 격언을 염두에 둔다면 재물이 번창하지 않는 도시임을 암시한다. 쌀독에서 인심 나온다. 재물이 적으면 분쟁이 빈발해진다.

앙카라의 산

앙카라를 이고 있는, 즉 앙카라 시내의 산과 언덕은 어떠할까? '산은 인물을 키운다[산주인·山主人]'라는 관점에서 살펴본다.

앙카라는 해발 850m 내외의 중앙 아나톨리아고원 위에 놓여 있으며, 도심 전체가 완만한 기복으로 이루어진 도시이다. 구릉들은 동서로 뻗은 낮은 산줄기들이고, 대부분 화산성 또는 석회암성 고지이다. 앙카라 시내 구릉과 그 위에 세워진 건축물을 통해 그 땅의 성격을 엿볼 수 있다.

(1) 앙카라 성채 언덕(Ankara Kalesi Tepesi)

구도심(Alt ndağ 구역) 중심에 자리하며 앙카라의 '심장부'로, 해발 978m로 주변보다 100m가량 높다. 앙카라에서 가장 오래된 정착지로, 철기시대의 프리기아아인(Phrygians)이 처음 요새를 세웠을 정도로 주목받는 땅이다. 현재 아나톨리아 문명 박물관(Museum of Anatolian Civilizations)으로 튀르키예 고대문명의 정수를 보존하는 곳이다. 도시 전체의 중심혈(中心穴)'이다.

(2) 앗사즈테페 언덕(Atatürk Tepesi, 일명 Cebeci Ridge)

앙카라 도심 동쪽에 있으며, 현재 국가 영웅들과 예술가들의 묘역과 앙카라 대학교(Ankara Üniversitesi)가 있다.

(3) 아타튀르크 영묘 언덕(Anıttepe)

도심 서쪽에 자리하며 해발 고도는 906m로, 공화국의 창건자 무스타파 케말 아타튀르크(Mustafa Kemal Atatürk)의 영묘가 있다. 정치, 군사, 시민의식이 결집한 국가의 심장 언덕이라 할 수 있다.

튀르키예 앙카라 영묘. 국가의 심장과도 같은 영묘가 아타튀르크 언덕에 위치해 있다.
(ⒸShutterStock)

(4) 베이테페(Beytepe) 및 차양카야(Çayyolu) 구릉

앙카라 서남부 신도시 구역에 있으며, 해발 고도 1,000m 내외이다. 하제테페 대학교(1967년에 설립된 국립대)가 자리하며, 풍수적으로는 교육과 문화의 기운을 모으는 문창형(文昌形) 언덕이다. 1923년 공화국 수립 이후 새롭게 설계되고 건설된 현대 수도 앙카라(Modern Ankara)의 중산층 주거지로 발전했다.

이렇듯 앙카라시는 물보다 산을 중시한 '독양(獨陽)'의 땅이다. 앙카라시의 산과 물을 바탕으로 풍수적 장단점을 정리하면 다음과 같다.

고원 분지이기에 외적 침입이 어려운 장풍국(藏風局)의 명당이다. 사

튀르키예의 옛 수도였던 앙카라. 상징적으로는 사상의 유통이 막히는 폐쇄적 구조의 위치를 지녔다. (ⓒGoogle Earth)

방이 산으로 둘러싸여 있어 자기 세계를 온전히 보존하는 기운을 갖는다. 내향적이지만 집중력이 강하며, 이는 행정·관료제·군사 중심의 수도 기능에 매우 적합한 풍수 구조이다. 그러나 앙카라는 장점보다 단점이 많은 도시이다. 앙카라를 관통하는 앙카라강은 수량이 적고 건기에는 거의 마른다. 외부와의 교류·무역·문화 확산이 어렵고, 정보·자본·문화의 흐름이 모였다가 나가지 못한다. 분지 지형은 바람이 잘 돌지 않아, 물리적으로는 미세먼지와 열이 머물고, 상징적으로는 사상의 유통이 막히는 폐쇄적 구조이다. 풍수에서는 '기(氣)가 막히면 사람도 막힌다[기체즉인체·氣滯則人滯]'라는 문장이 어울린다.

튀르키예의 국운 향상을 위한 바람직한 수도는 어디여야 할까? 튀르키예 역사가 이미 답을 말해주고 있다. 다름 아닌 이스탄불이다.

2) 과거와 미래의 수도 이스탄불: 지중해의 심장

이스탄불의 어원과 뜻

100년 전까지만 해도 튀르키예의 수도는 이스탄불이었다. 1,700년 동안 세 제국이 차례로 이곳을 수도로 삼았다. İstanbul의 어원은 그리스어에서 비롯한다. 고대에는 이 도시를 Βυζάντιον(Byzantion, 비잔티온)이라 불렀다. 기원전 7세기경, 메가라 출신 그리스인들이 세운 식민도시의 이름이다. 구어체로는 'εἰς τὴν πόλιν(eis tēn pólin)'라 표현하였는데, '그 도시로' 또는 '도시 안으로'라는 뜻이다. 당시 사람들은 수도를 단순히 '도시(πόλις, polis)', 즉 'The City'로 불렀다. eis tēn pólin(이스 땐 뽈린)을 빠르게 발음하면 이스탄불(이스땅불)이 된다. 이스탄불 표기(İstanbul) 유래이다. 즉 '도시'란 뜻이다.

이스탄불이 가진 이러한 '지속하는 중심성'은 단순한 정치적 우연이

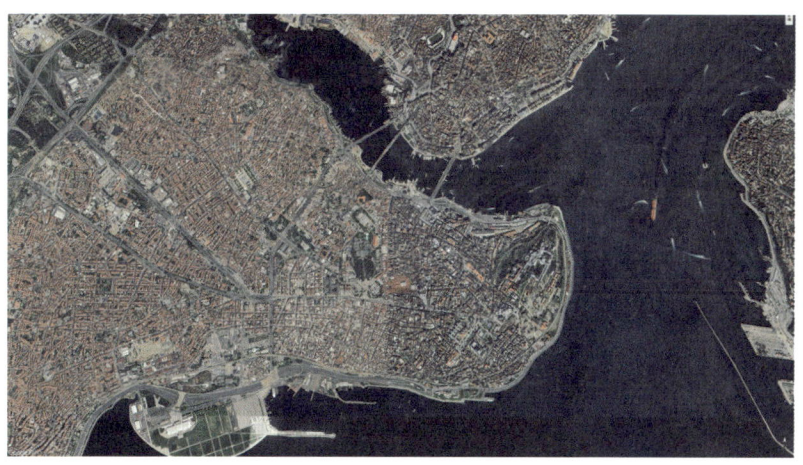

튀르키예의 수도 이스탄불 위성사진. 바다와 연결되어있는 용포(龍抱)명당으로 물이 만든 '풍수의 제국'이라 할 수 있다. (ⓒGoogle Earth)

아니라, 풍수적 이유가 있다. 이스탄불은 세 개의 바다로 둘러싸여 있다. 북쪽에는 흑해(Black Sea), 남쪽에는 마르마라해(Marmara Sea), 그리고 그 사이를 잇는 보스포루스 해협(Bosphorus Strait)이 있다. 이 보스포루스는 길이 30㎞, 폭은 최소 700m에서 최대 3.5㎞, 수심은 최대 120m에 이른다. 서쪽 유럽과 동쪽 아시아를 잇는 천연 수로이자, '대륙의 혈맥'이라 불리는 물줄기이다. 게다가 도시의 남쪽은 금각만(Golden Horn)이 감싸고 있다. 길이 7.5㎞, 폭 700~750m의 내만으로, 고대부터 천연 항구로 쓰였다. 풍수상 이렇게 훌륭한 명당수(明堂水)와 객수(客水)를 갖춘 곳은 전 세계적으로 드물다.

보스포루스와 금각만이 이루는 형세는 마치 용의 몸이 바다를 가르고, 머리를 들어 도시를 안는 형국(용포명당·龍抱明堂)이다. 이스탄불이 과거 2,000년 동안 '지중해의 심장'으로 번성한 이유이다.『명산론』의 4분류법 가운데 '산이 작고 물이 큰 것을 독음(獨陰)'이라 했으며, 이러한 형세의 땅이 최고로 극대화된 길지이다. 이스탄불은 물이 만든 '풍수의 제국'이었다. 이스탄불은 마치 한 덩어리의 산이 바다 위에 떠 있는 도시처럼 보인다. 도시의 중심부는 끊임없이 굴곡진 언덕 위에 자리하고, 그 사이를 파고드는 물길이 곡선을 그리며 흘러간다. 이 물길이 바로 보스포루스 해협(Bosphorus Strait)이며, 그 곁에서 안으로 깊숙이 들어온 내만이 금각만이다. 이 두 수맥(水脈)은 이스탄불을 가로지르기보다, 도시의 '몸과 숨결'을 따라 유연하게 감아 도는 생기선(生氣線)이다. 이스탄불의 명당수를 세분하여 설명하면 다음과 같다.

(1) 흑해와 지중해를 잇는 하늘의 수맥 — 보스포루스
보스포루스는 단순한 해협이 아니다. 지질학적으로는 8,000년 전, 빙

이스탄불의 보스포루스 해협. 흑해와 지중해를 잇는 하늘의 수맥이다. (ⓒShutterStock)

하기가 끝나며 흑해의 물이 넘쳐 마르마라해로 쏟아져 들어가면서 생긴 자연의 운하이다. 그 길이는 30㎞, 폭은 700m에서 3.5㎞, 수심은 최대 120m에 이른다. 이 물줄기는 위로는 흑해의 찬물이 남쪽으로 흐르고, 아래로는 마르마라해의 따뜻한 바닷물이 되밀려 올라오는 이중류(二重流)를 이룬다. 즉, 표면은 내려가고, 심층은 오르는 물길, 음양의 기운이 동시에 순환하는 구조. 풍수적으로 이는 생기가 머물며 스스로를 갱신하는 수맥[활수맥·活水脈]이다. 강물이 단지 한 방향으로 빠져나가는 것이 아니라, 들어오고 나가며 도시의 기운을 순환시킨다. 이런 점에서 보스포루스는 세계 어떤 수도에서도 찾아보기 힘든 완전한 수맥[수기·水氣의 순환계]을 이룬다.

(2) 금각만(Golden Horn)

보스포루스의 서쪽으로 깊이 파고든 내만(內灣)인 금각만은 도시의 심장부를 품는다. 길이 7.5㎞, 폭 700m 남짓, 그 곡선은 부드럽고, 물결은 잔잔하다. 이 만은 단순히 항구가 아니라, 도시의 안쪽으로 생기가 머무는 명당수(明堂水)다. 풍수적으로 물이 안으로 감아 도는 곡수형(曲水形)은 기가 흩어지지 않고 모여드는 길상(吉祥)의 형태이다. 그래서 콘스탄티누스 대제가 새 수도를 세울 때, 그는 보스포루스 해협과 금각만이 만나는 지점을 '세계의 배꼽(Omphalos Mundi)'이라 부르며 그곳에 성 소피아 대성당(Hagia Sophia)과 황궁(팔라티움)을 세웠다. 그는 이곳은 물이 제국의 기운을 품어내는 자리, 즉 하늘이 내려준 수도였다는 것을 직감했다.

이스탄불의 명소인 성 소피아 대성당. 콘스탄티누스 대제가 택한 세계의 배꼽 위에 세워졌다. (ⓒShutterStock)

(3) 일곱 언덕(The Seven Hills)

이 수맥 위로 솟은 것이 바로 이스탄불의 일곱 언덕이다. 이 구조는 로마의 일곱 언덕을 모방했지만, 풍수적으로 보면 용의 등마루에 해당하는 일곱 봉우리다. 그 용은 아시아의 땅에서 머리를 들어 유럽을 향해 기운을 뿜는다.

언덕번호	위치	주요건축물	풍수적 상징
제1언덕	술탄아흐메트	성 소피아 성당	천심(天心)
제2언덕	누루오스마니예대바자르	고대 포럼	재기(財氣)
제3언덕	베야지트	이스탄불 대학교	학문 기(氣)
제4언덕	파티흐	모스크	종교의 중심
제5언덕	예디쿨레	옛 성곽	수기(守氣)
제6언덕	에디르네카프	방어의 봉우리	제국의 척추
제7언덕	코라(Chora)	코라교회	재생의 기운

이 일곱 언덕은 서로 마주하며 물과 산이 서로를 비추는 형국을 이룬다. 언덕의 기운은 금각만으로 내려와서 모이고, 그 생기는 다시 보스포루스를 따라 바다로 흘러나간다. 결국, 산이 물을 낳고, 물은 다시 산을 기르는[산생수, 수양산(山生水, 水養山)] 곳이 일곱 언덕 풍수의 핵심이다.

로마 제국의 콘스탄티노플, 비잔틴의 성도(聖都), 오스만의 술탄의 도시, 그리고 오늘날의 이스탄불로 이어진다. 천 년이 지나도, 제국이 흥하고 바뀌어도 이곳이 수도의 자리를 지켜온 이유는 단 하나, 물이 떠나지 않았기 때문이다. 금각만은 여전히 고요히 숨 쉬고, 보스포루스는 밤낮으로 기운을 순환시킨다. 그 속에서 이스탄불은 스스로를 씻고, 다시 태어난다. 이는 곧 활수명당(活水明堂)의 궁극적 형태이자, '물로 살아 있는 도시'의 모습이다. 그래서 이스탄불은 단순히 강이 흐르는 도시가 아니라, 물이 호흡하는 도시, 즉 제국의 심장이자 생명체로 존재한다.

풍수는 단순히 땅의 형세를 논하지 않고, 그 땅이 사람과 문명을 어떻게 품어내는가를 보는 학문이다. 이스탄불은 그 전범이다. 산은 물을 품어 생기를 모으고, 물은 산을 적셔 기를 순환시킨다. 그리하여 산수(山水)가 완전한 조화를 이룬 자리이다.

21세기는 물의 시대다. 해양 교역, 디지털 네트워크, 에너지와 물류의 흐름이 국가의 생명줄이 되었다. 이제 도시는 강과 바다, 즉 유통의 중심에 서지 않으면 성장할 수 없다. 튀르키예의 현재 수도 앙카라가 상징하는 내륙의 고원은 독립과 자립의 상징이었지만, 글로벌 시대의 튀르키예는 더 이상 고립된 요새에 머물러선 안 된다. 풍수학자로서 안타깝게 여기는 대목이다. 풍수학적으로 수도는 한 나라의 심장이다. 심장이 막히면 혈류가 흐르지 않듯, 수도가 막히면 국운이 답답해진다. 앙카라의 땅은 안전하지만, 물의 기운이 정체되어 있다.

이에 반해 이스탄불은 끊임없이 숨 쉬는 도시다. 보스포루스의 조류가 들고나듯, 이스탄불의 기운은 세계와 교류하며 나라를 외향적으로 이끈다. 튀르키예가 다시금 강국으로 일어서려면 '고원의 수도'에서 '바다의 수도'로 중심을 옮겨야 한다. 이는 단순한 행정의 문제가 아니라 국가의 기운을 재배열하는 일이다. 풍수는 말한다.

"산은 정(靜)을, 물은 동(動)을 낳는다."

이스탄불에는 유라시아 경제의 축이 모이고, 문화와 관광, 종교의 길이 교차한다. 보스포루스는 단순한 해협이 아니라, 세계의 기운이 드나드는 거대한 '기혈(氣穴)'이다. 분명 튀르키예의 미래 수도가 될 자격을 지닌 땅이다. 앙카라가 근대 튀르키예의 시작이었다면, 이스탄불은 다시 세계로 향하는 출구다. 폐쇄의 시대를 열었던 도시는 이제 그 임무를 마쳤다. 이제 튀르키예 국운은 물 위에서 다시 숨 쉬어야 한다. 바다와 큰 강가에 도읍을 두지 않고는 어느 나라든 세계강국이 될 수 없었다. 이스탄불로의 회귀는 옛 제국의 복귀가 아니라, 미래의 문명으로 나아가는 자연의 선택이다.

도시 풍수 여행 이스탄불

여행자들이 이스탄불을 방문할 때 풍수적으로 좋은 기운을 받을 곳을 소개하면 다음과 같다.

1) 보스포루스 해협(Bosphorus Strait)
보스포루스 해협은 유럽과 아시아가 맞닿는 음양의 경계이자, 수기(水氣)가 흐르는 대혈(大穴)이다. 봄이면 해협 위로 부드러운 안개와 햇살이 어우러져 수면이 반짝이며, 강과 바다가 만나는 곳의 생동감을 느낄 수 있다. 여름에는 선선한 해풍이 도시 전체로 퍼져 시원함과 활력을 제공하고, 가을에는 노을빛이 수면을 붉게 물들이며 한 폭의 회화 같은 장면을 연출한다. 겨울에도 흐르는 물과 주변 언덕의 녹음이 대비를 이루며, 방문자는 도시 전체의 음양 기운이 교류하는 장대한 풍경 속에서 에너지를 체감할 수 있다.

2) 톱카프 궁전(Topkap Saray)

오스만 제국의 '황궁혈(皇宮穴)'로, 삼면이 바다로 둘러싸인 용의 머리에 해당하는 지형적 특징을 가진 톱카프 궁전은 권위와 번영의 상징적 자리이다. 봄과 여름에는 궁전 안 정원과 바다 풍경이 조화를 이루어, 화려하면서도 평온한 기운을 선사한다. 가을에는 단풍과 햇살이 석조 건물과 바다에 반사되어 장엄함을 배가시키고, 겨울에는 바다와 성벽의 대비가 차분한 경관을 만들어낸다. 궁전에서 바라보는 보스포루스의 시원한 시야와 탁 트인 전경은 리더십과 중심적 에너지를 상징하며, 방문자는 권위와 안정감을 함께 느낄 수 있다.

3) 성 소피아 대성당(Hagia Sophia)

하늘과 땅의 중심축에 있는 성 소피아 대성당(아야 소피아)는 돔형 천정이 우주와 소통하는 '천원지방(天圓地方)' 구조를 갖춘 명소이다. 봄 햇살이 내부 모자이크를 밝히면 고요하면서도 신성한 기운이 공간을 채우고, 여름에는 밝은 햇빛과 그림자가 돔 속 깊은 공간을 장식하며 방문자의 마음을 맑게 한다. 가을에는 따스한 노을빛이 외벽을 물들이고, 겨울에는 은빛 눈과 차가운 공기가 돔과 벽돌 건축을 둘러싸며 고요와 성찰의 장을 만든다. 이곳은 단순한 성당이 아니라 마음과 정신을 정화하고 깨달음을 얻는 기운의 중심축으로, 여행자는 내면의 고요와 사유를 경험할 수 있다.

4) 블루 모스크(Sultanahmet Camii)

6개의 첨탑과 조화로운 내부 공간을 갖춘 블루 모스크는 음양의 균형과 조화가 흐르는 명소다. 봄과 여름에는 청색 타일과 자연광이 어우러져 신선하고 차분한 느낌을 선사하며, 가을에는 햇살이 모스크 내부의 창과 돔을 비추어 따스한 색채를 만들어낸다. 겨울에도 모스크의 구조와 주변 공원이 조화를 이루어, 방문자는 정신을 맑게 하고 마음의 불안을 가라앉히는 청기(淸氣)를 자연스럽게 느낄 수 있다.

5) 갈라타 타워(Galata Kulesi)

도시 전체가 내려다보이는 '용의 등마루'에 있는 갈라타 타워는 상승의 기운[升氣]이 강한 명소다. 봄에는 언덕과 강, 골목길이 한눈에 들어와 생동감과 활기를 느끼고, 여름에는 탁 트인 전망과 해 질 녘 노을이 도시 전체를 붉게 물들인다. 가을에는 황금빛 낙엽과 석양, 도시의 역사적 건물들이 어우러져 깊이 있는 조망을 제공하며, 겨울에는 눈 덮인 도시와 하늘의 대비가 출세와 명예운을 상징적으로 보여준다. 타워 위에서 바라보는 광경은 도시 전체의 흐름을 체감하며 미래의 비전과 결단을 다지는 공간이다.

6) 돌마바흐체 궁전(Dolmabahçe Saray)

보스포루스 해협 위에 있는 '물 위의 궁전' 돌마바흐체는 재물운(水財運)을 끌어들이는 유연한 수기를 지닌 명소다. 봄과 여름에는 햇살이 바다와 궁전 외벽에 반사되어 화려함을 더하고, 가을에는 노을빛과 물빛이 조화를 이루어 평온과 번영의 이미지를 선사한다. 겨울에는 바다와 궁전의 대비가 차분한 아름다움을 만들어, 도시의 번영과 풍요를 상징적으로 느낄 수 있다.

7) 피에르 로티 언덕(Pierre Loti Tepesi)

금각만(Golden Horn)이 한눈에 내려다보이는 명당봉(峰)으로, 언덕 위에서 도시의 기운 흐름을 조망할 수 있다. 봄에는 꽃과 녹음, 여름에는 선선한 해풍과 햇살, 가을에는 황금빛 낙엽과 물빛, 겨울에는 은빛 눈과 도시가 어우러져 관조와 통찰, 미래의 비전을 경험하게 한다.

8) 에윱 술탄 사원(Eyüp Sultan Camii)

예언자 무함마드의 동지이자 깃발수였던 에윱 엘안사리의 묘가 있는 사원은 정신적 정화와 조상의 덕을 받는 성지다. 묘는 사원 내부와 언덕 지형 속에 자리하여, 사원 정문에서 들어오는 양기(陽氣)와 주변의 음기(陰氣)가 자연스럽게 조화를 이루도록 배치되어 있다. 이러한 배치는 마음과 정신을 안정시키고, 운의 흐름을 원활하게 하는 명당[穴]으로 작용한다. 봄과 여름에는 주변 녹음과 햇살, 가을에는 단풍과 햇살, 겨울에는 눈 덮인 경내가 방문자의 마음을 차분히 정화한다. 사원 주변을 거닐며 내면의 평정과 역사적 연결감을 느낄 수 있는 공간이다.

9) 메이단 광장(Sultanahmet Square)

과거 전차 경기장이었던 메이단 광장은 사방이 트인 열린 명당(明堂)이다. 아침 햇살이 광장을 밝히면 방문자는 공간 속에서 인간관계와 소통운의 흐름을 자연스럽게 체감할 수 있다. 여름에는 행사와 방문객으로 활기가 돌고, 가을과 겨울에는 고요한 분위기 속에서도 도시 중심의 활력을 느낄 수 있다. 인간관계와 소통의 장으로 여행자에게 인정과 연결의 경험을 선사한다.

2. 사우디아라비아의 수도 리야드: 풀과 꽃이 피는 도시

리야드의 어원과 뜻

'리야드(Riyadh, الرياض)'라는 이름은 아랍어 Rawḍah(روضة) 또는 Riyāḍ(رياض)에서 비롯되어 '정원', 곧 '초목이 돋는 곳'을 뜻한다. 끝없는 사막에서 비가 내린 뒤 잠시 풀이나 꽃이 피는 오아시스 지역을 가리키던 말로, 본래부터 풍요한 땅이 아니라 건조함 속에서 드물게 생명이 솟는 '희귀한 생기(生氣)의 땅'을 의미한다.

이 지역은 고대부터 '와디 하니파(Wadi Hanifah)'라 불리는 건천(乾川), 즉 비가 내릴 때만 물길이 드러나는 계곡을 따라 형성된 작은 정착지였다. 다시 말해 리야드는 영속적인 강이 아니라, 잠시 흐르는 물의 흔적과 기억 위에 세워진 도시다. 여름 기온은 50도에 육박하고 겨울 낮도 따뜻하며, 강수량은 극히 적다. 그러나 도시 곳곳에는 인공호수·분수·정원이 조성되어 있다. 이는 사막 풍수에서 가장 귀한 요소인 물을 인위적으로 불러 도시의 기운을 유지하려는 시도로, 거대한 사막 위에 억지로 강과 호수를 새겨 넣은 형국이라 할 수 있다.

리야드는 아라비아반도 중앙 나즈드(Najd) 고원, 해발 600m에 자리한다. 사방은 낮은 구릉과 사막 언덕으로 둘러싸여 있으며, 남북으로 도심을 관통하는 와디 하니파가 도시의 유일한 물의 축이 된다. 길이 120㎞

수도 리야드의 위성사진. 희귀한 생기의 땅 답게 사막지대의 오아시스에 세워진 땅이다. (ⓒGoogle Earth)

인 이 와디는 대부분이 마른 골짜기이며, 발원지는 서쪽의 돌산 지대(투와이크 산맥)다. 실질적으로는 강이라기보다 지맥(地脈)에 가까운 흐름으로, 풍수적으로는 수맥(水脈)보다 '기맥(氣脈)'에 가까운 중심축을 이룬다. 리야드는 바로 이 완만한 저지대를 따라 발전했고, 행정·상업 중심과 왕궁의 배치 역시 계곡의 방향성에 따라 결정되었다. 잠시 흐르는 물의 흔적과 지맥의 기운을 따라 도시를 인위적으로 조율한 명당이라는 평가도 가능하다.

석맥(石脈)으로 이루어진 리야드의 산

리야드 주변에는 사막 평원 속에 석회암으로 이루어진 낮은 산맥과 절벽이 이어진다. 그중 대표적인 것이 투와이크 산맥(Jebel Tuwaiq)으로, 길이 800㎞, 폭 30㎞, 최고봉 900m에 이르는 거대한 석회암 단애(斷崖)다. 수평으로 길게 뻗은 이 지형은 나즈드 지방의 등뼈[척량·脊梁]이자

리야드 서쪽을 지키는 '산의 장벽'이다. 풍수적으로 보면 이는 서풍을 차단하는 진산(鎭山) 역할을 한다.

풍수 고전『명산론』은 이처럼 석맥(石脈)으로 이루어진 주산을 가장 신령스러운 산세로 본다.

"돌줄(石脈)이 서로 번갈아 이어지며 조종산을 따로 세우는 것이 붕홍(崩洪)이니, 이는 절목(節目) 가운데 가장 신령스럽다."

독양(獨陽)의 운명과 인공 수맥

풍수의 기본 요소는 산(山)과 물(水)이다. 리야드는 산은 있으나 완만하고, 물은 있으나 흐르지 않는 땅으로『명산론』의 4분류법에서 '독양(獨陽)의 땅'에 해당한다. 본래 사람이 오래 머물기에 적합한 자리는 아니다. 물길이 없으면 외부와의 교류가 제한되고, 대신 지하수나 유전(油田)처럼 땅속 에너지가 중심이 된다. 실제 사우디아라비아의 부(富)가 강과 하천이 아닌 지하의 석유에서 비롯된 것은 풍수적으로도 '지표의 물은 없으나 땅속 기운이 강한 자리'라는 해석하게 한다.

리야드는 오랜 세월 폐쇄적인 오아시스 도시로 남았고 성장의 한계도 명확했다. 자연의 물길이 미약한 도시는 지속적 번영을 위해 결국 기운을 순환시키는 인공의 수맥을 만들어야 한다. 오늘날 리야드 곳곳에 조성된 인공호수·수로·분수 체계는 바로 그 보이지 않는 물길을 꺾이지 않게 유지하려는 시도이며, 사막 도시가 생명의 움직임을 지속하기 위해 선택한 필연적 조치라 할 수 있다.

리야드의 인공 수맥

사우디아라비아 정부는 20세기 중반 이후, 물을 끌어오기 위한 거대한 국가적 프로젝트를 시작했다. 도시의 생명선이라 할 이 물길은 세 갈래로 나뉜다. 지하에서 퍼 올린 물, 바다에서 담수화한 물, 그리고 재활용 물이 그것이다.

(1) 사막 밑의 숨은 강 — 지하수의 발견과 고갈

리야드의 가장 오래된 물줄기는 지하 깊은 곳에 숨어 있다. 도시 주변에는 수백m 아래로 뻗은 거대한 지하수층이 있어, 오랜 세월 동안 저장된 물을 퍼 올려 쓰고 있다. 이 물은 '사드(Saad) 대수층'이라 불리며, 곳곳에 설치된 600m 깊이의 보어홀(유정)을 통해 끌어올린다. 하지만 이 물길은 '한 번 쓰면 다시 채워지기 어려운 물길'이다. 비가 적어 자연적으로 지하수가 재생되기 힘들기 때문이다. 풍수의 관점으로 보자면, 리야드의 지하수는 잠자는 용맥의 피를 강제로 끌어올리는 셈이다. 처음에는 풍요를 주지만, 장기적으로는 그 기운이 점차 약해질 수 있다.

(2) 바닷물을 끓여 얻은 생명수 — 담수화의 기술

사막에는 바다가 없지만, 사우디의 동쪽 해안에는 페르시아만이 있다. 이곳에 세워진 '라스 알 카이르(Ras Al Khair)' 담수화 플랜트는 세계 최대 규모의 인공 수공(水工) 시설이다. 바닷물을 끓이고 증기를 식혀 담수를 만들어내는데, 하루에 100만 톤이 넘는 식수를 생산한다. 이 물은 500km가 넘는 강철 파이프라인을 따라 내륙 깊숙한 리야드로 운반된다. 마치 바다의 물이 사막을 가로질러 도시에 생명을 불어넣는 셈이다. 풍수적으로 본다면, 이는 자연 수맥 대신 '인공수맥(人工水脈)'을 도시로 이식한 사례이다. 물길이 멀리서부터 인위적으로 흐르지만, 그 자체가 리야드의 '운'을 살리는 대동맥 역할을 한다.

(3) 저장 탱크와 수로망

도시 한복판에는 눈에 잘 띄지 않지만, 어마어마한 물 저장 시설들이 존재한다. 리야드 서쪽과 남쪽에는 수십만 톤의 물을 보관하는 거대한 원형 탱크들이 늘어서 있다. 하나하나가 축구장 여러 개를 합친 크기다. 이 탱크는 풍수로 보면 '명당의 혈(穴)'을 대신하는 인공 혈 자리라 할 수 있다. 물을 머물게 하고, 필요한 때에 흘려보내는 기능을 하므로 도시의 에너지를 조절하는 핵심 기관이다. 저장된 물은 압력 펌프를 통해 고지대 주택가와 산업단지로 보내지고, 다시 낮은 지역으로 흘러내린다. 리야드의 모든 가정에서 틀면 나오는 수돗물은, 바로 이 거대한 순환 시스템의 끝자락이다.

리야드는 물을 얻는 것만큼이나, 한 방울의 낭비도 허락하지 않는다. 생활하수와 산업용수는 처리시설을 거쳐 다시 조경과 청소용수로 사용된다. 비음용(非飮用) 용도이지만, 도시의 '두 번째 물길'로서 중요한 역할을 한다. 풍수적으로 이는 '수기의 순환(循環)'을 의미한다. 끊임없이 흐르고, 다시 모이고, 또 흐르는 이 순환 구조가 리야드의 생명력을 유지한다.

풍수에서 물은 곧 생명이며, 사람의 기운과 도시의 운세를 이어주는 혈맥이다. 리야드는 본래 물길이 막힌 땅이지만, 기술과 의지로 그 막힘을 풀어냈다. 그 결과, 물은 다시 도시의 중심을 흐르고, 리야드는 거대한 사막 한가운데서 하나의 '인공 오아시스 명당'을 이루게 되었다. 그러나 이 물길은 자연이 아니라 전력과 기술에 의존하는 생명선이다. 담수화 공장이 멈추거나, 파이프라인이 끊기면 도시는 곧바로 목이 마르게 된다. 풍수의 시각에서 보면, 리야드는 스스로 흐르는 물이 없는 도시, 즉 기(氣)의 순환이 외부의 힘에 의존하는 땅이다.

리야드는 오늘날 800만 명 이상이 사는 거대한 대도시다. 사우디 전체 인구의 4분의 1이 이곳에 집중되어 있다. 정치와 경제, 교육과 문화의 심장이 된다. 사막 한가운데 오아시스처럼 솟아난 이 도시는, 메카나 메디나의 신성함과는 달리 철저히 현대 국가의 수도답게 기능한다.

이 도시의 번영은 기술의 흐름이 곧 물의 흐름이고, 전력의 맥이 곧 수맥이 되는 세상의 축소판이다. 리야드의 풍수는 전통적인 의미의 산수(山水)지리가 아니라, 기술지리(技術地理)의 풍수다. 산 대신 인공 구조물이, 강 대신 배관과 펌프가 그 자리를 대신한다.

세계 최고층을 목표로 하는 높이 2km 타워

최근 사우디아라비아는 자국의 운명을 크게 흔들 대형프로젝트를 추진하고 있다.

50억 달러(7조 3,000억 원)를 들여 최고 678층, 높이 2km에 달하는 초고층 빌딩인 라이즈 타워를 건설하겠다는 포부를 밝혔다. 두바이 부르즈 칼리파(163층·828m) 높이의 2.5배가 넘는 수준이다. 수도인 리야드 북부지역에 조성하는 신도심이자 복합업무지구인 노스 폴(North Pole) 프로젝트의 일환으로 라이즈 타워 건설을 예고하며 국제 건설사들에게 입찰을 공식 요청했다. 노스 폴 지역에 중심부에 초고층 상징물을 세워 업무 및 관광 허브로 만들기 위함이다(2030년 준공 목표). 세계 1위인 두바이 부르즈 칼리파를 단숨에 제치겠다는 선언이다.

이 건물은 분명한 두 가지 목적이 있다. 하나는 오일(oil) 머니에만 의존하는 기존경제에서 벗어나 첨단 산업과 관광으로 미래의 활로를 찾겠다는 국가적 체질 전환이다. 다른 하나는 이미 하늘을 찌르는 초고층과 국제적 명성을 선점한 두바이를 넘어 중동의 진정한 중심국이 사우디임

리야드 킹덤 타워 센터. 현재 리야드의 중심지를 상징하는 초고층 건물이다. (©ShutterStock)

을 눈으로 확인시키려는 야심이다. 사막은 본래 풍수적 기운이 수평으로 흐른다. 끝없는 평원 위에서 기운은 멀리 퍼지기 쉬우며, 모아 세우기가 어렵다. 그래서 사우디는 '기운을 끌어올릴 거대한 봉우리, 인공 진산(鎭山)을 세우겠다'라고 결심한 듯하다.

두바이가 바다를 끼고 세운 수직의 기운을, 리야드는 사막 한가운데서 천공의 축으로 되받아치는 것이다. 그 자체가 공간 정치학이자 국가 선전전이며 일종의 현대판 국운 기원 의식에 가깝다. 만약 계획이 현실이 된다면 리야드는 중동의 메카이자 메인 허브가 될 것이다.

리야드 풍수를 알고 그곳의 기를 받고자 할 때 추천할 곳들이다.

1) 알우라이자 산(Al Urayja Hills)

시내 서쪽 외곽에 있으며, 동쪽의 사막 평야에서 불어오는 건조한 바람을 걸러내고, 도시의 '기'를 머금게 하는 완충의 산이다. 이곳에 올라서면 도시 전경이 한눈에 들어온다. 이른 새벽, 붉은 태양이 떠오르기 직전 사막의 미묘한 음양의 경계를 볼 수 있다.

2) 알나마르 산(Al Namar Mountains)

남서쪽 알나마르 계곡(Al Namar Valley) 부근에 있으며, 바위층이 붉고 견고하여 사막에서도 상대적으로 온도가 낮다. 산 아래의 와디 하니파(Wadi Hanifa)와 함께 둘러보면, '사막의 산수'가 어떻게 도시의 기운을 안정시키는지를 느낄 수 있다.

3) 와디 하니파(Wadi Hanifa)

리야드 서쪽을 남북으로 관통하는 120㎞의 건천이다. 지금은 정부가 생태복원 사업을 통해 인공호수와 하천공원으로 조성하였다. 리야드에서 유일하게 '물의 길'이 드러나는 장소이며, 도시의 뜨거운 양기(陽氣)를 식히고, 열을 순환시키는 역할을 한다. 사막 도시에서 이 물줄기가 없었다면, 리야드는 '화(火)'이 도시 료 균형을 잃었을 것이다. 와디 하니파를 따라 조성된 산책로와 호수공원은 불의 도시 위에 만든 인공의 수맥을 직접 걸을 수 있는 장소다.

4) 알나마르 호수(Al Namar Lake)

알나마르 계곡 한가운데 있다. 인공 저수지이지만 주변 절벽과 어우

러져 자연형 명당수처럼 보인다. 사막의 중심에 '물이 머무는 곳'을 만
든다는 점에서 리야드의 풍수를 안정시키는 '명당의 수구(水口)' 역할을
한다. 해 질 무렵 붉은 바위와 호수의 반사광이 어우러질 때, 마치 불
[火]과 물[水]이 교감하는 듯한 신비로운 분위기를 체험할 수 있다.

5) 킹 압둘라 파크(King Abdullah Park)

시내 중심 알말라즈(Al Malaz) 지역에 있다. 중앙 인공호수와 분수,
대형 녹지공원이 조성된 '도시의 심장부 명당'이다. 이곳의 호수와
분수는 지하에서 끌어올린 인공수로 유지되는데, 중심에 물이 머
무는 구조는 도시 전체의 균형을 잡아주는 풍수적 핵심이다. 밤마
다 열리는 분수 쇼는 단순한 공연이 아니라, 기운을 순환시키는 현
대식 수맥 의례로 볼 수 있다.

6) 마스막 요새(Masmak Fortress)

리야드 구도심 중심부에 있어 도심의 혈 자리에 해당한다. 과거에
는 방어의 요충지였지만, 지금은 도시의 정기(正氣)를 상징하는 장
소로 여겨진다. 요새 꼭대기에서 바라보면, 리야드가 분지형 평탄
지 위에 자리 잡은 구조임을 한눈에 확인할 수 있다.

7) 킹덤 타워(Kingdom Tower)

리야드의 상징적 초고층 건물이다. 킹덤 센터 타워는 리야드의 상징이
라 불리며, 300m 높이로 하늘을 찌르는 초고층 건물이다. 특히 타워 꼭
대기 중앙에 거대한 아치형 구조가 뚫려 있는데, 그 전망대에 서면 끝
없는 사막과 도시의 불빛이 한눈에 들어온다. 사막 평지 위에서 기(氣)
를 하늘로 끌어올리는 인공의 '용기(龍氣)'이다. 본래 수기(水氣)가 약한 땅
이므로, 높이 솟은 건축물이 천기(天氣)를 보완하는 역할을 한다. 전망
대에서 도시를 조망하면, 리야드의 평지형 명당 구조가 잘 드러난다.

3. 도시국가 두바이: 진주(珍珠)의 도시

두바이의 어원과 뜻

두바이는 특정 나라의 수도가 아니다. 두바이는 엄밀히 말해 도시국 (city-state) 형태를 띤 토후국(아랍·이슬람 세계에서 사용하는 정치 체제로, '에미르·Emir'라는 통치자가 다스리는 국가 또는 자치 영역)이다. 두바이라는 이름은 아랍어 'ﺩﺑﻲ'(Dubayy)에서 유래한다. 가장 널리 알려진 설은 '작은 메뚜기(daba)'라는 의미에서 비롯되었다는 것이다. 이는 작은 부족이 모여 형성된 정착지였음을 상징한다. 또 다른 설은 '흐르다', '미끄러지다'라는 뜻에서 나온 것으로, 두바이 크릭(Dubai Creek)을 따라 사람과 물자가 끊임없이 흘러들었던 모습을 반영한다. 풍수적으로 보자면, 사막의 메마름 속에 바닷물이 육지로 깊이 스며든 크릭은 생명수를 품은 항아리와 같다.

1833년, 알 막툼 빈 부티(Al Maktoum bin Butti)가 800명의 알 부팔라사 구성원을 이끌고 아부다비에서 분립하여 두바이로 이동했다. 당시 두바이는 진주를 채취하는 조그마한 어촌이었으며, 주변 세력의 통제가 약했다. 알 막툼 가문은 이곳에서 독자적인 샤이흐국(Sheikhdom)을 세우고 두바이를 통치하기 시작했다.

알 막툼 가문은 작은 어촌과 교역지에 불과하던 두바이를 자신들의 거점으로 삼아 독자적인 항구도시로 발전시켰다. 이는 두바이 현대사의 출발점이자, 알 막툼 가문이 오늘날까지 통치하는 근거가 되었다. 지리적 최대의 이점은 페르시아만 해안중에서도 배가 안전하게 정박할 수 있는 지형이었다. 바닷물이 깊은 천연항만이 자연스럽게 형성되어, 두바이가 국제 무역항으로 성장하는 기초가 된 것이다. 천혜의 큰 수구(水口)에 도읍지를 정했다는 점이다.

미래 일은 예측할 수 없다. 그러나 천혜의 수구를 갖춘 수도와 그렇지 않은 곳에 수도를 갖는 국가 운명이 다른 길을 간다는 것은 분명 단언할 수 있다. 19세기 두바이는 영국과 보호조약을 맺으며 국제 항로에서 안정을 얻었다. 이때 두바이의 진주 산업이 크게 번성했고, 풍수적으로 보면 바다에서 올라온 작은 보석의 씨앗이 도시의 생명을 키워냈다. 그러나 1930년대 일본산 양식 진주의 등장으로 산업은 몰락했고, 도시는 큰 위기를 맞았다.

인공적인 지형들이 가득한 두바이의 위성사진(ⓒGoogle Earth)

바로 이 시점에 석유가 발견되었다. 하지만 두바이의 매장량은 중동의 또 다른 도시국가 아부다비(오늘날 아랍에미리트를 구성하는 7개 토후국 가운데 가장 크고 부유하며 강력한 정치적 세력)보다 훨씬 적었다. 이 한계가 오히려 두바이의 운명을 바꾸었다. 아부다비가 석유 부국으로 자리매김하는 동안, 두바이는 석유 의존에서 벗어나 무역·금융·관광으로 활로를 모색하게 되었다.

셰이크 라시드 빈 사이드 알 막툼(Sheikh Rashid bin Saeed Al Maktoum, 1912~1990)은 이 전환기를 이끈 인물이었다. 그는 항만과 공항을 대대적으로 확장했고, 제벨 알리 항을 세계 최대 규모로 건설했다. 두바이 크릭[자연 만수로·灣水路]이라는 작은 자연 항구로는 부족하다고 판단했기 때문이다. 인위적으로 수구(水口)를 키운 것이다. 풍수적으로 이는 인공으로 물길을 크게 열어 기운을 불러들이는 행위였다.

라시드의 뒤를 이어 아들 셰이크 무함마드 빈 라시드 알 막툼(Sheikh Mohammed bin Rashid Al Maktoum, 1949~)이 두바이의 새로운 시대를 열었다. 그는 단순한 무역 도시를 넘어, 세계가 주목하는 글로벌 도시를 만들겠다는 비전을 세웠다. 이 비전 속에서 두바이는 초고층 빌딩, 인공섬, 세계적 관광 프로젝트를 추진하기 시작했다.

21세기 두바이를 세계의 주목을 받게 한 상징적 사건은 단연 부르즈 칼리파(Burj Khalifa) 건설이었다. 이 프로젝트의 기획자는 현 통치자 셰이크 무함마드 빈 라시드 알 막툼이었다. 그는 두바이를 '세계지도 위에 확실히 찍히는 도시'로 만들고 싶었다. 석유 부국도 아니면서 세계적 금융·관광 허브로 자리 잡으려면, 눈에 보이는 강렬한 상징이 필요했다(롯데 창업자 신격호 회장이 잠실에 555m 고층 타워를 지은 목적도 같았다). 그래서 '세계 최고층 건물'을 짓겠다는 구상이 나왔다.

2004년 착공된 이 건물은 2010년 완공되었으며, 높이는 828m로 세계 1위다. 원래 이름은 '부르즈 두바이(Burj Dubai)'였지만, 2008년 금융 위기 때 다른 도시국가 아부다비의 지원을 받은 것을 기리며 '부르즈 칼리파(Burj Khalifa)'로 명명되었다. 이 이름은 UAE 대통령이자 아부다비 통치자인 셰이크 칼리파 빈 자이드 알 나흐얀의 이름을 딴 것이다. 이는 두바이와 아부다비의 관계, 연합국(UAE)의 상징성을 담은 결정이었다. 설계는 미국 시카고의 건축회사 스키드모어, 오윙스 앤드 메릴(SOM)이 맡았고, 수석 디자이너는 애드리안 스미스(Adrian Smith)였다. 구조는 사막의 꽃인 '히멜리안 스파이더 릴리(Spider Lily)'에서 영감을 받았다. 위로 올라가며 점차 좁아지는 구조로, 하늘을 찌르는 듯한 상승감을 극대화했다. 풍수적으로는 산세가 하늘을 향해 솟구치는 기운을 표현한 형국이라 할 수 있다.

부르즈 칼리파는 단순한 건물이 아니라, 두바이의 야심을 상징한다. 사막 한가운데서 하늘을 찌르는 봉우리를 세움으로써, 두바이는 세계 중심의 첨탑이 되었다. 이는 풍수에서 말하는 '천지 기운을 끌어올리는 용봉의 자리'와도 같다.

또한 건물은 경제적·정치적 상징을 동시에 지녔다. 세계 최고층이라는 기록은 국제적 시선을 끌었고, 글로벌 자본이 두바이로 몰려들게 했다. 더 나아가 부르즈 칼리파는 두바이가 단순한 석유 도시가 아니라, 인류의 상상력과 기술로 세운 미래 도시임을 보여주었다. 두바이는 부르즈 칼리파를 중심으로 도시의 풍경을 재편했다. 주변에 초대형 쇼핑몰(두바이 몰), 인공호수와 분수 쇼, 고급 호텔과 금융 센터를 배치했다. 이는 풍수적으로 건물을 '산'으로 두고, 그 아래에 물길과 인간 활동을 배치해 명당을 조성한 형태다.

두바이의 상징이 된 부르즈 칼리파. 인공적으로 창조된 풍수 지형의 예시 그 자체이다.
(ⓒShutterStock)

관광객들은 이곳에서 두바이의 초현실적인 풍경을 경험한다. 하늘을 찌르는 탑, 사막 속의 인공섬, 돛 모양의 버즈 알 아랍 호텔, 야자수 모양의 팜 주메이라 등은 모두 인공적으로 창조된 풍수 지형이다. 두바이는 자연의 부족함을 인공의 상상력으로 보완했고, 이 점에서 세계 도시들 가운데 독보적이다.

결국 두바이가 세계 부자 도시로 성장한 배경은 세 가지다.

① 지리적 요충성: 바다와 사막의 경계라는 교역의 중심지.

② 통치자와 주체 세력: 알 막툼 가문의 전략적 리더십.

③ 인위적 풍수 조성: 마천루·항만·공항·인공섬으로 새로운 기운을 창조.

부르즈 칼리파는 이 가운데 정점에 서 있는 상징물이다. 그것은 단순한 건축물이 아니라, 두바이라는 도시가 가진 풍수적 의지, 그리고 인간이 자연의 한계를 극복해 새로운 명당을 창조해낸 사례다.

부르즈 칼리파 이후 두바이에는 수많은 마천루가 들어섰다. 예를 들어, 프린세스 타워(Princess Tower, 413m)는 한때 세계 최고층 주거 건물로 기록되었다. 풍수적으로 보면, 이 건물은 여성의 기운을 형상화한 이름과 함께, 도시의 균형을 맞추는 상징으로 해석되었다. 부르즈 칼리파가 남성적이고 권위적인 첨탑이라면, 프린세스 타워는 그 옆에서 도시의 기운을 부드럽게 감싸주는 음(陰)의 기둥 같은 존재다.

또 다른 초고층 건물인 마리나 101(Marina 101, 425m) 역시 두바이의 항만 지역 개발과 맞물려 있다. 이 건물은 두바이 마리나 인공 운하 도시 한복판에 세워졌다. 풍수에서 물은 곧 재물이며, 물 위에 솟아오른 탑은 '재물이 모여드는 봉우리'를 의미한다. 실제로 두바이 마리나는 부유한 외국인 투자자들이 몰려드는 주거 단지가 되었고, 두바이의 글로벌 자본 유입을 상징하는 장소로 자리 잡았다.

두바이의 마천루 전략은 단순한 과시가 아니었다. 초고층 건물들은 도시 구조를 풍수적 혈 자리로 바꾸는 장치였다. 바다와 사막이 만나는 경계에 솟은 건물들은 마치 거대한 풍수 나침반처럼 기운을 모아들이고, 그 아래에는 인공호수·분수·쇼핑몰·금융 센터 같은 실질적 에너지원이 배치되었다. 이는 자연의 부족함을 인공으로 보완하여 새로운 '인위적 명당'을 창조한 것이다.

이러한 초고층 경쟁 중심에는 언제나 셰이크 무함마드 빈 라시드 알 막툼의 비전이 있었다. 그는 "사람들이 세계 지도를 펼쳤을 때, 두바이를 반드시 짚게 하겠다."라는 말을 남겼다. 이는 단순한 개발 구호가 아니라, 풍수적으로 도시의 기운을 확실히 드러내겠다는 의지였다. 결국, 두바이는 초고층 마천루를 통해 자신을 정의한 도시다. 사막의 모래언덕 위에서 바람만 불던 땅이, 이제는 인간이 세운 봉우리들이 하늘을 찌르며 새로운 기운을 만들어내는 공간이 되었다. 풍수적으로 두바이는 '인간의 의지로 사막의 기운을 바꾸어 명당으로 만든 도시'라 할 수 있다.

도시 풍수 여행 **두바이**

1) 부르즈 칼리파(Burj Khalifa)

세계에서 가장 높은 건물로, 두바이 스카이라인을 상징하는 거대한 첨탑이다. 아침 햇살이 건물의 유리 외벽을 타고 반짝이며 도시 전체를 황금빛으로 물들이고, 저녁노을에 맞춰 붉은빛과 보랏빛이 층층이 겹쳐 보인다. 하늘로 솟은 구조 덕분에 도시의 평야와 사막, 멀리 보이는 페르시아만까지 한눈에 들어오며, 방문자는 도시의 스케일과 사막의 광활함을 동시에 체감할 수 있다. 밤에는 조명이 건물 전체를 비추며 빈짝이는 별과 도시의 불빛이 하나로 어우러져, 두바이의 미래적 풍경을 상상하게 한다.

2) 두바이 분수(Dubai Fountain)

부르즈 칼리파 아래에 있는 분수는 사막 한가운데에서 물의 선율이 춤추는 장면을 보여준다. 낮에는 햇빛에 반사되어 물줄기가 무지갯빛으로 반짝이고, 아침 햇살에는 투명한 물방울이 살짝 얼음처럼 빛나며 고요한 느낌을 준다. 저녁에는 음악과 조명이 어우러져 물줄기가 리듬을 타듯 솟아오르며, 도시 한복판임에도 청량함과 생기를 느끼게 한다. 사계절 변화에 따라 햇살의 각도와 바람의 방향이 달라, 분수의 모습도 미묘하게 변하며 매번 다른 감상을 선사한다.

3) 팜 주메이라(Palm Jumeirah)

바다 위 인공섬은 마치 손바닥 모양으로 펼쳐져 있으며, 위에서 내려다보면 바다와 도시, 모래사장이 어우러진 장관을 볼 수 있다. 아침에는 햇살이 수면 위에 반짝이며 인공 섬의 곡선과 부두, 주택이 황금빛으로 물든다. 저녁에는 노을빛이 바다와 건물에 은은하게 스며들며, 방문자는 물과 도시, 인공 구조물이 만들어내는 조화로운 형태를 상상할 수 있다. 사계절 내내 바람과 햇살의 변화에 따라 바닷빛과 하늘빛이 달라, 섬을 둘러싼 수면의 색감이 다채롭게 변화한다.

4) 두바이 마리나(Dubai Marina)

곡선형 수로가 도시를 감싸며 배치된 마리나는 물과 건축이 어우러진 현대적 풍경을 제공한다. 아침 햇살에 수로의 물이 반짝이며 요트와 건물이 물 위에 그림자를 드리우고, 저녁에는 도시의 조명이 수면에 반사되어 금빛 물결을 만들어낸다. 사계절 내내 바람과 햇살의 각도에 따라 물의 움직임과 반사광이 달라, 걷거나 보트를 타며 항상 새로운 장면을 체감할 수 있다. 도시와 물길이 자연스럽게 이어진 구조 덕분에, 방문자는 두바이의 활기와 여유를 동시에 느낄 수 있다.

5) 알 파히디 역사 지구(Al Fahidi Historical District)

모래 빛 돌담과 좁은 골목이 이어진 역사 지구는 두바이의 근본과 시간을 느낄 수 있는 장소이다. 아침 햇살이 골목 틈새로 들어오며 벽돌과 돌담의 질감을 부각하고, 저녁에는 해가 지며 고즈넉한 골목에 긴 그림자를 드리운다. 사계절 내내 바람과 햇살의 변화가 건물과 골목의 표정을 달리하며, 방문자는 현대 도시의 유리와 강철 속에서도 오래된 토기의 온기를 느낄 수 있다. 이곳에서는 걸음을 옮길 때마다 두바이의 역사적 깊이와 정취가 자연스럽게 체감된다.

4. 이집트 수도 카이로:
승자(勝者)의 땅

카이로의 어원과 뜻

이집트의 수도는 '카이로(Cairo)'로 알려져 있다. 유럽인들의 편의상 발음이다. 아랍어 표기는 'القاهرة(Al-Qāhira)'로 '알-까히라'가 제대로 된 발음이다. 어원과 발음을 소개하는 것은 어원 속에 이집트 수도 '카이로'의 의미가 숨어 있기 때문이다(우리에게 '카이로'가 익숙하기에 이 책에서도 '카이로'로 표기한다).

서기 969년, 북아프리카에서 세력을 키운 파티마 왕조는 이집트를 정복하고 새로운 수도를 건설한다. 바로 이때 세워진 도시가 오늘날의 카이로이다. 파티마 왕조 건국자들은 새로운 수도의 이름을 '알 카히라(Al-Qāhirah)'라 지었다. 아랍어로 '승리자'를 뜻하는데, 도시 건설 당시 하늘에 붉게 빛나는 화성(승리의 별, Al Qahir)이 떠 있었기 때문이었다.

홍수농업으로 발전한 카이로의 강

카이로를 풍수의 2가지 구성요소인 산과 물의 관점에서 살핀다. 산보다 물을 먼저 소개하는 이유는 풍수에서 물을 더 중시하기 때문이다. 풍수 고전 『장서(금낭경)』는 이를 다음과 같이 규정한다.

나일강 문명부터 시작되어 현재까지 이르고 있는 전통의 수도 카이로의 위성사진
(ⓒGoogle Earth)

"풍수의 법은 물을 우선으로 하고, 산을 그다음으로 한다."

각국의 주요 수도를 설명할 때 강을 먼저 살피는 이유이다. 카이로를 관통하는 강은 나일강이다. 나일강은 두 개의 주된 발원지를 갖는다. 백나일(White Nile; 빅토리아호 인근에서 발원)과 청나일(Blue Nile; 에티오피아고원, 레이크 타나 Lake Tana에서 발원)이라는 두 강이다. 두 강은 수단의 카르툼(Khartoum) 부근에서 합류한 뒤 북쪽으로 흐르며 이집트를 지나 지중해로 빠져나간다.

나일강의 총길이는 6,600~6,850㎞로, 카이로는 나일강의 하류 1,200㎞ 지점에 자리한다. 즉, 발원지에서 80~85% 하류에 해당하는 구간이다. 강은 카이로를 지나면서 여러 지류로 갈라지고, 이 지점부터 북쪽으로 160㎞ 떨어진 곳에서 나일 델타(Nile Delta)를 형성하며 지중해로 흘러간다.

이집트를 먹여 살린 나일강의 삼각주. 거대한 강이 일정하게 범람해 주변을 비옥하게 만들었다. 지도의 다른 지역에 비해 초록색을 띠는 것을 볼 수 있다.(ⓒGoogle Earth)

나일강은 고대 4대 문명 가운데 하나인 이집트 문명을 탄생시켰다. 매년 일정하게 범람하여 주변 토지를 비옥하게 만드는 홍수농업(Floodplain agriculture)을 가능하게 했다. 강 주변의 토양은 검은 진흙(silt)으로 덮여, 사막 지역임에도 불구하고 농업을 지속할 수 있었다. 나일강 덕분에 곡물·채소·과일 등을 안정적으로 재배할 수 있었고, 이는 정착 문명과 도시 발전의 핵심 요소였다. 식량을 풍부하게 생산하자 인구가 증가하고 전문 직업군인 장인·사제·관료가 등장할 수 있었다. 또 나일강은 천연의 교통로였다. 길고 넓은 강 덕분에 상류와 하류, 서쪽과 동쪽 사막을 연결할 수 있어 무역과 물자 이동이 편리했다. 이를 통해 이집트 내부 통합과 외부와의 교역이 활발히 이루어졌다.

나일강은 단순한 강이 아니라 신성한 존재로 여겨졌다. 고대 이집트인들은 나일강을 통해 신들의 은혜가 내려온다고 믿었고, 신전과 피라미드 건설의 방향과 배치를 강 주변 지형과 맞추기도 했다. 매년 범람을

이집트 고대 문명을 상징하는 피라미드와 스핑크스가 나일강 옆에 자리잡고 있다.
(ⓒGettyImageKorea)

예측하고 이를 신앙과 연결하면서 천문학·달력·관개 기술이 발달했다.

그러나 좋지만은 않았다.

홍수 범람으로 인한 피해가 만만치 않았다. 농경지 침수·저지대 마을 침수·도로 및 교통망 파괴 등이 빈번하게 발생하였고, 홍수로 강 주변이 잠기면 정체수 발생과 오염이 일어나 콜레라·말라리아 같은 수인성 질병이 유행했다. 인구 밀집 지역인 카이로에서 집단 질병 발생으로 이어져 사회적 부담을 늘렸다. 관개시설과 수로가 범람으로 파손될 경우, 수개월간 농업 활동이 중단되기도 했다. 19세기 초 나일강의 수위 조절을 위해 초기 댐과 수문 공사가 시도되었는데, 이는 홍수 피해를 막기 위한 노력의 시작이었다.

아스완 하이 댐의 역설

본격적인 수위 조절 노력은 아스완 하이 댐(Aswan High Dam) 건설이다.

아스완 하이댐은 나일강의 범람을 조절하고 이집트의 농업 및 전력 공급을 안정화하기 위해 건설된 대규모 댐이다. 이집트 정부가 주도하고 설계는 주로 프랑스 및 소련(현, 러시아) 기술진이 참여했으며, 공사는 1960년 착공하여 1970년 준공되었다.

연중 안정적인 농업용수를 공급함으로써 식량 생산과 농업 생산성이 크게 향상되었다. 또한 댐의 수력 발전 시설을 통해 전력 생산이 가능해져 산업화와 도시화에 필요한 전력을 안정적으로 공급하였다. 더불어, 저수지(나세르 호수)를 활용한 관광·어업·관개 시스템 확장 등 경제적 부가가치도 창출했다. 이집트의 경제적 안정과 국토 개발에 핵심적 역할을 한 인프라인 것은 분명하다.

그러나 보이는 것이 전부는 아니다. 진정 그것이 이집트의 국운 향상에 기여했을까? 물론 댐 건설은 최고의 선택이었다. 그러나 풍수적 관점에서 보면 그것은 이집트 국운 향상이 아닌 국운 추락을 가져왔다. 아스완 하이 댐의 건설 이후 나일강의 전통적 계절 범람은 인위적으로 조절되었다. 그러나 인해 '연례 범람에 의한 토지 재생의 리듬'이 약해졌고, 수위 변동 패턴이 달라졌다.

카이로는 본래 나일강의 생명수[수기·水氣] 위에 세워진 도시이다. 나일강은 단순한 강이 아니라, 이집트의 용맥(龍脈)이자 국운의 젖줄이었다. 아스완 하이 댐 건설은 단순한 수리 사업이 아니라, 이 강의 풍수적 기능을 근본적으로 바꾼 역사적 사건이었다.

댐 준공 이전의 나일강은 주기적 범람(홍수)을 통해 매년 검은 흙(비옥한 실트)을 퇴적시켰다. 이는 물의 순환이 살아 있는 용맥[활룡수·活龍水]

으로, 강의 흐름이 생명을 순환시키고 국토와 백성의 기운을 살리는 혈맥 역할을 했다. 강의 유입과 배출이 자유로워 기(氣)의 호흡이 자연스러웠다. 문자 그대로 나일강은 숨 쉬는 용이었고, 카이로는 그 용이 잠시 머무는 심장부였다. 아스완 하이 댐이 건설되면서 자연의 숨결(생기·生氣)이 차단되었고, 강의 흐름이 균일해지면서 활수(活水)가 사수(死水)로 바뀌었다. 범람이 멈추자 강 하류의 비옥한 토양 공급이 중단되고, 대신 퇴적물은 댐 상류에 갇혀 흐름의 기운이 끊겼다. 결과적으로, 카이로를 흐르는 나일강은 겉보기엔 평온하나 기맥이 죽은 '정체된 수맥(체수·滯水)'으로 변했다. 생기(生氣)를 일으키던 수기(水氣)의 순환이 멈추어, 이집트 국운의 정체를 가져왔다.

구체적으로 1950년대 이후 최근까지 이집트 정치 상황을 바탕으로 풍수학자의 의견을 개진해본다.

아스완 하이 댐과 이집트 국운 변화

1952년 가말 압델 나세르(Gamal Abdel Nasser)가 주축이 된 자유장교단(Free Officers Movement)이 군사혁명을 일으켜 왕정(푸아드 2세)을 폐지한다. 나세르는 국영산업·사회주의 노선과 함께 반제국주의·아랍민족주의 주창한다. 이어서 나세르 정권은 1960년대 아스완 하이 댐 건설을 추진한다. "강의 기운을 인위적으로 모은 시기"였다. 수기(水氣)의 집중은 정치권력의 집중을 의미한다. 국운의 활력이 강화되었으나, 자연의 순환이 멈춘다. 그 결과는 무엇이었을까?

1967년 제3차 중동전쟁(6일 전쟁)에서 이집트가 참패하여 시나이반도를 잃는다. 이집트의 치욕이다, 이후 나세르는 이를 회복하지 못한 채 1970년 사망한다.

풍수적 기능을 근본적으로 바꾼 역사적 사건이 된 아스완 하이 댐 건설. 건설 이후 이집트의 국운이 확연히 바뀌었다. (ⓒShutterStock)

부통령 안와르 사다트(Anwar el-Sadat)가 자연스럽게 대통령직을 승계했다. 군부와 집권당(아랍사회주의연합)의 지지를 받아 체제의 연속성과 안정성을 보장할 인물로 선택되었다. 그러나 그는 나세르주의 탈피·친미 정책·개방정책을 추진하며, 1978년 캠프데이비드 협정(이스라엘과 평화조약) 등으로 국운을 회복시키는 듯하였다. 그러나 1981년 10월 6일 카이로 군사 퍼레이드 도중 이슬람 극단주의자들의 저격으로 사망한다.

사다트 사망 후 시 부통령이던 호스니 무바라크(Hosni Mubarak, 1928~2020)가 대통령직을 승계하였다. 군 출신으로서 안보 안정과 질서 회복을 약속해 군부와 서방의 지지를 동시에 확보하면서 집권하게 되었다. 그러나 이집트 국민의 여망을 져버리고 1981~2011까지 무려 30년 동안 장기 독재를 한다. 30년 장기 집권하는 동안, 이집트는 정치적 억압과 부패가 만연했다. 언론과 야당은 탄압받고, 공직과 군, 경제 부문은 친

정부 엘리트 중심의 부패 구조가 자리 잡았다. 이에 국민은 경제적 불평등·실업·사회 불만을 겪으며 정치적 불만이 누적되었다. 결국, 2011년 '아랍의 봄' 혁명으로 무바라크가 축출되고 구속된다.

무함마드 무르시(Mohamed Morsi)가 '아랍의 봄'으로 실시된 최초의 민주적 선거에서, 이슬람주의 성향의 '무슬림 형제단'을 대표하여 대통령에 당선된다. 무함마드 무르시는 집권 후 이슬람주의 정책을 강하게 추진하며 헌법 개정으로 권력을 집중시켜 세속 세력과 국민의 반발을 초래하였다. 경제난과 대규모 반정부 시위가 격화되자, 2013년 군부(압델 파타흐 알시시 장군)가 쿠데타를 일으켜 그를 축출하였고, 그는 재판 도중 수감 상태에서 사망했다.

이후 2013년부터 2025년 현재까지 압델 파타흐 알시시(Abdel Fattah el-Sisi)가 집권하고 있다. 현 대통령에 대한 평가는 뒤로 미룬다. 풍수 관련 특이사항은 알시시 대통령이 신행정수도 건설을 추진(카이로 동쪽)하고 있다는 점이다. 신행정수도 건설과 미래 이집트 국운이 어찌 될지 뒤에서 다시 다룬다. 카이로의 물[水]에 대한 풍수적 평가는 위와 같다.

카이로의 산

풍수의 또 하나의 구성 요소인 산(山)에 관해서다. 카이로와 주변에 있는 주요 산(언덕)의 풍수적 의미는 어떤 것일까?

(1) 무카탐 언덕(Muqattam Hills, 180m)

카이로 동쪽을 병풍처럼 감싸는 석회암 절벽지대이다. 고대부터 '하늘에 닿는 산'이라 불릴 만큼 기세가 높고, 피라미드 건축에 쓰인 돌이 이곳에서 채석되었다. 아침에는 동쪽에서 솟는 태양 빛이 절벽을 황금빛으로 물들여 신성한 분위기를 자아내며, 저녁에는 사막의 붉은 빛이 언덕에 내려앉아 도시를 감싼다. 풍수적으로 카이로의 청룡으로, 카이로시의 기운을 안정시키는 수호의 산 역할을 한다. 지금도 성 시므온 수도원(St. Simon Monastery)이 언덕의 깊은 골짜기에 자리하며, 옛 신전의 신성함을 이어받은 '은둔과 묵상의 자리'로 여겨진다.

(2) 모카탐 아래의 고대 헬리오폴리스(Heliopolis) 지역

현재의 마타리아(Matariya) 일대는 고대 이집트의 '태양 도시' 헬리오폴리스의 유적지다. 이곳에는 태양신 라(Ra)를 모신 신전이 있었고, 지금도 오벨리스크 하나가 그 시절을 증언한다. 풍수적으로 헬리오폴리스는 '하늘의 불[火]'이 응집된 양지(陽地)로, 태양 숭배 문명이 꽃핀 자리에 해당한다. 봄과 여름에는 태양이 가장 길게 머무는 곳으로, 생명과 지혜의 상징으로 여겨졌다.

(3) 자말레크(Zamalek) 북서쪽 구릉

나일강이 도심을 감싸며 흐르는 가운데, 자말레크 섬의 북쪽과 강 서쪽 고지대는 완만한 용의 등마루 형국을 이룬다. 이곳은 바람이 순하고 수증기가 머물러 나일강의 생명력이 은은히 느껴지는 곳이다. 해 질 무렵 강 위로 퍼지는 붉은 노을과 미세한 물안개는 도시의 불기(火氣)를 누그러뜨리고, 강의 수기(水氣)를 안정시킨다. 고대의 왕궁과 신전들이 이 강변 구릉 위에 자리한 것도 바로 이 때문이었다.

(4) 기제(Giza Plateau)

카이로 서쪽의 대평원 위, 서쪽 사막으로 이어지는 경계에 자리한다.

표면은 완만하나, 하부에는 고대 나일강의 침식 흔적이 남아 있어 거대한 '지맥의 어깨'에 해당한다. 피라미드 3기가 정남향으로 배열된 것은 단순한 건축이 아니라, 지맥이 흘러드는 혈맥의 중심을 정확히 짚은 것이었다. 아침에는 사막 위로 금빛 햇살이 비추며 하늘과 땅이 하나가 되는 듯한 장관을 이루고, 밤에는 별빛이 피라미드의 경사면에 반사되어 '천상의 거울'처럼 빛난다. 기제는 카이로 문명 전체의 천지 교합의 혈(穴), 즉 도시의 영적 중추라 할 수 있다.

(5) 올드 카이로(Old Cairo)와 마리 기르기스 언덕(St. George's Hill)

나일강의 남쪽 굽이진 언덕 위에 자리한 올드 카이로는, 고대 바빌론 요새와 초기 기독교 성지들이 모여 있는 역사적 유적지이다. 봄에는 강변 야자수 사이로 부드러운 바람이 불고, 겨울에는 안개가 강 위를 감싸며 신비로운 장면을 연출한다. 이곳의 언덕은 나일강의 '배꼽'과도 같아, 문명의 젖줄이 시작되는 자리로 여겨진다. 풍수적으로는 생명 순환의 입구, 즉 '수맥이 다시 땅으로 스며드는 자리'에 해당한다.

이렇게 카이로는 나일강과 주변 산·언덕이 만나는 천혈(天穴)의 자리에 놓인 도시다. 이곳의 물과 산은 도시의 생명수와 기운을 공급하며, 역대 왕조는 이 혈 자리를 차지함으로써 권력과 국운을 좌우했다.

카이로를 수도로 한 왕조들

파티마 왕조(969~1171)는 카이로를 단순한 군사 요새가 아닌 정신적 중심지로 설계했다. 알 아즈하르(Al-Azhar) 모스크와 대학을 세워 무함마드의 딸 파티마 정신을 계승했다. 찬란히 빛나는 알 아즈하르는 지금도 세계에서 가장 오래된 대학 중 하나로, 학문과 신앙의 기운이 도시 중심부에 깃든 상징이다. 풍수적으로, 카이로는 행정적 수도를 넘어 정신적 기운의 중심지가 되었다.

이후 들어선 왕조가 아이유브 왕조(1171~1250)이다. 12세기 말, 살라딘(Salah ad-Din)은 무카탐 언덕 위에 카이로 성채(Citadel)를 건설했다. 성채는 도시를 내려다보는 지세를 활용했으며, 풍수적으로는 주산에 성을 두어 도시를 감싸는 형국이었다. 모스크와 병영, 궁궐이 함께 들어서 카이로의 권력 중심이 되었고, 오늘날까지도 상징적 건축물로 남아 있다.

맘루크 왕조(1250~1517)는 카이로를 동서 교역의 허브로 번성시켰다. 나일강의 곡식 기운과 인도양에서 들어온 향신료·금의 기운이 결합하여 수화(水火)의 조화를 이루었다. 이 시기 건축된 화려한 모스크와 마드라사는 풍수적으로 도시의 부와 문화적 활력을 반영한다.

오스만 제국(1517~1798)의 지배 아래, 카이로는 여전히 나일강 위에 놓였으나 주체적 기운이 약해졌다. 물길은 흐르고 있었지만, 기운의 중심은 이스탄불로 옮겨가면서 도시의 국운은 상대적으로 제약받았다.

1798년 나폴레옹의 침공은 카이로를 고대와 근대를 잇는 혈 자리로 조명했다. 학자들과 함께 고대 유적을 조사하며, 도시의 정신적·문화적 기운을 다시 활성화했다. 19세기 무하마드 알리 파샤는 카이로에 근대적 행정과 군사 제도를 도입하고, 나일강의 수력과 범람을 통제하려는 댐과 수로를 건설했다. 그의 개혁은 고대와 현대가 겹친 도시로서의 카이로를 완성하는 계기가 되었다.

20세기~21세기, 영국 식민 지배와 외세 압력으로 나일강과 무카탐 언덕의 풍수적 기운은 흐려졌으나, 1952년 나세르 혁명으로 왕정이 무너지고 카이로는 다시 이집트인의 손에 들어왔음은 앞에서 소개한 바이다.

풍수적으로 정리하면, 카이로는 천년 넘는 시간 동안 물과 산이 만나는 혈 자리(명당)에 놓였기에 끊임없이 세력들이 다투며 차지하려 했던 곳이었다. 나일강의 생명수는 변함없이 도시를 살렸고, 무카탐 언덕은 등처럼 도시를 지탱했다. 그러나 누가 그 혈 자리를 차지하느냐에 따라 도시는 학문의 중심이 되기도, 부의 중심이 되기도, 혹은 외세의 지배하에 신음하기도 했다. 도시 자체의 기운은 흔들리지 않았지만, 그 기운을 누가 받아내느냐가 문제였다.

문제는 과거에 비해 현재 이집트의 국력은 현저히 약화했다는 점이다.

아스완 하이 댐이 만들어지면서 기운을 차단한 점도 결정적이지만, 카이로의 산·언덕은 그대로 있으나 도시 외곽 대부분 사막화하였다. 동쪽 무카탐 언덕과 남쪽 소규모 구릉은 여전히 '좌청룡' 역할을 하지만, 주변 사막이 확장되고 생명력이 낮은 지대가 많아 도시 주변의 음기·양기 균형이 약화한 것이다.

이집트의 신행정수도 건설

현재, 이집트는 신행정수도(New Administrative Capital) 건설을 추진 중이다. 이집트의 신행정수도는 국운을 살릴까?

오늘날 카이로는 1천만 명이 넘는 공식 인구, 대도시권까지 합치면 2천만 명 이상이 모여 사는 세계적 거대 도시이다. 나일강의 물길이 뿜어내는 생명력이 아니고서는 도저히 존재할 수 없는 도시다. 그러나 이 엄청난 규모는 동시에 문제를 낳았다. 교통체증과 대기 오염, 쓰레기 처리, 무질서한 도시 확장으로 인해 카이로는 '살기 힘든 도시'라는 오명을 안기도 했다. 풍수적으로 보자면, 원래 혈 자리가 품을 수 있는 토지의 하중 능력을 초과한 결과다. 물의 기운이 사람들을 끌어들이지만, 지나

국운을 살리기 위해 이전해 건설중인 이집트의 신행정수도(ⓒGoogle Earth)

치게 많은 인파가 몰리면 기운이 뒤틀리고 흐름이 탁해지는 법이다. 나일강 생명수는 여전히 도시를 살리지만, 과밀로 인해 기운이 뒤틀리고 흐름이 탁해진다.

이런 문제를 해결하기 위해 이집트 정부는 카이로 동쪽 사막에 신행정수도를 건설하고 있다. 나일강이라는 전통적 혈 자리를 벗어나, 사막의 평지와 넓은 하늘의 기운을 흡수하겠다는 전략이다. 신행정수도는 면적 700㎢, 수백 개의 관공서, 학교, 모스크와 교회, 공원과 인공호수, 철도와 신공항을 갖춘 초거대 도시로 계획되었다. 특히 높이 385m인 아이코닉 타워는 사막 위 천주(天柱)로서 새로운 국운을 하늘로 연결하는 상징적 역할을 맡는다.

사막은 본래 기운이 메마른 땅이지만, 하늘의 개방성과 태양·바람을 직접 받는 자리이기도 하다. 따라서 필수로 물과 녹지를 인공적으로 조성해야 한다. 신행정수도 계획에는 거대한 인공호수와 녹지대가 포함되

이집트 신행정수도의 정부구역. 국운을 재편성하는 풍수적 시도일까?(ⓒ위키피디아)

어, 사막의 기운을 보충하고 수기(水氣)를 공급하려는 노력이 담겨 있다. 이는 전통 풍수의 원리를 현대적 도시설계에 적용한 사례라 볼 수 있다.

카이로와 신행정수도는 기운의 분산과 재조합이라는 실험적 관계에 놓인다. 기존 카이로의 혈 자리는 여전히 강력하나, 과밀로 흐름이 막혔기에 새로운 사막의 기운과 분담하려는 시도가 필요하다. 이렇게 물과 산, 사막과 하늘의 기운이 어우러지며, 카이로는 단일한 혈 자리가 아니라 수천 년 동안 기운을 덧입고, 갈아입고, 다시금 재생하는 순환의 도시로 자리매김한다.

결국, 신행정수도 건설은 단순한 행정 이전이 아니라, 국운을 회복하고 도시 기운을 재편성하는 풍수적 시도이다. 나일강과 무카탐 언덕이 지켜온 기존 기운과 사막 위 새로운 기운이 어떻게 조화를 이루느냐에 따라 이집트의 미래 국운이 결정될 것이다.

카이로

1) 나일강변 코르니쉬(Corniche el-Nil)

나일강을 따라 조성된 산책로 '코르니쉬 엘-닐'은 카이로의 심장부를 흐르는 강을 가까이서 느낄 수 있는 곳이다. 해 질 녘 강물 위로 붉은 노을이 반사되면, 걷는 이의 마음도 한결 차분해진다. 사계절마다 물빛과 하늘색이 달라, 겨울의 은빛 안개와 여름의 황금빛 석양 모두 강의 장대한 흐름을 감상하게 해준다. 서울의 청계천이나 한강변과 비슷하게, 나일강변 산책은 몸과 마음의 피로를 씻어주는 시간으로 충분하다.

2) 무카탐 언덕(Muqattam Hills)

카이로 동쪽에 자리한 무카탐 언덕에서는 도시 전체와 나일강의 흐름을 한눈에 조망할 수 있다. 언덕 위에 서면 계절마다 변하는 카이로 시가지의 색채와 강물의 반짝임을 감상할 수 있어, 마치 도시가 호흡하는 모습을 위에서 내려다보는 듯한 느낌을 준다. 12세기 살라딘 요새가 있는 이 바위 언덕은 바람이 시원하게 불어와 여름에도 쾌적하며, 겨울에는 도시의 안개와 햇살이 어우러진 풍경이 장관이다.

3) 기자(Giza) 피라미드 지구

카이로 서쪽 사막에 펼쳐진 기자의 피라미드 군은 단순한 무덤이 아니라, 수천 년의 시간과 하늘의 별자리까지 담은 거대한 돌의 경관이다. 세 피라미드가 만들어내는 실루엣은 일출과 일몰에 따라 매 순간 다른 그림자를 드리우며, 계절마다 햇빛의 각도와 모래의 색감이 달라 그 웅장함이 배가됩니다. 방문객들은 피라미드 앞에서 자연과 인간의 긴 역사적 조화를 상상하며, 의지와 창조적 에너지를 느낄 수 있다.

4) 고대 도시 멤피스(Memphis) 유적

나일강 하류 삼각주로 들어가기 전의 멤피스 유적지는 고대 이집트 제국의 첫 수도였던 자리로, 광활한 평야와 강이 맞닿아 있다. 고대 유적과 사막의 황금빛 풍경이 어우러진 공간에서, 방문객은 문명의 뿌리를 상상하며 자신이 서 있는 자리를 돌아보게 된다. 아침 햇살이 유적 위로 부드럽게 내려앉거나, 저녁노을에 유적이 붉게 물드는 모습은 시대를 초월한 경관의 아름다움을 선사한다.

5) 나일강 삼각주 전망대 혹은 리버 크루즈

카이로 북쪽 나일 삼각주에서는 강이 여러 갈래로 나뉘어 바다로 흘러가는 모습을 볼 수 있다. 리버 크루즈를 타고 물결과 바람이 맞물리는 풍경을 감상하면, 자연의 순환과 흐름을 온몸으로 느낄 수 있다. 계절에 따라 강변 갈대의 색이 달라지고, 아침 안개와 석양의 빛이 끊임없이 변하는 풍경은, 방문객들에게 고요함과 상쾌함을 동시에 선사한다.

참고문헌

郭璞, 『葬書(錦囊經)』(허찬구 역주), 비봉출판사, 2005.

김기현, 『주역 상·하』, 민음사, 2016.

김동섭, 『세계사를 만든 30개 수도 이야기』, 미래의 창, 2024.

김두규, 『조선풍수, 일본을 논하다』, 드림넷미디어, 2010.

김상현, 『러시아 정교회 건축과 예술』, 민속원, 2018.

크리스티안 노르베르그-슐츠, 『장소의 혼』(민경호 외 역), 태림문화사, 1996.

다카하시 치하야, 『에도의 여행자들』(김순희 옮김), 효형출판, 2004.

둥젠훙, 『고대도시로 떠나는 여행』(이유진 옮김), 글항아리, 2016

루이스 멈퍼드, 『역사 속의 도시 I·II』(김영기 옮김), 지식을만드는지식, 2016.

알도 로시, 『도시의 건축』(오경근 역), 동녘, 2006.

앙리 르페브르, 『공간의 생산』(양영란 옮김), 에코리브르, 2011.

박시익, 『풍수지리로 본 서양 건축과 음악』, 일빛, 2006.

서유구, 『相宅志』, (이동인 외 옮김), 풍석문화재단, 2019.

손정목, 『서울 도시계획 이야기 1-5』, 한울, 2003.

송하엽, 『랜드마크; 도시를 경쟁하다』, 효형출판사, 2014.

시대역사연구소, 『그림으로 읽는 역사 건축으로 읽는 역사』, 시대인, 2017.

양균송, 『감룡경·의룡경』(김두규 역주), 비봉출판사, 2009.

王洙, 『地理新書』, 集文書局(台北), 中華民國 92年.

王子林, 『皇城風水』, 紫禁城出版社, 2009.

이병도, 『고려시대의 연구』, 아세아문화사, 1979.

이영석·민유기 외, 『도시는 역사다』, 서해문집, 2011.

이중원, 『건축으로 본 뉴욕 이야기』, 사람의 무늬, 2014.

이중환, 『택리지』(이익성 역), 을유문화사, 1993.

田飛·李果, 『尋城記·南京』, 商務印書館, 2012.

조관희, 『세계의 수도 베이징』, 창비, 2008.

폴 존슨, 『미국인의 역사 I·II』(명병훈 옮김), 살림, 2016.

조지무쇼, 30개 도시로 읽는 세계사』(최미숙 역), 다산초당, 2020.

채성우, 『明山論』(김두규 역해), 비봉출판사, 2002.

최창조, 『북한 문화유적 답사기』, 중앙 M&B, 1998.

르 코르뷔지에, 『도시계획』(정성현 역), 동녘, 2003.

데이비드 하비, 『모더니티의 수도, 파리』(김병화 역), 글항아리, 2019.

피터 홀, 『미래의 도시』(임창호 외 옮김), 한울아카데미, 2011.

아놀드 토인비, 『역사의 연구』(홍사중 옮김), 동서문화사, 2016.

호순신, 『地理新法』(김두규 역해), 비봉출판사, 2001.

홍순민, 『한양 도성』, 눌와, 2017.

공식 외국문화원 사이트

주한중국문화원: https://www.cccseoul.org/

주한프랑스문화원: https://kr.ambafrance-culture.org/ko/

주한영국문화원: https://www.britishcouncil.kr/

주한독일문화원: https://www.goethe.de/ins/kr/ko/index.html

주한세르반테스 스페인문화원: https://seul.cervantes.es/ko/

주한일본문화원: https://www.kr.emb-japan.go.jp/

구글지도: www.google.co.kr/maps

여행안내서

고아라,『그리스 홀리데이』, 꿈의지도, 2023.

박정은,『그리스 셀프트래블』, 상상출판, 2018.

서병용,『이지 러시아 (모스크바·상트페테르부르크』, 이지앤북스, 2015.

성혜선,『리얼 스페인』, 한빛라이프, 2024.

양신혜,『인조이 이집트』, 넥서스BOOKS, 2023.

이주은, 한세라,『프렌즈 미국 동부』, 중앙북스, 2024.

이주은,『프렌즈 뉴욕』, 중앙북스, 2023.

이주은, 한세라, 이정복,『프렌즈 런던』, 중앙북스, 2024.

이주은, 박주미,『리얼 독일』, 한빛라이프, 2025.

이창민,『도시의 얼굴 : 암스테르담·로테르담』, 위에스앤에스, 2024.

조은영, 임현지,『저스트고 두바이·아부다비』, 시공사, 2018.

장은정,『리얼 런던』, 한빛라이프, 2025.

주종원, 채미정,『프렌즈 튀르키예』, 중앙북스, 2024.

최돈근,『방구석에서 먼저 떠나는 이집트 여행』, 피서산장, 2021.

황현희,『프렌즈 이탈리아』, 중앙북스, 2014.

황현희,『리얼 파리 』, 한빛라이프, 2025.

KOTRA(대한무역투자진흥공사) 리야드무역관,『사우디아라비아 리야드』,
　　　KOTRA(오픈지식포털 공개자료), 2024.